Peter Atteslander
Die Grenzen des Wohlstands

Peter Atteslander

Die Grenzen des Wohlstands

An der Schwelle zum Zuteilungsstaat

Deutsche Verlags-Anstalt

CIP-Kurztitelaufnahme der Deutschen Bibliothek

Atteslander, Peter:
Die Grenzen des Wohlstands:
an d. Schwelle zum Zuteilungsstaat / Peter Atteslander. –
Stuttgart: Deutsche Verlags-Anstalt, 1981.

ISBN 3-421-06061-4

Satz: Verlagsdruckerei Carle, Vaihingen/Enz
Druck und Bindearbeit: May+Co., Darmstadt
Printed in Germany

Für Ingeborg Atteslander

Inhaltsverzeichnis

Einleitung:

Überfluß als Schicksal?

Wir sind beunruhigt. Einst billige Energien werden knapp, die Lebenshaltung wird stetig teurer, die Wachstumszahlen sinken und die Arbeitslosenzahlen wachsen – kurz, wir sind vor allem besorgt um unseren Wohlstand. Wir, das sind Menschen der Industrienationen. Fürchten wir uns vor Armut? Oder schreckt uns schon der Gedanke, den Gürtel etwas enger schnallen zu müssen?

Wenige Menschen im Norden der Erdkugel erleben heute wirkliche materielle Armut. Die Erinnerung an Notzeiten können die Alten nicht an die junge Generation vermitteln. Die Not der heutigen Jugend – so vorhanden – ist unter anderem eine des Überflusses an Gütern und Reizen, ist Angst vor der Zukunft.

Wir haben uns an den Wohlstand gewöhnt. Werden wir indessen gefragt, was wir unter Wohlstand verstehen, stellen wir mit Erstaunen fest, daß es uns schwerfällt, ihn zu definieren. Ganz sicher ist er das Gegenteil von Armut. Materielle Not, Hunger, Krankheit fallen uns ein. Aber es ist erstaunlich: »Die meisten Erklärungen der Armut stammen von Bewohnern reicher Länder«, sagt John K. Galbraith.[1] Wer arme Länder kennt, wer mit Armen gelebt hat, weiß, daß es verschiedene Formen der Armut gibt, darunter auch solche, die Zufriedenheit nicht ausschließen. Allerdings ist das Gleichgewicht der Armut in Ländern der Dritten und Vierten Welt nur möglich, weil viele Menschen sich in ihr Los schicken, sich an Lebensumstände anpassen, die kaum die bare Existenz gewähren. Der Preis dieser Anpassung ist Hoffnungslosigkeit, ist der erlahmende Wille, mit dem zu brechen, was diesen Menschen am wesentlichsten ist: Familie, Nachbarschaft, Dorf. Der Preis, der Armut zu entrinnen, bedeutet dagegen oft Verlust sozialer Bindung und in den meisten Fällen Enttäuschung für jene, die ihr Dorf verließen.

Auch in den reichen Ländern hat sich die überwiegende Zahl der Menschen an Lebensumstände angepaßt, die ihrerseits trotz Überfluß keine allgemeine Zufriedenheit vermitteln. Auch Überfluß schließt Hoffnungslosigkeit nicht aus. So herrscht bei Reichen und Armen gleichermaßen die Macht der Gewohnheit: Gewöhnung an Wachstum hier, Gewöhnung an Mangel dort. Es haben sich andererseits gesellschaftliche Einrichtungen und Strukturen ergeben als Gewohnheit der Macht: Es sind in allen Ländern und unabhängig von nationalen Einkommen Bürokratien ins Unermeßliche gewachsen.

Wird in Zukunft wohlhabend sein, wer über Rohstoffe verfügt? Die bisherige Geschichte macht eine solche Umverteilung unwahrscheinlich: Die heute reichsten Länder waren immer arm an Energien, und trotz des Energiereichtums in manchen armen Ländern hat sich das Leben des überwiegenden Teils der Bevölkerung kaum geändert. Der Beduine mit Transistor bleibt Beduine. »Die Beziehung zwischen Rohstoffen und Wohlstand ist derart widersprüchlich, daß damit so gut wie nichts erklärt werden kann.«[2]

Die Kluft zwischen reichen und armen Ländern wächst unaufhörlich weiter. Gleichzeitig aber wachsen auch die gegenseitigen Abhängigkeiten auf dieser Erde. Es wird auf die Dauer nicht möglich sein, Wohlstand für Wenige gegen die Armut der Vielen zu verteidigen. Der menschliche Einfallsreichtum, Fleiß und Organisationstalent haben im wahrsten Sinne des Wortes Unermeßliches geschaffen. Die moderne Technologie und die Wissenschaft haben Möglichkeiten in die Hand des Menschen gegeben, die noch vor wenigen Jahrzehnten völlig unvorstellbar gewesen sind. Bleibt die Frage, ob diese Mittel vernünftig angewendet werden, ob der politische Verstand ausreichen wird, eine Katastrophe zu verhindern.

Alle Menschen, ob arm oder reich, haben ein Grundbedürfnis nach Sicherheit. Ist dieses Sicherheitsstreben durch die »maßlose Vernunft« der Technologie zur größten Bedrohung der Menschheit selbst geworden? Heute werden mehr als zwei Milliarden DM pro Tag weltweit in militärische Rüstung gesteckt. Der Bericht der Nord-Süd-Kommission unter Willy Brandt stellt fest, daß dagegen

»1. die Militärausgaben allein eines halben Tages ausreichen würden, um das Gesamtprogramm der Weltgesundheits-Organisation zur Ausrottung der Malaria zu finanzieren. Noch weniger würde benötigt, um die Flußblindheit zu besiegen, die immer noch eine Geißel für Millionen Menschen darstellt.

2. Ein moderner Panzer kostet etwa eine Million Dollar. Mit diesem Geld könnte man die Lagermöglichkeiten von 100000 Tonnen Reis so verbessern, daß der Verderb von jährlich 4000 Tonnen oder mehr ausgeschaltet würde. (Ein Mensch kann gut mit einem Pfund Reis am Tag leben.) Mit demselben Geld könnte man auch 1000 Klassenräume für 30000 Schulkinder errichten.

3. Für den Preis nur eines Kampfflugzeuges (20 Millionen US-Dollar) könnte man etwa 40000 Dorfapotheken errichten.

4. Mit der Hälfte von einem Prozent der jährlichen Rüstungsausgaben könnte man all die landwirtschaftlichen Geräte anschaffen, die erforderlich sind, um in den armen Ländern mit Nahrungsmittel-Defizit die Agrarproduktion bis 1990 zu verbessern und sogar die Selbstversorgung zu erreichen.«[3]

Offensichtlich fehlt es an Augenmaß und politischem Verstand. Wir müssen davon ausgehen, daß das Gefälle zwischen Arm und Reich uns noch eine geraume Zeit begleiten wird. Wer im Grunde ist dafür verantwortlich? Wer definiert Reichtum oder Armut? »Wenn man die Malaria, die Pocken, die Tuberkulose oder die Syphilis so unterschiedlich diagnostizierte wie die Armut, würde kein Mensch leichten Herzens das Risiko einer Behandlung auf sich nehmen.«[4]

Trotz alledem sind bislang alle Entwicklungsrezepte auch für die Nicht-Industrieländer nach Wertauffassungen und Rezepten der Wohlhabenden ausgefallen: Wachstum für alle, erst dann Wohlstand für alle. Bislang hat eine verhängnisvolle Verwechslung zwischen Wachstum und Entwicklung vorgeherrscht, und gerade in den reichen Industrieländern kam eine Vermengung von Wachstum und Wohlstand dazu. Eben diese gilt es in diesem Buch zu durchleuchten. Es wird auch zu zeigen sein, daß die Versuche, Wohlstand zu definieren, mehr Fragen aufwerfen als lösen. Wohlstand so gut wie Armut sind Lebensformen. Bevor sie gemessen werden, müßte man sich über die Maßstäbe unterhalten: Ökonomische Indikatoren nämlich sind nur die quantifizierbare Seite eines im Grunde qualitativen Problems.

Wenn in den folgenden Kapiteln vornehmlich vom Wohlstand in den modernen Industriestaaten gesprochen wird, so möge das nicht als ein Zeichen der »Arroganz der Satten« – so ein Buchtitel von J. K. Galbraith – gewertet werden: Es ist kulturelle Beschränkung, aber auch Gewichtung. Wenn es uns nicht gelingt, die Unersättlichkeit in den reichen Ländern unter Kontrolle zu bringen, wird die arme Welt noch ärmer, als sie es heute schon ist.

Dieses Buch indessen sehe ich nicht in der Reihe jener Veröffentlichungen, die im Grunde von einem »Katastrophen-Szenario« leben. Wenn ich im einzelnen versuche, die Grenzen des Wohlstands – mitunter bewußt verkürzt – zu skizzieren und zur Diskussion zu stellen, so wird deutlich werden, daß ich die Zukunft nicht als eine unabänderliche Folge bereits festgeschriebener Entwicklungstrends sehe. Wenn ich auch gefährliche Tendenzen der »maßlosen Vernunft« technologischer Systeme aufzeige, so setze ich ihnen doch die menschliche Fähigkeit entgegen, gerade in schwierigen Situationen politischen Verstand zu aktivieren. Die ausschlaggebende und wichtigste Grenze des Wohlstands sind wir selber. Die Einsicht in unsere Grenzen ist aber auch unsere Chance.

1. Kapitel

Von der Wohlfahrt zum Wohlstand

Vor neun Jahren hat der Club of Rome den Bericht über »Die Grenzen des Wachstums« (»The Limits to Growth«) der Weltöffentlichkeit vorgelegt und auf zwei internationalen Konferenzen zur Diskussion gestellt – die eine fand in Moskau, die andere in Rio de Janeiro statt. Dieser Bericht hat zweifellos die Welt verändert. Die Frage bleibt, ob er die Welt genügend verändert hat. Was war sein Ziel? »Er untersucht nur die heute bekannten maximalen physikalischen Grenzen des Wachstums in unserem endlichen Weltsystem. Tatsächlich sind aber diese Grenzen durch herrschende politische, soziale und institutionelle Kräfte, durch die ungleiche Verteilung der Bevölkerung und der natürlichen Rohstoffe, aber auch durch die menschliche Unfähigkeit, sehr große und komplizierte Systeme zu durchschauen und zu lenken, sehr viel enger gezogen«, heißt es in der »kritischen Würdigung« des vom MIT vorgelegten Reports durch den Club of Rome.[1]

Wissen wir, *wie* eng die Grenzen gezogen sind? Sind in den seither vergangenen Jahren die gesellschaftlichen Bedingungen untersucht worden, wie dies der Club of Rome so dringlich verlangte?

Die Antwort ist ein klares Nein. Der Einsatz menschlicher Intelligenz, politischer Dringlichkeit und schließlich der finanziellen Ressourcen ist leider zum überwiegenden Teil einem Sicherheitsstreben geopfert worden, das einen noch nie dagewesenen Rüstungswettlauf zur Folge hat: Sicherheit übersetzt in militärische Sicherung. In der Folge hat sich etwas entwickelt, das ich nachfolgend als »maßlose Vernunft« beschreiben werde. Die Entwicklung der Technologie durchbricht gegenwärtig alle gesellschaftlichen Schranken und bedroht das wesentlichste Gut des Menschen, das er gleichzeitig zu bewahren vorgibt, den Wohlstand. Die vor uns stehenden Probleme sind mit technologischen Errungenschaften allein nicht zu überwinden. Weder hilft uns dabei eine Verketzerung der modernen Technik noch ein unkritisches Vertrauen in die Wissenschaft insgesamt. Der heutige Wohlstand ist in Gefahr: Er ist zwar, so meine ich, auch bei geringem Wachstum auf sehr hohem Niveau weiterhin möglich, wenn es uns gelingt, die begrenzten Güter effizient zu verteilen. Die wichtigsten Feinde des Wohlstands aber sind die übertriebene Bürokratie, übertriebene Bedürfnisse und übertriebene Ansprüche. Appelle zum Maßhalten an die Menschen werden allerdings solange kaum etwas fruchten, solange das Verhältnis zwischen persönlicher Leistung und gesellschaftlichem Ertrag nicht geklärt ist, solange nicht die gesellschaftlichen Institutionen den Wohlstand regeln, ohne ihn automatisch zuzuteilen. In der Folge sollen einige der Faktoren, die menschlichen Wohlstand begrenzen, beschrieben werden.

Die Grenzen des Wachstums sind uns nicht nur durch die Berichte des Club of Rome, sondern vor allem durch die jüngsten Ölkrisen bewußt geworden. Der Ölkonsum nimmt ab, der Energiebedarf aber steigt: Das Wachstum in den wichtigsten Industriestaaten ist zwar gering, aber keineswegs gestoppt. Die Verlagerung und Entwicklung alternativer Energien braucht zwar Zeit, ist aber im vollen Gange und verschlingt ungeheure Summen. Diese Investitionen aber bedeuten Entwicklung neuer Technologien und Arbeit für Menschen.

Die heute noch im Erwerbsleben stehende Generation hat die erstaunlichste Wohlstandssteigerung in der Menschheitsgeschichte erlebt. Von 1950 bis 1975 verdreifachte sich das reale Weltprodukt. Hinter dieser globalen Zahl stehe, so Ernst Bieri, »eine vordem für unmöglich gehaltene Steigerung der Leistungsfähigkeit des Menschen im Umgang mit Materialien, Prozessen, Verfahren und Erfindungen. Kein blindes Schicksal, keine völkerbeglückende Absicht von Regierungen, keine machttrunkene Planung von Wirtschaftsbossen bewirkte diese Ausnahmeperiode der bisherigen Geschichte. Wir wurden nicht von fremden Mächten überfallen; es ist unser Werk, und zwar das Werk von Millionen arbeitsamer, strebsamer, durchaus normaler Menschen mit ihren bunten Motivationen und Antrieben und mit ihren bald gleichsinnigen, bald widerstreitenden Interessen und Verhaltensweisen im Verkehr untereinander.«[2]

Folgte man solcher Argumentation, hätte man keinen Grund, nicht weiter an Wachstum und Wohlstand zu glauben. Grenzen des Wohlstands lägen allenfalls bei den Menschen selbst und nicht bei irgendwelchen Ressourcen. Die unzweifelhafte Mehrung des Wohlstands hat sich aber nur in einem Teil dieser Erde und nur für eine Minorität ihrer Bevölkerung zum heutigen Stand entwickelt. Der Erdball wird, bildlich gesprochen, durch einen immer enger werdenden Gürtel zwischen Nord und Süd zusammengepreßt, über den sich sozusagen die Länder eines »Wohlstandsreifens« wölben. In diesem Buch wird nur mittelbar von der bekannten Entwicklungsschere die Rede sein, von der Tatsache also, daß in dieser »Einen Welt« der immer kürzer werdenden Kommunikationswege die reichen Länder reicher, die armen ärmer werden. Was zu Beginn dieses Jahrhunderts Thorstein Veblen in seinem Buch »Theorie der feinen Leute« beschrieben hat, nämlich den »demonstrativen Konsum der Menschen«, könnten wir heute von der Klasse der Reichen auf die Gruppe der satten Länder übertragen. Der ehemalige Klassengegensatz wurde zum Gegensatz der Kontinente.[3]

Während sich weltweit die Verteilung der Güter und Dienstleistungen zuungunsten der Armen entwickelt, hat sich in den reichen Ländern eine immer stärkere Nivellierung von Einkommen und Besitz ergeben. Wäre also der Wohlstand der reichen Länder nur von außen bedroht? Wäre etwa der Wohlstand der Reichen in den reichen Ländern lediglich durch stärkeren inneren Ausgleich gefährdet? Etwa durch Verlust von Reichtum als Prestige bei insgesamt kleiner werdenden Unterschieden? Schlüssige Antworten auf diese Fragen wären leichter, wenn Klarheit über den Begriff Wohlstand bestünde.

Wohlstand wird seit Jahrhunderten gemessen. In der klassischen Nationalökonomie haben Adam Smith und David Ricardo eine physisch-materielle Norm als Wohlstandsindex aufgestellt: Wohlstand ist das in einer Gesellschaft produzierte Güterbündel. Bis heute werden die einzelnen nationalen Volkswirtschaften nach ihrem Brutto-Sozialprodukt charakterisiert und verglichen. Aber auch das einzelne Individuum, so nimmt die Wohlfahrtsökonomik an, mißt Wohlstand lediglich an Gütermengen, wobei seine Präferenzen als bekannt und widerspruchsfrei geordnet angenommen werden.[4]

Das Messen der materiellen Seite des Wohlstands hat, so scheint mir, ursprüngliche Fragestellungen in den Hintergrund treten lassen. Denn schon David Ricardo wies darauf hin, daß Volkswirtschaftler nicht nur an »Werten« interessiert gewesen seien, sondern auch am »Reichtum« oder an der ökonomischen Wohlfahrt. Das heißt, sie fragen nicht nur: »Was bestimmt die produzierten, konsumierten, verteilten und getauschten Gütermengen?«, sondern forschen auch: »Bin ich – oder bist du – reicher oder ärmer, besser oder schlechter gestellt als Ergebnis irgendeiner Reihe von Veränderungen, die sich in den Quantitäten des ökonomischen Universums vollzogen haben?«[5]

Es gibt Autoren, die der Wohlfahrtsökonomik schlichtweg ein Anrecht auf allgemeingültige Aussagen absprechen: Die eigentliche Schwierigkeit liege darin – so E. J. Mishan –, »daß eine Erforschung der Wohlfahrt, die sich auf die Messung von Gütermengen und deren Verteilung beschränkt, nicht nur ernstlich in ihrer Tragweite begrenzt ist, sondern direkt irreführend – zumindest in jenen Ländern, in denen die Masse der Bevölkerung weit über das Subsistenzniveau hinaus fortgeschritten ist. Denn die Dinge, von denen Glück letztlich abhängt, Freundschaft, Glaube, die Empfänglichkeit für Schönheit usw., liegen außerhalb ihrer Reichweite; nur das starrsinnige Streben nach Formalismus würde danach trachten, sie in Beziehung zu dem Maßstab des Geldes zu bringen, und dann ohne praktischen Effekt.«[6]

Wie immer man ihn definieren mag – Wohlstand ist wesentlich eine Angelegenheit menschlichen Bewußtseins. Glück beispielsweise mag durchaus eine materielle Grundlage besitzen, ist aber auf sie nicht essentiell angewiesen. Im Französischen ist Wohlstand denn auch direkt das »bien-être«, das Wohlbefinden. Wenn schon Güter, dann handelt es sich um Glücksgüter, um einen Zustand schließlich der Prosperität, der Ungebundenheit oder der Üppigkeit: Es wird eine individuelle Beurteilung der Versorgungslage also vorausgesetzt. Sehr ähnlich übrigens auch im Englischen: »Well-being« und »Wealth« sind sprachlich nahe Verwandte.

Aus diesen knappen Hinweisen soll deutlich werden, daß Wohlstandsgesellschaften nicht unbedingt auch Gesellschaften zufriedener Menschen sein müssen. Die Meßdaten sagen noch nichts darüber aus, wie friedlich und zufrieden die Menschen sind. John K. Galbraith hat denn anstelle des Begriffes Wohlstand auch konsequent jenen der »Überflußgesellschaft« gesetzt, die einen so hohen Versorgungsstand ihrer Bevölkerung erreicht, daß ständig »überproduziert« wird. Die Überproduktion verlangt, daß durch Werbung immer neue Bedürfnisse geweckt werden.[7]

Was aber ist Überfluß, was unnötiger Konsum? Wer würde festzusetzen wagen, wo Luxus beginnt? Der zivilisatorisch mögliche Wohlstand in Form von Gütern und Dienstleistungen ist immer abhängig von der kulturellen Wertung. Sowenig wie es einen absoluten Wohlstand gibt, wäre eine Definition von Luxus sinnvoll. Es kann aus diesen Gründen weder in diesem Kapitel noch in den folgenden darum gehen, eine allgemein gültige Definition von Wohlstand zu formulieren. Dagegen wird gefragt, in welchen Dimensionen von Wohlstand gesprochen werden kann und welche Arten von Wohlstand morgen möglich sein werden.

Was ist Überproduktion? Wenn in der Landwirtschaft zuviel Milch, Butter und Fleisch produziert werden, zu viele Tomaten, zu viel Wein? Sicherlich wird dann Überproduktion bestehen, wenn ein Teil der Ernte vernichtet werden muß. Was geschieht dabei? Wenn Tonnen von Tomaten in die Rhône gekippt werden, wird zwar wertvolle Nahrung zerstört, aber die Produzenten verlieren eigentlich nichts. Im Gegenteil, oft ist die Produktion selbst bereits subventioniert. Aus der Überproduktion wird Mangel produziert, und damit werden die Preise hochgehalten. In den Kühlhäusern stapeln sich die Fleischberge, wobei eigenartigerweise die Kurven der Lagerstatistiken gleich denen der Preise verlaufen, die der Verbraucher zu zahlen hat. Von freiem Markt also keine Rede.

Der Verbraucher bezahlt nicht nur die Subventionen, sondern auch immense Bürokratien, die ein freies Marktgeschehen verhindern. Was wird in Zukunft knapper werden? Energie? Wenn ja, dann könnte zunächst Energie gespart werden, indem die Produktion der Nachfrage angepaßt wird. Es könnte Energie gespart werden, weil die genannten Bürokratien überflüssig würden. Es könnte Energie gespart werden, weil riesige Lagerhaltungen unnötig würden.

Wenn ein bestimmter Grad an Wohlstand auch in Zukunft aufrechterhalten werden soll, so müssen offensichtlich die heutigen Steuerungs- und Verteilungsmechanismen überprüft und geändert werden. Die Versorgung auf einem hohen Niveau wäre dann zu tieferen Preisen auch in Zukunft durchaus möglich.

Erste Feststellung: Überproduktion ist Luxus. Luxus verhindert zukünftigen Wohlstand.

Ist es Luxus, wenn wir das teure Kerosin dazu verwenden, um Blumen aus anderen Kontinenten einzufliegen? Warum müssen australische Kiwis zum normalen Angebot der Lebensmittelhändler gehören? Wozu brauchen wir Erdbeeren im Winter? Warum dürfen Äpfel keine Rostflecken aufweisen und müssen, mit Chemikalien aufpoliert, so glänzen, daß man sich in ihnen spiegeln kann – wobei sie aber beinahe jeglichen Geschmack verloren haben? Wieso brauchen wir zwei Dutzend Waschmittel mit praktisch identischer Zusammensetzung, bei denen wir 80% für Vertrieb, Verpackung und Transport bezahlen, weil in ein und demselben Laden, in ein und derselben Straße anstatt eines Lieferwagens deren zwei Dutzend vorfahren? Der Käufer entscheidet im Grunde nicht, er kann auch kaum wählen, denn bei praktisch identischer Ware wählt er nicht die Ware selbst, sondern allenfalls ihre Vermarktung. Die Hausfrau wird über den Fernsehspot nahezu unter moralischen Druck gesetzt, genau den Weichmacher zu benutzen, genau dieses Super-Mittel einzukaufen, das so weiß wäscht, daß von den Textilien in geraumer Zeit kaum mehr etwas übrigbleibt. Wo das Angebot schließlich zu mannigfach ist, aber keine eigentliche Vielfalt mehr offeriert, herrscht Überfluß, und zwar unnötiger. Kürzlich war zu lesen: Zum Schutz gegen wild angebrachte Plakate und Ähnliches wurde von einem großen Chemieunternehmen eine Antihaftbeschichtung entwickelt, die sich auf Hauswände und ähnliche Flächen auftragen läßt. Durch die Beschichtung mit diesem Plakat-Abweiser können sich Hausbesitzer oder Stadtverwaltungen gegen wilde Plakatierer schützen. Zwar kleben die Plakate zunächst auf dem feuchten Leim, aber nach dem Trocknen des Klebers können sie leicht abgezogen werden oder fallen sogar von selbst ab...[8]

Sollte sich dieses Mittel beiläufig als Nebenprodukt anderer Entwicklungsziele ergeben haben, könnte man die Angelegenheit noch begreifen. Wurde aber die Farbe produziert, um möglicherweise ein weiteres Gimmick auf den Markt zu bringen, so grenzt dies an organisierten Unfug.

Auch in der Pharmazeutik scheinen wir längst vom Überfluß zum reinen Luxus geschritten zu sein: Es sind Zehntausende von Medikamenten auf dem Markt, aber nur einige hundert in den Köpfen der Ärzte und hoffentlich noch weniger in den Mägen der Patienten. Auch hier muß es das Forschungsziel sein, wirksamere neue Heilmittel zu finden, nicht aber lediglich andere mit gleicher Wirkung.

Deshalb unsere zweite Feststellung: Überfluß mindert zukünftigen Wohlstand, weil er bei knapper werdenden Ressourcen zwingend Quantität vor Qualität setzt.

Ziel der Menschen ist Glück. Maß dieses Glückes ist Zufriedenheit. Materieller Wohlstand allein ist kein Garant für Zufriedenheit. Zufriedenheit ihrerseits ist eine Funktion von Bedürfnissen und den Möglichkeiten ihrer Befriedigung. Will einer zuviel, ist er auch mit vielem unzufrieden. Bedürfnisse haben indessen in der gesamten Menschheitsgeschichte immer die Möglichkeiten ihrer Befriedigung überstiegen. Die Tatsache, daß Menschen immer mehr wollten, als sie erreichen konnten, ist ein wesentlicher Grund des technologischen Fortschrittes, aber eben auch maßgebend dafür, daß durch materielle Befriedigung noch keineswegs immaterielle Bedürfnisse abgedeckt werden können.

Allerdings stehen wir heute an der Wende einer Entwicklung: Die technologischen Möglichkeiten sind heute so umfassend, daß es an menschlicher Vorstellungskraft gebricht, sich ihre umfassenden Anwendungsmöglichkeiten erschöpfend auszudenken. Von allem Mehr und Besseres kann keine Maxime des Wünschens mehr sein, weil eben diese technologische Entwicklung in entscheidenden Bereichen wesentliche Bedürfnisse gar nicht mehr zu befriedigen imstande sein wird: Wohlstand soll unter anderem soziale Sicherheit verbürgen. Dazu aber gehört, daß ein Individuum sein Leben sinnvoll gestalten kann; sein Rang in der Gesellschaft muß für ihn sinnvoll sein, und demgemäß muß insbesondere seine Arbeit einen Sinngehalt aufweisen. Der Einzelne muß die Zusammenhänge zwischen seiner persönlichen Leistung und dem Ertrag erleben können.

Dritte Feststellung: Wohlstand kann nicht das sein, was wir uns ohne eigene Leistung leisten. Durch anonyme Bürokratien zugeteilte Wohlfahrt steht dem Streben nach Glück im Wege.

Fragen nach dem Wohlstand sind immer auch Fragen nach der optimalen Gesellschaftsform. Während bei Adam Smith persönlicher Reichtum immer und zugleich auch Überfluß war, kann heute sinnvollerweise von öffentlichem Reichtum nicht gesprochen werden, selbst wenn durch Überproduktion insgesamt Überfluß herrscht. Eigentlich müßte man davon ausgehen können, daß durch die erwähnte gewaltige Steigerung des Weltprodukts immer mehr Reichtum geschaffen wurde. Aber es wird immer deutlicher, daß die dafür aufgewendete Leistung durch unangemessenen Aufwand in der Verteilungsbürokratie zum guten Teil versickert. Der Leistungsverlust durch staatliche Umverteilungsmechanismen ist noch nicht angemessen untersucht worden. Er dürfte indessen außerordentlich hoch sein. Bei dem künftig zu erwartenden geringeren Zuwachs wird der Leistungsverlust noch stärker ins Gewicht fallen.

Vierte Feststellung: Reichtum hindert Wohlstand, wenn zuviel in die Umverteilung und zu wenig in das Schaffen von Reichtum investiert wird.

Wäre es einfacher, das Gegenteil von Wohlstand zu definieren: die Armut? »Armut in der modernen Gesellschaft ist eher ein Zustand des Bewußtseins denn des Magens. Not wird nicht mehr daran gemessen, ob ein absolutes lebensnotwendiges Minimum unterschritten ist, sondern an der Lücke zwischen Wünschen oder Bedürfnissen aller Art und der Fähigkeit diese zu befriedigen... Eine proportionale Erhöhung der Kaufkraft für alle würde jedermann genau so reich oder arm belassen wie zuvor.« Diese Zeilen von George H. Lundberg aus dem Jahr 1934 hat Ernest Zahn seinem Buch »Soziologie der Prosperität« vorangestellt.[9] Armut, so scheint es, ist ebenfalls subjektives Erleben und, falls die Maschen der sozialen Sicherung nicht ausreichen, letztlich schicksalhaft. Es scheint trotz verschiedener Versuche weder eine akzeptable noch vernünftige Definition von Reichtum und Armut zu geben. So Renate Merklein: »Welche Wünsche und Bedürfnisse sich Westdeutschlands Bürger dringend erfüllen müssen, damit sie sich nicht als arm zu fühlen haben, bleibt ihnen längst nicht mehr selbst überlassen; das legen unterdessen Experten fest. So behaupten etwa einige Forscher, die an einem aufwendigen Auftrag, am sogenannten Spes-Projekt (Spes = sozialpolitisches Entscheidungs- und Indikatorensystem für die Bundesrepublik Deutschland), arbeiten: Alle Haushalte, ›deren Ausgaben für Nahrung, Bekleidung und Wohnung (einschließlich der Aufwendungen für Energie) 70% ihres verfügbaren Einkommens überschreiten‹, litten unter einer ganz besonderen, ziemlich bösartigen Sorte von Armut, nämlich unter einer ›Armut in der Versorgung von Grundbedürfnissen‹.«[10] Armut und Wohlstand sind also keine Korrelate, sind keine Extreme auf einem Kontinuum, sondern Merkmale eines individuellen Bewußtseins auf einer unterschiedlichen Skala physischer und materieller Mittel: Armut ist grundsätzlich Deprivation. Sie kann einen Mangel an den notwendigsten Gütern bedeuten. Sie kann aber auch psychischen und sozialen Mangel bei materiellem Überfluß bedeuten.

Deshalb unsere fünfte Feststellung: Materieller Wohlstand allein besagt noch nichts darüber, ob zugleich sozialer und psychischer Mangel besteht oder nicht.

Wir wissen heute, daß die zukünftigen Wohlstandsprobleme nicht mit endlosen Zuwachsraten gelöst werden können. Wir akzeptieren die »Grenzen des Wachstums«. Trotzdem aber steigt der Bedarf, weil unsere Bedürfnisse und Erwartungen schneller wachsen, als sie befriedigt werden können, ja als eine Befriedigung *überhaupt* möglich sein wird. Das Hauptproblem besteht nicht darin, daß auch der materielle Wohlstand an seine Grenzen stößt. Er wird heute ohnehin auf einem sehr hohen Niveau befriedigt und in Zukunft auch befriedigt werden können. Das Ungelöste und auch Gefährliche liegt in dem Umstand, daß sich die Schere zwischen Erwartung und tatsächlicher Erfüllungsmöglichkeit unentwegt weiter öffnet. Diese Bedürfnisschere löst soziale Konflikte aus, die durch die heutigen gesellschaftlichen Einrichtungen weder kontrolliert noch geregelt werden können. Dies, so meine ich, ist unser Hauptproblem.

Deshalb die sechste Feststellung: Schlimmer als der – übrigens unwahrscheinliche – erhebliche Verlust an Wohlstand ist die lähmende Angst, Wohlstand zu verlieren. Angst führt zu einer Resignation, die für die tatsächlichen Möglichkeiten blind macht.

Wenn wir menschliche Bedürfnisse als Motor gesellschaftlichen Fortschritts bezeichnet haben, so kann eine Begrenzung des Wohlstands nicht durch das Wachsen der Bedürfnisse allein erklärt werden. Der heutige Wohlstand ist ja aus dem Bestreben, menschliche Bedürfnisse zu befriedigen, entstanden. Zukünftiger Wohlstand wird nur erreichbar sein, wenn Bedürfnisse als Ziele menschlichem Handeln voranstehen. Im Sonderteil des »Stern« vom 23. Oktober 1980 las man auf dem Titelblatt: »Das gibt es nirgendwo sonst auf der Welt – ein Recht auf Glück. Den Amerikanern ist es in der Unabhängigkeitserklärung ihres Landes verbrieft, aber was ist daraus geworden?«

Glück als Anspruch? Glück in der Verfassung garantiert? Nun, es waren immer Träume und Illusionen, die menschliches Handeln bewegten. In diesem Falle amerikanische Träume. Wer allerdings näher hinsieht, wird finden, daß Thomas Jefferson in der Unabhängigkeitserklärung keineswegs das Glück garantierte. Vielmehr schrieb er, daß alle Menschen vor ihrem Schöpfer gleich und daß sie von ihm mit unveräußerlichen Rechten ausgestattet seien, daß zu diesen Rechten Leben, Freiheit und das Streben nach Glück gehöre... Nicht das Glück selbst also, sondern das Recht, nach Glück zu streben, ist verfassungsmäßig gewährleistet. Ähnlich mag es sich wohl mit dem Wohlstand verhalten. Und man sollte möglicherweise hinzufügen: »jeder nach seiner Fasson«. Allen Menschen diese Möglichkeit zu gewähren, ist das Kernstück jeder offenen Gesellschaft.

Als Gefahr für die Aufrechterhaltung, auch die Mehrung des Wohlstands in der Zukunft sehe ich die rapide anwachsende Zahl von in Gesetzen und Verordnungen fixierten Ansprüchen. Es bestehen heute mehr rechtlich garantierte Ansprüche, als materiell überhaupt je erfüllt werden können, sollten sich nämlich alle Berechtigten einfallen lassen, diese auch geltend zu machen.

Deshalb die siebte Feststellung: Die zunehmende Verrechtlichung der Ansprüche stellt die größte Gefahr für zukünftige Wohlstandsgewährung dar.

Vor den Ansprüchen, die politisch wirksam werden und sich, wie gesagt, schließlich in Gesetzen und Verordnungen niederschlagen, steht eine allgemeine Begehrlichkeit, die oft leichtfertig und ohne

Bedacht der Folgen in die Welt gesetzt wird. Am Beispiel der Medizin soll dargestellt werden, was in ähnlicher Weise für viele andere Bereiche gilt.

Eng mit Wohlstand hängt das Wohlbefinden der Menschen zusammen. Gesundheit und Krankheit sind, wie wir wissen, keine eindeutig formulierten Begriffe. Gesund oder krank zu sein dagegen meint einen Zustand, den ein Individuum erduldet oder dessen es sich erfreut. Auch in den Gesetzen finden wir keine hinreichende Formulierung, die den individuellen Anspruch auf medizinische Versorgung bestimmen würde; geregelt werden indes die Zuständigkeiten. Wohlbefinden kann ebensowenig verbürgt werden wie menschliches Glück. Dessenungeachtet werden Ziel und Anspruch vermengt. So hat die Weltgesundheitsorganisation folgendes postuliert:

»Gesundheit ist ein Zustand völligen körperlichen, seelischen und sozialen Wohlbefindens und nicht nur das Freisein von Krankheiten.«

»Die Gesundheit aller Völker ist eine Grundbedingung für die Erhaltung von Frieden und Sicherheit und ist abhängig von der engsten Zusammenarbeit von einzelnen Menschen und Staat.«

»Die Regierungen sind für die Gesundheit ihrer Völker verantwortlich, und sie können der Verantwortung nur gerecht werden, indem sie für ausreichend gesundheitliche und soziale Maßnahmen Sorge tragen.«

Der Staat kann indessen nicht für den Zustand Einzelner verantwortlich gemacht werden, wohl aber für die Schaffung allgemeiner Bedingungen, die bestmögliches individuelles Handeln erlauben. »Ausreichend gesundheitliche und soziale Maßnahmen« bedeuten vermehrte Steuerung und Planung. Individuelles Verhalten kann wohl beeinflußt, aber nicht im einzelnen geplant werden. Gesundheitsplanung ist folglich ein begriffliches Unding. Geplant werden können Strukturen der Versorgung. Bevor dies geschehen kann, sind die Zusammenhänge zwischen individuellem Bedürfnis, gesellschaftlichem Bedarf und rechtlichem Anspruch zu klären. Gerade dies ist aber bis heute nicht oder nur unzureichend geschehen. Nicht die Suche nach neuen Definitionen, sondern nach Zusammenhängen wird uns weiterhelfen.

Die Summierung individueller Bedürfnisse ergibt nicht notwendigerweise den gesellschaftlichen Bedarf, der als Grundlage für planerische Maßnahmen dienen muß. Allgemeine Erwartungen, wie sie beispielsweise durch die Postulate der WHO geweckt werden, lassen sich nicht in rechtswirksame Ansprüche für den Einzelnen umsetzen. Das heute vielfach empfundene Unbehagen über das Gesundheitswesen verhilft noch keineswegs zur Klärung seiner Zielsetzung, und die Suche nach Sündenböcken führt noch nicht zur Durchleuchtung seines strukturellen Ungenügens.

Es ist unklar, wer darüber entscheidet, was gesellschaftlichen Bedarf darstellt. Die Annahme liegt nahe, daß es weniger die Politiker sind und auch nicht das Parlament als Gesetzgeber. Die Verwaltung dagegen scheint hier an der Gesetzes- und Verordnungsflut maßgeblich nicht nur beteiligt, sondern eigentlich auch schuldig zu sein. »Die Unzahl neuer Sozialleistungen für Bürger, die darum gar nicht gebeten hatten und häufig genug durch neue, angeblich zu ihrem Besten erdachten Sozialvorschriften nur belästigt und zu Behördengängen genötigt werden, nährt unterdessen den Verdacht, daß ganz sachfremde Interessen im Spiele sind«, schreibt Renate Merklein.[11] Bekanntlich wächst die Bürokratie in den Wohlfahrtsstaaten auch dann, wenn ihre Aufgaben schrumpfen.

Dadurch aber ist das ursprüngliche Ziel der gerechten Verteilung entstellt. Nur wer in der Lage ist, seine Ansprüche auch geltend zu machen, der besser Informierte also, ist erfolgreich – und nicht der effektiv Mangelleidende, aber Uninformierte. Würden tatsächlich alle rechtlich vorgesehenen Leistungen in Anspruch genommen, wäre der Sozialstaat längst bankrott.

Feststellung acht: Bürokratisierung führt zur Verrechtlichung der Wege zum Wohlstand. Dabei wird die Erfüllung von Ansprüchen in steigendem Maße willkürlich.

Wer auf den ungeheuren Erfolg der technologischen Entwicklung zurückblickt, wird leicht die Hoffnung hegen, daß es sicherlich wiederum eine mehr oder weniger technologische Lösung für die sich abzeichnenden Konflikte geben wird. Sind technologische Optimisten aber nicht sozial-blind? Sind andererseits jene, die sich vor technologischen Neuerungen ängstigen und sich dem Erfolg des Rationalismus entziehen, also im Grunde irgendwie zurück zur Natur streben, Technologie-blind? Sind wir auf dem Wege zu einer Demokratie der Angst?

Eine solche Demokratie der Angst ist gekennzeichnet durch schwindendes Engagement der Bürger bei gleichzeitig immer höheren Forderungen an Sicherheit, an »Law and order«, durch weitgehende Aufgabe auch der Kontrollmöglichkeiten gegenüber staatlichen Entscheidungsmechanismen. Demokratien der Angst wären auch dadurch charakterisiert, daß die geforderte Stabilität aufgrund mangelnder Mitwirkung der Bürger zum Immobilismus versteinert. Polizeiapparate, Sicherheitsbürokratien wachsen unaufhörlich, bis im Grunde die Angst die Demokratie zerstört. Es entstehen schließlich Staatengebilde, die nicht mehr auf der sichtbaren Leistung Einzelner beruhen.

Alle Gesellschaften, die wir kennen, sind in irgendeiner Form Leistungsgesellschaft. Jede Gesellschaft auch hatte je nach Menschenbild die Aufgabe der Verteilung von Gütern und Privilegien. Unsere modernen Wohlstandsgesellschaften sind nicht zuletzt möglich geworden durch Wettbewerb. Zu dem Zeitpunkt, da aber zügelloser Wettbewerb Teile der Bevölkerung überspielte, erhob sich der Ruf nach staatlicher Kontrolle. Die freie Marktwirtschaft wurde zur sozialen Marktwirtschaft. Gesellschaftliche Institutionen erhielten den Auftrag, Ausgleich zu schaffen, und in einer ungeheuer stark wachsenden Bürokratie haben sich Verteilungsmechanismen entwickelt – damit jedem das zukomme, auf das er Anrecht hat. Anrechte, von Bedürfnissen über politische Megaphone verstärkt, haben eine Gesetzesflut mit sich gebracht, die heute selbst als eine Barriere für dynamische Verteilung erkannt wird.

Gerechtigkeit, die nicht als solche erlebt werden kann, ist Fiktion. Ansprüche ihrerseits heizen Erwartungen an, so daß ein Grundbedürfnis der Menschen, das nach Solidarität, bürokratisch bis ins Detail geregelt zum staatlich verwalteten Bedarf geronnen ist. Das Bedürfnis nach Mitmenschlichkeit, nach direktem Austausch, wächst deshalb unentwegt, und man wundert sich, daß mit steigender Erfüllung materieller Bedürfnisse die Ursache des Mangels nicht beseitigt wird.

So stehen wir unversehens an der Schwelle zum Zuteilungsstaat: Wünsche, Bedürfnisse, aber auch Leistung, Verantwortung entscheiden nicht mehr darüber, was einem zukommt. Wir haben sozusagen einen Numerus clausus für Führungspositionen auf allen Ebenen und in allen Bereichen, wobei die Zulassungsbarrieren ähnlich formal und den Funktionen und Zielen überhaupt nicht entsprechend ausfallen, wie wir dies bei der heutigen Auslese der Medizinstudenten kennen. Doch wir brauchen alles in allem keine Einser-Kandidaten, keine, die aus andressiertem Egoismus die Fähigkeit zur Kooperation und Mitmenschlichkeit verloren haben.

Viele Institutionen sind kaum imstande, den wirtschaftlichen Wettbewerb effizient zu regeln. Zur Vermeidung von Krisen geschaffen, haben sie sich sehr oft als unfähig erwiesen, in Krisen auch zu vermitteln. Es ist die Geschichte der Überforderung staatlicher Einrichtungen in hochindustrialisierten Gesellschaften noch nicht ausführlich geschrieben. Das Wachsen der Administrationen allein verbürgt beileibe keine höhere Wirksamkeit.

Die Institutionen sind aber auch deshalb überfordert, weil mit dem Ansteigen der Bedürfnisse zugleich eine Delegation von Verantwortung vom einzelnen Bürger an eben diese Institutionen einhergeht. Dies aber sind die gefährlichsten Voraussetzungen für das rasche Hereinbrechen von reinen Zuteilungsmechanismen. Alle dafür notwendigen gesetzlichen Grundlagen pflegen in Wohlfahrtsstaaten bereits vorhanden zu sein. Die um sich greifende elektronische Datenverarbeitung potenziert Verwaltungskapazität. Der einzelne Mensch und Bürger kann totaler erfaßt werden als je zuvor. Was technisch möglich ist im Bereich der inneren Sicherheit, ist mit Knopfdruck auch anwendbar auf das Gebiet der Wohlfahrt.

Der überforderte Staat schließlich scheint dann zum Zuteilen gezwungen, wenn er wachsende Bedürfnisse nicht mehr aus wachsender Produktion befriedigen kann. Gesellschaftliche Gleichheit ohne Wettbewerb, Bedürfnisbefriedigung ohne entsprechende Leistung zwingen den Staat geradezu, von der Regelung des Wettbewerbs über eine Kontrolle des Wettbewerbs bis zu seiner Ausschaltung zu schreiten: Es gibt scheinbar gar keine andere Alternative als Zuteilung nach administrativ-formalen Regeln, wenn der Wettbewerb der Bedürfnisse den Staat selbst zu zerbrechen droht. Dies alles scheint mir nicht sosehr im Umstand beschlossen zu liegen, ob wir nun im Spätkapitalismus stehen oder im Staatssozialismus, als vielmehr in der Unmöglichkeit, emotionale Bedürfnisse, wie sie nun einmal in technologisch durchwirkten Gesellschaften vermehrt aufbrechen, lediglich durch materielle Bedarfserfüllung befriedigen zu wollen.

Das gesellschaftliche Verhalten der Menschen, wie es sich aus den vielfältigen Zwängen moderner staatlicher Strukturen ergibt, ist Grundursache für die Auswirkungen der »Bedürfnisschere«. Die an sich fast notwendig und folgerichtig ablaufende weitere Verstaatlichung privater Sphären kann in der Folge auch nicht durch Veränderungen im staatlichen Bereich, gar durch staatliche Eingriffe rückgängig gemacht werden.

Es stellt sich vielmehr die Frage nach den Möglichkeiten individueller Veränderung selbst. Ist das Bedürfnis nach Solidarität, nach erfahrbarer direkter Mitmenschlichkeit nicht nur in Randgruppen, sondern in gesellschaftlich entscheidenden Bereichen – wie der Arbeitswelt, der Kirche, dem Bildungswesen – möglicherweise so stark, daß es sich zu einer Gesellschaftsform und Kraft entwickeln kann wie neuerdings die Gewerkschaft »Solidarität« in Polen?

Ist es denkbar, daß viele Widersprüchlichkeiten, die uns ängstigen, die uns unsicher machen, die schließlich auch zu Konflikten führen, plötzlich überwindbar sind? Ist scheinbar Unvereinbares, weil es in Systemen getrimmt von uns für unvereinbar gehalten wird, durch verändertes Verhalten doch überbrückbar? Ist es nur eine Ausnahme, die Folge eines einzigartigen und unwiederholbaren Zusammentreffens verschiedener Kräfte, wenn an einem Fabriktor mit der Inschrift »Lenin-Werke« ein Erzbischof die Messe liest – für streikende Arbeiter, die keineswegs ein klerikales, wohl aber ein freieres, sozialistisches Polen wollen? Können wir von einem Polen-Syndrom reden, das auch anderswo in anderer Form möglich ist?

Es ist zu erwarten, daß in nächster Zeit vermehrt Bücher erscheinen werden, die sich mit Orwells »1984« auseinandersetzen. Die Schreckensvision einer total verwalteten Gesellschaft ist in dieser Ausprägung weder in West noch Ost eingetroffen. Selbst in Staaten, die größere Ähnlichkeiten mit »Oceania« aufweisen als unsere westlichen Demokratien, zerbricht auch die stärkste und andauerndste bürokratische Kontrolle am Freiheitswillen der Menschen.

Zwar sind vielerorts Zwang und Unterdrückung verbreitet. Der »große Bruder« aber, die totale Kontrolle, scheint so nicht möglich wie ihn Orwell ausgemalt hat. Doch gibt es deutliche Entsprechungen zum Heute und zur mutmaßlichen Entwicklung im begonnenen Jahrzehnt: Bei Orwell wie bei uns scheint das Leben an Sinn zu verlieren. Es gibt bei Orwell keine Solidarität, ja kaum allgemeine Ziele. Orwells »Oceania« ist keine Gesellschaft, die auf Vertrauen und Legitimität beruht. Vielmehr ist sie eine Konstruktion, die auf eine sehr künstliche »elektronische Weise« zusammengehalten wird. Äußere Feinde rechtfertigen einen enormen Militärapparat. Mythen und Illusionen sollen dem Einzelnen eine, wenn auch geringe, Identifikation mit dem Staat ermöglichen. Im Grunde aber haben die Menschen nur ein Interesse, Überwachung, Polizei und schließlich Folterung zu vermeiden. Die Wenigen, die die Geschicke von Orwells Gesellschaft leiten, haben ihrerseits kein anderes Ziel, als sich an der Macht zu halten. Der »große Bruder« ist die unsichtbare, aber mächtige Elite, getrennt vom Volk, ohne noch der Legitimität zu bedürfen, weil die Resignation der Einzelnen sie nicht mehr erfordert.

So bedeutet »1984« ein Leben der Zuteilung, Information als Wissen, Wissen als Glaube. Öffentliche Meinung ist getrennt von der Meinung der Öffentlichkeit: Öffentlich ist, was staatlich sanktioniert ist. So bleibt das Leben mit einer Wahrheit ohne Wirklichkeit. Wenn überhaupt, ist Bedarf in »Oceania« eine Funktion der Zuteilung von Funktionen und Privilegien – ohne selbst den Versuch, noch von menschlichen Bedürfnissen auszugehen. Was ich fürchte, ist nicht, daß sich Orwells Staat verwirklicht. Was mich ängstigt, sind aber die wachsende Kälte und der Verlust mitmenschlicher Wärme, ist im Grunde die Denaturierung menschlicher Bedürfnisse, der Zwang schließlich zum Rückzug in die Privatsphäre und zum Ritualismus, wie er vor Jahrzehnten bereits von C. Wright Mills beschrieben wurde.

Anders jedoch als bei Orwell – dies ist Hoffnung und Gefahr zugleich – wachsen die Bedürfnisse, sie werden auch vermehrt geäußert, wohingegen die Verteilungsmechanismen nicht auf die Formulierung qualitativer Ziele, auch nicht auf die Durchsetzung qualitativer Forderungen eingerichtet sind. So sieht man sich gezwungen, im Grunde qualitative Forderungen in materielle umzuformulieren. Kein Wunder, daß bei der Zuteilung materieller Güter die qualitativen Grundbedürfnisse nicht befriedigt werden können. Mehr Wohlfahrt alleine bürgt noch nicht für mehr Wohlstand.

Wir stehen vor der Aufgabe, ein weiteres fundamentales Bedürfnis der Menschen überhaupt erst zu formulieren, bevor wir in die Lage kommen, auch Wege zu seiner Befriedigung aufzuzeigen. In unserem technotronischen Zeitalter wächst das Grundbedürfnis, des Einzelnen, sein Leben als sinnhaft zu erfahren. Sinnmöglichkeit, Sinnfindung heißen unsere Ziele.

An der Schwelle eines neuen Jahrzehnts pflegen die sozialen Buchhalter Rechenschaft abzulegen. Publikationen mit Titeln wie »Herausforderung der achtziger Jahre« häufen sich in unseren Tagen. Daß gerade zum neunten Jahrzehnt des zwanzigsten Jahrhunderts die Bilanzen und Diagnosen in ungewöhnlichem Maße anschwellen, mag darin beschlossen sein, daß tatsächlich eine Wende bevorsteht. Dabei stellen die gesellschaftlichen Herausforderungen der kommenden Jahre immer auch Versäumnisse der Vergangenheit und Gegenwart dar. Unter Versäumnis verstehe ich die Unfähigkeit gesellschaftlicher Institutionen, Strukturprobleme zu regeln – bei durchaus vorhandenen Erkenntnissen und zureichenden Mitteln. Versäumnisse treten dann ein, wenn die Wissenschaft nicht angemessen in die Steuerung gesellschaftlicher Entwicklung einbezogen wird, wenn die Anwendung dieser Erkenntnis im Sinne der technologischen Entwicklung nicht an gesellschaftliche Kapazitäten angepaßt wird.

Es wird im allgemeinen kaum bestritten, daß sich in den kommenden Jahren gesellschaftliche Konflikte häufen werden. Widersprüchliche Entwicklungen sind zu gleicher Zeit zu beobachten, die wechselseitige Abhängigkeit, die gesellschaftliche Vernetzung, steigt, wobei aber einzelne Gruppen in der Gesellschaft zu anderen in größere Distanz geraten. Politische Polarisation und Instabilität der Meinungsbildung werden gleichzeitig zu verzeichnen sein bei verstärkten

Tendenzen zur Zentralisation. Sind diese Entwicklungen Folge der Technologie – oder wird es notwendig sein, gerade durch Technologie diese Tendenzen unter Kontrolle zu bringen? Der Bedarf an Informationen über immer mehr Bereiche der Gesellschaft wächst, und die Verarbeitung dieser Informationen wird nur durch moderne Informationstechnologie möglich sein.

Die gesellschaftlichen Institutionen, die sozialen Wandel zu steuern und die soziale Ungleichheit unter dem Begriff der Solidarität auf das im Sozialstaat erträgliche Maß zu reduzieren hätten, waren bislang außerstande, vom Austeilen des durch Zuwachs vorhandenen Überschusses zum Verteilen der immer fühlbarer begrenzten Ressourcen überzugehen. Anders ausgedrückt: Individuelle Bedürfnisse werden in den nächsten Jahren erheblich über die gesellschaftlich mögliche Bedarfsdeckung hinausschießen: Unzufriedenheit, soziale Unrast, Verlust von Identität wie auch von Sinn werden Symptome der achtziger Jahre sein.

Raymond Aron hat einmal von der »zänkischen Zufriedenheit« in den Wohlstandsgesellschaften der westlichen Welt gesprochen. Auch diese Zufriedenheit hängt gewiß mit dem sicher scheinenden Wachstum vergangener Jahrzehnte zusammen. Vor uns steht möglicherweise Zank ohne Zufriedenheit, stehen Angst und Hilflosigkeit. Nicht nur individuelle Hilflosigkeit, sondern Hilflosigkeit auch der regierenden Mächtigen.

Hilflosigkeit entsteht, wenn trotz hohem Wohlstand soziale Unrast wächst, wenn trotz materieller Zuteilung neue Forderungen zurückschlagen. Wohlstand als Recht wird gefordert, wobei Wohlstand gleichsam eine nach oben offene »Richterskala« darstellt. »Der Wohlfahrtsstaat«, sagt Harold L. Wilensky, »ist einerseits durch umfassende strukturelle Uniformität geprägt und beinhaltet doch paradoxerweise außerordentliche Unterschiede.«[12] Wo der Wohlfahrtsstaat seine Ziele aus den Augen verloren hat, werden Verfahren wichtiger als die inhaltliche Klärung des Wohlstands. Wo schließlich Gesetze nicht so greifen wie erwünscht, wird an den »mündigen Bürger« appelliert. Vor die Mechanismen der Bürokratie aber gehörte die Aufklärung. Vor das wohlfeile Delegieren von Verantwortung und vor die Inflation der Ansprüche müßte eine Klärung der Pflichten der Bürger gehören. Dabei ist dieses Problem keineswegs neu – es ist nur besonders dringlich.

»Aufklärung«, so schreibt Immanuel Kant 1783, »ist der Ausgang des Menschen aus seiner selbstverschuldeten Unmündigkeit. Unmündigkeit ist das Unvermögen, sich seines Verstandes ohne Leitung eines anderen zu bedienen. Selbstverschuldet ist diese Unmündigkeit, wenn die Ursache derselben nicht an Mangel des Verstandes, sondern der Entschließung und des Mutes liegt, sich seiner ohne Leitung eines anderen zu bedienen. Sapere aude! Habe Mut, dich deines eigenen Verstandes zu bedienen! ist also der Wahlspruch der Aufklärung.

Faulheit und Feigheit sind die Ursachen, warum ein so großer Teil der Menschen, nachdem sie die Natur längst von fremder Leitung freigesprochen, dennoch gerne zeitlebens unmündig bleiben; und warum es anderen so leicht wird, sich zu deren Vormündern aufzuwerfen. Es ist so bequem, unmündig zu sein. Habe ich ein Buch, das für mich Verstand hat, einen Seelsorger, der für mich Gewissen hat, einen Arzt, der für mich die Diät beurteilt usw.: So brauche ich mich ja nicht selbst zu bemühen. Ich habe es nicht nötig zu denken, wenn ich nur bezahlen kann; andere werden das verdrießliche Geschäft schon für mich übernehmen.«[13]

Wer delegiert, bezahlt die Rechnung, aber für das Delegieren wird der Preis so hoch und die Verwaltung so teuer, daß künftiger Wohlstand nur denkbar ist, wenn mehr Verantwortung wieder möglich und wirksam wird. Damit aber müßte ein moderner Wohlstandsbegriff von der Fiktion immerwährenden Wachstums entkoppelt werden.

Steigende Bedürfnisse, immer mehr verbürgte Ansprüche, verbunden mit den technotronischen Möglichkeiten moderner Bürokratien, können zu Formen staatlicher Wohlfahrt führen, die den Wohlstand des Bürgers gefährden. Es ist deshalb zu überlegen, wo wir selber Grenzen setzen können, um nicht Opfer unbegrenzter Begehrlichkeit und verwalteter Gerechtigkeit zu werden. Ich bin – dieses Mißverständnis möchte ich in aller Deutlichkeit vermeiden – keineswegs ein Gegner des Wohlfahrtsstaates, und ich möchte auch klarstellen, daß ich einen Abbau der Sozialleistungen keineswegs propagiere. Ich möchte jedoch die Gründe der steigenden Ineffizienz nennen, falsche Hoffnungen demaskieren und schließlich auch an die immer noch mögliche, und in Zukunft sehr notwendige Eigenverantwortung appellieren. Ohne eine Veränderung gesellschaftlicher Institutionen aber würden solche Appelle weitgehend wirkungslos bleiben. In diesem Sinne ist der Titel dieses Kapitels zu verstehen: Weg von der Entmündigung durch zugeteilte Wohlfahrt, hin zu erwerb- und erlebbarem Wohlstand.

2. Kapitel

Wachstum ohne Ziel: Folgen der maßlosen Vernunft

Seitdem menschliches Leben auf diesem Planeten existiert, gibt es den menschlichen Kampf ums Dasein. Oberstes Ziel war lange das bloße, individuelle und gruppenhafte, Überleben. Während der überwiegenden Zeit seiner gesellschaftlichen Entwicklung hatte der Mensch um diese materielle Grundlage zu kämpfen. Sein Existenzminimum war gleichzusetzen mit der Energie, die er seinem Körper zuführen mußte, um diesen sozusagen in Gang zu halten. Was er materiell und wirtschaftlich brauchte, war Subsistenz, Lebensunterhalt: genügend für seinen Grundbedarf. War dies nicht möglich durch Unbilden der Natur, durch Stammeskämpfe, durch Unfähigkeit, so war der Hungertod unausweichlich. Soziale und damit kulturelle menschliche Bedürfnisse konnten sich über die Dauer nur entwickeln, wenn die Subsistenz über eine bestimmte Zeitspanne einigermaßen gesichert war. Solche Subsistenzwirtschaften waren immer auf überschaubare Gruppen und angebbare Räume bezogen. Die Grenzen des menschlichen Handelns waren dem einzelnen Menschen einsichtig und direkt erlebbar.

Der Aufwand, der notwendig war, um die materielle Existenz zu sichern, erfüllte beinahe das gesamte tätige Leben der Menschen. Die Begehrlichkeit von einzelnen Gruppen fand dort ihr Maß, wo es um den Anteil der anderen ging. Der Stärkere mochte obsiegen nach dem Prinzip des »homo homini lupus«, daß der »Mensch des Menschen Wolf« ist. Während der längsten Zeit menschlicher Entwicklungsgeschichte war der Kampf um das tägliche Brot gesellschaftliches Grundprinzip.

Je weniger nun die Menschen um ihre materielle Subsistenz kämpfen müssen, desto mehr treten gesellschaftliche Systeme in den Vordergrund. Längst ist die Subsistenz-Wirtschaft dem Erwirtschaften technologisch möglichen Überfluß gewichen. Der Kampf des Einzelnen wird beim Erreichen allgemeinen Wohlstands nicht mehr irgendwelchen materiellen Zielen gelten, sondern allenfalls dem Erreichen gesellschaftlicher Positionen. Beim fraglosen Vorhandensein von mehr als genug täglichem Brot sucht er Macht, Prestige, freie Verfügung über seine Zeit, sucht allenfalls nach sinnvollen Tätigkeiten. Dabei aber sind seine Handlungsweisen nicht mehr lokal begrenzt, seine Zielsetzung nicht mehr durch Kampf und Auseinandersetzung mit seinen nahen, direkten Mitmenschen gekennzeichnet. Die individuelle Handlungsweise wird nicht mehr sosehr durch materielle Bedingtheit geprägt, als vielmehr durch die Notwendigkeit, zwischen materiellen Möglichkeiten auswählen zu müssen. Will einer mehr Besitz oder mehr Reisen, will einer mehr Lohn bei geringerer Stellensicherheit?

Was kann einer vernünftigerweise wollen und anstreben? Nachdem es dem Menschen offensichtlich gelungen ist, ursprüngliche und jahrmillionenalte materielle Begrenzungen zu sprengen, stellt sich heute die Frage nach den gegenwärtigen und zukünftigen Begrenzungen seiner Vorstellungen und seines Handelns. Hat, so muß man sich fragen, der Mensch die Fähigkeit der Erfassung seiner Umwelt in dem Maße verloren, wie der Kampf ums physische Überleben an Bedeutung abgenommen hat? Hat menschliche Rationalität eine so komplizierte Welt geschaffen, daß psychisches Überleben zur Hauptfrage geworden ist? Sind somit auch Grenzen des Wohlstands zugleich Grenzen, die heute und in der Zukunft allein durch die Psyche gesetzt werden?

Menschliche Bedürfnisse sind nicht unermeßlich. Sie werden stets geprägt durch die Art und Weise, in der eine Umwelt vom Einzelnen erfaßt wird, wie diese selbst erlebt werden kann. Materielle Bedürfnisse können durch materielle Befriedigung allein nie aus der Welt geschafft werden. Die Steigerung, »mehr von allem«, wird auch in Zukunft nie heißen: »mehr von jedem«. Es steht auch in Zukunft so viel zur Verfügung, daß der Einzelne aus ihm Vertrautem bewußt oder unbewußt eine Auswahl trifft. Bedürfnisse generieren sich sozusagen selbst, sind Ausdruck individueller Soziallage und haben im

Grunde aber stets immaterielle Wünsche eingeschlossen: Besitz als Sicherheit. Vertrautes als Abschirmung gegen Unvertrautes, Fremdes, Unsichermachendes.

In diesem Sinne sehe ich denn eine Begrenzung nicht mehr im Materiellen oder gar Lokalen, sondern im Kognitiven, im sinnlich Wahrnehmbaren und dem, was Menschen emotionell verarbeiten können. Grenzen des Wohlstands sind Grenzen des Wohlbefindens. Dieses Wohlbefinden ist nur mehr indirekt von materiellen Gegebenheiten abhängig. Wir sind sozusagen beinahe ohne Übergang von der Subsistenz-Gesellschaft zu einer Substitutions-Gesellschaft geworden, zu einer Gesellschaft des Ersatzes.

Was Einzelne als emotionale Bedürfnisse nicht zu formulieren vermögen, wird durch materiellen Bedarf ersetzt. Was der Einzelne seinen Mitmenschen an Hilfe bieten möchte, wird aus Furcht vor zuviel Mitmenschlichkeit durch staatliche Verteilungsmechanismen substituiert. Wir substituieren Muße durch Genuß und geistige Beweglichkeit durch Rastlosigkeit. Wo es an direkten sozialen Begegnungen fehlt, erfinden wir strukturelle Prothesen. Verfahren schließlich werden wichtiger als Ziele. Diese Verfahren scheinen sich zu verselbständigen und sich unabhängig weiterzuentwickeln, selbst wenn ursprünglich die Ziele klar und die Verfahren ihnen untergeordnet waren. Solche Verfahren, wie die der Produktion von Waren und der Erbringung von Dienstleistungen, distanzieren sich vom einzelnen Menschen. Die Arbeit ist zerstückelt worden und der Mensch, der sie erbringen soll, austauschbar. Die moderne Entwicklung hat also nicht nur weitgehend die Arbeit substituiert, hat dem Menschen nicht nur materiellen Wohlstand gebracht anstelle seiner Kämpfe und seiner ureigenen Leistung, die er für sich und seine engste Gruppe zu erbringen hatte, sondern der Mensch selbst ist substituierbar geworden.

Man kann sich natürlich fragen, wann diese Entwicklung eingesetzt hat, zu welchem Zeitpunkt sich die Produktionssysteme sozusagen verselbständigt haben. Die Industrialisierung ist m. E. nur der äußere Ausdruck einer Umsetzung menschlicher Rationalität in gesellschaftliche Organisation. Die Verfahrensweisen auf allen Gebieten gesellschaftlichen Lebens scheinen sich gleichsam verselbständigt zu haben. Die Folgerichtigkeit des Handelns ist weder an einem Ziel orientiert, noch an formulierte Werte gebunden. Die Technologie ist weder gut noch böse, kann aber verheerende Folgen aufwerfen, wenn sie soziale Strukturen zerstört; wenn sie jene Verhaltensweisen der Menschen erschwert oder gar unmöglich macht, die allein dafür sorgen können, daß die Menschheit Herr über die Technologie wird und nicht ihr Opfer. Ohne menschliches Maß ist Technologie, ist ungezügelte Rationalität nichts anderes als maßlose Vernunft.

Es besteht kaum ein Zweifel darüber, daß unsere Gesellschaft durch die technologische Entwicklung am stärksten und tiefgreifendsten beeinflußt wird. Die moderne Technologie gründet weitgehend auf Prinzipien der Naturwissenschaft. Technologie ist wohl der deutlichste Ausdruck des menschlichen Rationalismus. Rationalismus verstanden als das Bestreben, die Welt durch Vernunft zu begreifen und sie vernunftmäßig auch zu gestalten. Ein wirtschaftliches Unternehmen etwa muß geradezu nach Prinzipien des Rationalismus arbeiten: Der Markt wird nach vernünftigen Regeln erkundet, Produktion und Vertrieb geschehen nach rationalen Mitteln. Das engere Ziel ist Gewinn, das allgemeine Ziel des Unternehmens ist das Überleben der Organisation, ist mithin auch gesellschaftlicher Ertrag. Vernünftig ist es also, Gewinn zu erzielen. Vernünftig ist es, Marktsicherheit zu erlangen. Vernünftig ist es schließlich, im Wettbewerb zu obsiegen. Was nun für Firma A vernünftig ist, ist selbstverständlich auch für Firma B vernünftig. Was für Land C vernünftig ist, ist vernünftig auch für Nation D. Der moderne Rationalismus war bislang so unerhört erfolgreich, weil sein Ziel Wachstum war, und solange dieses Wachstum möglich schien, schien das Ziel an sich vernünftig. Die Geschwindigkeit aber der Einführung und das Wachsen moderner Technologie bezeichne ich als maßlose Vernunft. Denn: Wer setzt das Maß, bestimmt das Tempo, schließlich das Ziel dieser an und für sich vernünftigen Einzelentwicklungen?

Da unsere Welt und ihre Ressourcen endlich sind, stößt, wie wir es heute erfahren, die Wachstumsrationalität an ihre Grenzen. In diesem Sinne ist der Kapiteltitel zu verstehen: Die Vernunft im Sinne des angewandten Rationalismus konnte so lange maßlos sein, als Wachstum für viele ohne schwerwiegende Eingriffe in das Gefüge der Gesamtgesellschaft möglich war.

Dieser ungeheuer erfolgreiche materielle Rationalismus war des weiteren möglich, weil wir davon ausgingen, die meisten Erscheinungen quantitativ erfassen zu können. Gewinn ist quantitativ, langfristiger gesellschaftlicher Ertrag dagegen qualitativ. Die Forderung nach qualitativem Wachstum hört sich zwar gut an, reibt sich aber am Umstand, daß ein qualitativer Rationalismus noch nicht in Sicht ist, denn er bedürfte, um Kant zu bemühen, nicht nur der Vernunft, sondern auch des Verstandes.

Wir haben außerordentlich rasch gelernt, zwar nach Grundsätzen zu handeln, besonders nach dem Grundsatz der Effizienz, aber es mangelt uns am Vermögen, nach Grundsätzen auch zu urteilen. Es ist durchaus vernünftig, technische Möglichkeiten anzuwenden, um konkurrenzfähig zu bleiben, also Gewinn zu erwirtschaften. Es ist vernünftig, überall dort den zuverlässigeren und billigeren Computer einzusetzen, wo menschliche Arbeit zu teuer wird. So werden wir in der Produktion immer weniger arbeitende Menschen finden. Auch in Dienstleistungsbetrieben werden Arbeitsplätze überflüssig. Sind indessen die Folgen dieses Tuns vernünftig?

Dadurch nämlich wird möglicherweise eine ganz neuartige Klassengesellschaft entstehen, auf die und für die wir überhaupt nicht vorbereitet sind: Nicht nur nehmen die Erwerbstätigen im Maßstab der Gesamtgesellschaft immer mehr ab – in der Bundesrepublik sind es heute unter 40% der Gesamtbevölkerung –, sondern es wird, falls wir nicht aufpassen, bald zwei Klassen von Menschen geben: eine Klasse, die, erwerbswillig, Arbeit findet, und eine zweite Klasse von Menschen, die, ebenso erwerbswillig, ohne Arbeit verbleiben muß.

Es ist dabei eine durchaus verläßliche Erkenntnis der Sozialwissenschaften, daß Arbeit für den einzelnen Menschen und die Gesellschaft ganz entscheidende Bedeutung hat. Verkürzt könnte man sagen, daß »der Mensch ist, was er arbeitet«. Verliert er seine Arbeit, kann er auch seine Identität verlieren. Jeder Mensch bedarf der sozialen Geltung. Unsicherheit in seiner sozialen Stellung führt zu psychischer und physischer Instabilität, ja Krankheit. Was also im gesellschaftlichen Bezug gefordert werden muß, nämlich Erhöhung statt Verlust des Singehaltes menschlicher Arbeit, wird konterkariert durch die Effizienz, die im System des Betriebes ebenfalls vernünftig und sinnvoll ist. So stoßen an sich durchaus vernünftige Ziele aufeinander, ist die Addition von System-Vernunft I und System-Vernunft II aber insgesamt und gefährlich unvernünftig.

Diese Konflikte durch Systemrationalität begegnen uns auf Schritt und Tritt. Die gesellschaftlichen Auswirkungen technologischer Prozesse mögen in der Wirtschaft besonders augenfällig sein. Für das menschliche Verhalten aber dürfte die maßlose Vernunft im Bereiche der Verwaltung und der Dienstleistung noch bedeutender werden. Im Zusammenhang mit Fragen des Wohlstands müssen wir dieser Frage einen ganzen Abschnitt widmen.

Zunächst aber zum Problem menschlicher Arbeit: Wir produzieren heute schon viel mehr Güter, als wir sie auch für ein bequemes Leben benötigten. Selbst wenn Rohstoffe im einzelnen Falle nicht rasch substituiert werden, wird vor den Gütern die Arbeit knapp.

Die gesamte Technologie wird heute maßgeblich schon dafür eingesetzt, knapper werdende Rohstoffe durch weniger knappe zu ersetzen. Das gesellschaftliche Ziel der Substituierung sieht aber insgesamt mehr Energieverbrauch und nicht weniger vor – bei völligem Fehlen von Vorstellungen darüber, wieviel menschliche Arbeit überhaupt noch notwendig sein wird. Wer im übrigen arbeiten soll, wie lange, an welcher Stelle und auch zu welchem Zweck, ist völlig offen. Zwar werden Milliardenbeträge in Verfahrensweisen gesteckt – menschliche Intelligenz und Vorstellungskraft, ja Überzeugung und Hoffnung sehen wir im Grunde dem *Wie* und nicht dem *Wozu* gewidmet.

Selbstverständlich sind die unliebsamen Folgen der Umweltbelastung durch die moderne Technologie zum gesellschaftspolitischen Problem geworden. Was kaputtgemacht wird, soll, wo immer möglich, repariert werden. In der Bundesrepublik werden zur Erforschung der Humanisierung der Arbeit weit über hundert Millionen ausgegeben. Als Maß der Rationalisierung in Wirtschaft und Verwaltung gilt die Belastbarkeit des Menschen. Dabei wäre zunächst einmal zu untersuchen, ob Rationalisierung und Humanisierung überhaupt Gegensätze darstellen.

Rationalisieren bedeutet – dies ist in jedem Wörterbuch so ähnlich nachzulesen – vernünftig, nach wissenschaftlichen Prinzipien zu handeln. Rationalisierung wird in allen Bereichen menschlicher Tätigkeit erstrebt. Die Entwicklung der modernen Technologie gründet auf dem Prinzip des Rationalisierens, und das gesamte Wirtschaften und Verwalten ist ohne zweckmäßige Verfahren undenkbar. Immer bedeutet Rationalisierung die Frage nach dem Verhältnis von Aufwand und Nutzen. Dies nun, ob wir vom Staat, vom Unternehmer sprechen, oder von Gefühlen eines Menschen: Rationalisieren ist nicht von ungefähr auch ein Zentralbegriff der Psychoanalyse: Er bedeutet das nachträglich verstandesmäßige Rechtfertigen eines aus irrationalen oder triebhaften Motiven erwachsenen Verhaltens.

In beiden Bereichen wird im Grunde der Verstand des Menschen vorausgesetzt. In diesem Sinne kann gar kein Gegensatz zwischen Rationalisierung und Humanisierung bestehen, da das Humane wesentlich des Verstandes bedarf. Wo also liegen die Gründe tatsächlicher oder vermeintlicher Widersprüche? Wer die technologische Entwicklung betrachtet, könnte zu der Auffassung gelangen, daß die Vernunft und Zweckmäßigkeit der Arbeitszerlegung und der Produktionssystematik zu einer Beschleunigung führte, die außer Kontrolle zu geraten scheint, zur Manifestation der maßlosen Vernunft eben. Man mag an den Zauberlehrling denken, der die Geister, die er rief, nicht mehr zu bändigen vermag.

In dieser Rolle sah sich zu Beginn dieses Jahrhunderts der Vater der wissenschaftlichen Betriebsführung, Frederic Winslow Taylor, einer der großen Wegbereiter der *Efficiency*. Er entwickelte damals Methoden, die, wenn auch in verfeinerter und abgewandelter Form, noch heute Inbegriff der Arbeitsrationalisierung sind, so etwa Zeitstudien, Spezial- und Funktionsmeistertum, Normierung von Werkzeugen und Maschinen. Er forderte das Arbeitsverteilungsbüro und die Dispositionsabteilung. Ohne ihn wäre das Fließband undenkbar.

Seine wissenschaftliche Betriebsführung hat er freilich nicht als Theoretiker entwickelt. Er selber, der nur neben seiner Berufsarbeit studieren konnte, litt unter der Härte und den inhumanen Bedingungen der damaligen Arbeitssituation. Die Unerbittlichkeit des uneingeschränkten Konkurrenzkampfes äußerte sich in der rücksichtslosen Behandlung der Arbeiter. Arbeitskräfte in Amerika waren zu jener Zeit mit weniger Mühe und Kosten zu ersetzen als Maschinenteile. Auch vom Vorgesetzten wurde unerbittlich verlangt, die Produktion zu steigern, wobei ihm die Wahl der Mittel völlig freigestellt war.

Vor etwa hundert Jahren stieg der tüchtige Schichtarbeiter Taylor selbst zum Vorgesetzten auf. Er war nun selbst gezwungen, seine ehemaligen Kollegen unablässig anzutreiben, mehr zu produzieren. Dies gelang ihm aber nicht ohne bittere innere Kämpfe, freilich auch nicht ohne striktes Vorgehen und kühl berechnete Disziplinarstrafen gegen Menschen, die noch vor kurzer Zeit seine Kollegen und Freunde gewesen waren. Sein Gewissen wurde allerdings mit höherem Lohn nicht beschwichtigt.

Mit welcher Berechtigung wandte er rigorose Normen an und bestrafte er die Arbeiter? Wie konnte er sicher sein, daß seine Auffassung eines »fairen Tagewerks« richtiger und zutreffender war, als etwa die irgendeines anderen? Er folgerte daraus: »Anstelle der Strenge und Härte muß Gerechtigkeit, anstelle der Faustregeln muß die Organisation treten; die aufeinander prallenden Meinungen einzelner müssen durch das objektive Wissen verdrängt, anstelle des Menschen muß das System gestellt werden.«[1] Dieser Satz hat Taylor viele Feindschaften und uns viele Mißverständnisse eingebracht. Er wollte nicht den Menschen ersetzen, sondern die Willkür des einen über den anderen. Er suchte Rationalität und hat in der Tat auch viele Methoden der heute noch gebräuchlichen Rationalisierung entwickelt.

Gerechtigkeit hat er angestrebt und Objektivität. Am Ende seines Lebens mußte Taylor indes feststellen, daß alle jene Methoden, die er entwickelt hatte, rigoros und mit großem Erfolg in fast allen Zweigen der Produktion und der Verwaltung Eingang gefunden hatten. Die Unternehmen wuchsen unaufhörlich, aus Mittel- und Kleinbetrieben entstanden Organisationen mit Zehntausenden von Beschäftigten. Ohne Taylors wissenschaftliche Betriebsführung, ohne seine Organisationsvorschläge, wären diese Größenordnungen wahrscheinlich gar nicht oder erst wesentlich später erreicht worden. Gleichzeitig aber mehrten sich Arbeitskämpfe, die mit einer heute fast nicht mehr erfaßbaren Härte ausgetragen wurden. Die Arbeitnehmer nämlich machten die Taylorschen Methoden, machten die sich aus ihnen zuspitzende rücksichtslose Akkordschraube für den sozialen Unfrieden verantwortlich. Dies führte so weit, daß der amerikanische Kongreß einen Untersuchungsausschuß einsetzte, um den »Taylorismus«, ja auch Taylor selbst, zur Verantwortung zu ziehen. Als Taylor vor dem Ausschuß gefragt wurde, in wie vielen Industriebetrieben seine Methoden Eingang gefunden hätten, konnte er keine Zahl nennen, denn es handelte sich bereits um Tausende, ja um Zehntausende. Er legte jedoch größten Nachdruck auf die Tatsache, daß sein System der wissenschaftlichen Betriebsführung *in seiner Gesamtheit* von keinem einzigen Betrieb angewendet worden sei. Stets seien nur die mechanischen Aspekte übernommen worden, und keine der zahllosen Betriebsleitungen, die mit Hilfe seiner Methoden arbeiteten, hätte die ihnen eigentlich zugrunde liegende Philosophie verstanden, geschweige denn sie angewandt.

Nach dem Inhalt dieser Philosophie befragt, die er leider in seinen technischen Anweisungen nicht erläutert hatte, erklärte er schließlich: »In ihrem Kern schließt die wissenschaftliche Betriebsführung eine totale geistige Revolution in sich. Und zwar ein vollständig geistiges Umdenken, das alle Arbeiter, die in irgend einem Betriebe beschäftigt sind, vollziehen müssen, in bezug auf ihre Pflichten, ihre Arbeit, aber auch hinsichtlich ihrer Beziehungen zu Arbeitskollegen und Arbeitgebern. Auch die Männer der Betriebsleitung haben sich diesem geistigen Umdenken in eben demselben Maße zu unterziehen, seien sie Vorarbeiter, Meister, Abteilungsleiter, Direktoren, Eigentümer oder Aufsichtsräte. Und auch ihr Umdenken bezieht sich auf ihre Pflichten gegenüber ihren Kollegen, gegenüber den Untergebenen und allen betrieblichen Alltagsproblemen. Ohne diese vollständige geistige Revolution auf beiden Seiten gibt es keine wissenschaftliche Betriebsführung.«[2]

Taylor glaubte allen Ernstes, daß seine Beweggründe, nämlich mehr Gerechtigkeit und damit eine Humanisierung in die grauenvollen Arbeitsverhältnisse vor Beginn dieses Jahrhunderts zu tragen, praktisch automatisch von allen anderen akzeptiert werden müßten. Er hielt dies für so selbstverständlich, daß ihm nicht der Gedanke gekommen war, seine Methoden könnten auch zum Gegenteil gereichen. Seine Beschwörungen vermochten nun die eigene Dynamik seiner Methoden nicht mehr zu bremsen. Und es scheint mir, daß generell ein ungelöstes Problem bis heute darin besteht, daß fast alle Methoden, die wir entwickelten, alle Systematik, die in sich und an sich vernünftig, zweckmäßig, wirtschaftlich ist, leichter und rascher umgesetzt, d.h. verwertet werden, wenn dies unabhängig von den ursprünglichen, den eigentlichen Zielsetzungen erfolgt.

Wie wir wissen, wollte Taylor die Maschine an den Menschen anpassen. Er wollte für jede Vorrichtung den einen besten Weg herausfinden und ihn mit mathematischen Methoden definieren. Er hat dabei aber den Menschen selbst als eine Art Maschine betrachtet. Hätte er die Menschen in seine systematischen Beobachtungen einbezogen, so hätte ihm klar werden müssen, daß der eine eben eine Verrichtung leichter erledigt, als ein anderer, daß Ermüdung nicht nur physische, sondern auch psychische Momente einschließt. Sein Menschenbild war die Fiktion eines frühen Technokraten. Er wollte Willkür beseitigen, scheiterte aber daran, daß er den Produktionsfaktor Mensch willkürlich definierte. Der Mensch ist zwar in der Lage, rational zu handeln, aber er ist deswegen noch längst kein rationales Wesen. Die entscheidende Größe in Taylors System der Vernunft hat Taylor selbst falsch eingeschätzt. Taylor hat die Kontrolle über ein Instrumentarium verloren, das er zwar geschaffen hatte, aber einem ganz anderen Zweck unterzuordnen plante.

Auch aus einem anderen Grund mag uns das Beispiel, ja Gleichnis Taylors zum Nachdenken anregen. Er war unkritisch fortschrittsgläubig. »Diese totale geistige Revolution im Rahmen der wissenschaftlichen Betriebsführung besteht darin, daß beide Parteien von der Verteilung des Überschusses als der alles überschattenden Streitfrage ablassen und statt dessen sich gemeinsam anstrengen, alle Mittel zu benützen, diesen Überschuß derart zu vergrößern, daß dieser solche Ausmaße annimmt, daß es vollends müßig wäre, sich darüber Gedanken zu machen, wie nun dieser allenfalls zu verteilen sei. Sie werden bald einsehen, daß gemeinsames Vorgehen in der Tat einen erstaunlich großen Gewinn abwirft. Sie sehen ein, daß freundschaftliche Zusammenarbeit und gegenseitige Hilfe anstelle von Kampf und Gegeneinanderarbeiten finanzielle Erfolge zeitigen, die weiten Raum sowohl für wesentlich erhöhte Löhne wie auch größere Rendite für die Manager schaffen.«[3]

Taylors Fortschrittsgläubigkeit hat bis in die jüngste Vergangenheit Schule gemacht, nämlich bis zu jenen Futurologen, die annahmen, daß der technologische Fortschritt, also das Weiterführen industrieller Rationalisierung, zwangsläufig zur Verminderung sozialer Konflikte führen müsse. So sagte Jean Fourastié: »Eine reiche Gesellschaft ist a priori tolerant.«[4] Auch Hermann Kahn und Antony J. Wiener äußerten sich noch vor einigen Jahren ähnlich. Heute wundert man sich, wie noch vor wenigen Jahren so gedacht werden konnte. Heute weiß man nämlich: *von allem mehr* bedeutet keineswegs, daß irgendeine Qualität des Lebens damit sozusagen automatisch verbunden wäre. Im Gegenteil: Für vieles, was in der heutigen gesellschaftlichen Situation als ungenügend empfunden wird, wird eben diese wissenschaftlich systematische Rationalisierung verantwortlich gemacht, führt gerade sie zu den Krisen der maßlosen Vernunft. Es hat sich gezeigt, daß von den beiden Aspekten der Rationalisierung der wirtschaftlich-technische den sozial-vernünftigen überwog, weil es zudem an Verstand des sozialen Urteilens gebrach. Für Menschen wie Taylor gab es keine Grenzen des Wohlstands.

Aus dem Ungenügen von Produktionsverhältnissen sind zwar Forderungen nach verstärkter Humanisierung der Arbeitswelt verständlich. Freilich gibt es weite Bereiche, in denen das Humane sozusagen mit Füßen getreten wird, selbst wenn diese gleichsam in weichen Pantoffeln stecken: Wer die Augen nicht verschließt, weiß, daß langandauernde Schichtarbeit schädlich ist für Gesundheit und soziale Beziehungen. Allgemeine Forderungen nach vermehrter Humanisierung können indes ebenfalls unvernünftig sein, wenn sie sich nicht auf konkrete Tatbestände und realisierbare Ziele beziehen.

Es gibt ganz gewiß keine Humanisierung der Arbeitswelt in einer ansonsten inhumanen Gesellschaft – und umgekehrt, denn eine humane Gesellschaft dürfte gar keine inhumanen Arbeitsverhältnisse aufweisen. Auch die Verwerfung des Taylorismus, d.h. die Umkehr des Satzes, der Mensch hätte sich an die Maschine anzupassen, also seien Maschinen für die Menschen zu schaffen, hilft dabei wenig.

Arbeit soll für den Einzelnen sinnvoll sein, seine Tätigkeit hat ihm soziale Geltung zu verbürgen. Mangelt es an beidem, ist Entfremdung wahrscheinlich. Im Grunde geht es nicht um die Regelung des

Verhältnisses von Mensch und Maschine, vielmehr müßte der Mensch von der Maschine geradezu entkoppelt werden. Nur die absolute Freisetzung des Menschen von unqualifizierter, sinnentleerender Maschinenarbeit bannt die Gefahr der Entfremdung. Dies ist im übrigen durchaus möglich und wird m.E. durch den verstärkten Einsatz von Mikroprozessoren in den nächsten Jahren in vielen Bereichen erreicht werden. Die Rationalisierung wird diesen Zustand ermöglichen. Dabei aber wird die Gesamtmenge menschlicher Arbeit verringert, Arbeitsplätze werden vernichtet. Wenn aber ausgeglichene Beschäftigungsstrukturen als vernünftiges gesellschaftliches Ziel gesetzt würden, wäre die in sich folgerichtige zweckmäßige Rationalisierungsmethode unvernünftig. Unvernünftig ist in der Wirkung Humanisierung aber dann, wenn sie als zu allgemeines, nicht umsetzbares Ziel gesetzt wird.

Humanisierung ist in diesem Sinne weder Gegensatz noch Alternative zur Rationalisierung, sondern schlicht und einfach nicht praktikabel. Will man nicht Gefahr laufen, daß unter diesem Ausdruck subsumiert wird, was dem einen Bedürfnis ist, dem anderen aber mißfällt, muß klar werden, was für wen Humanisierung bedeuten soll. Zweifellos sind die vielen Formen der Mitbestimmung Schritte zur humaneren Arbeitssituation. Werden Mitbestimmungen aber formalisiert, so vermindern sie Entfremdung nicht, sondern verstärken sie eher. Absolute Humanisierung ist ein Ziel, das nie erreicht werden kann; schon deshalb nicht, weil sich die Ziele dessen, was erstrebenswert ist, wandeln. Es ist entschieden einfacher, erfahrene Unzulänglichkeit zu definieren, als Bedürfnisse zu artikulieren.

So sehen wir, daß Humanisierung der Arbeitssituation als Ziel selbst Richtmaß für den vernünftigen Einsatz von Rationalisierungsmaßnahmen sein kann, ja sein muß. So ist auch gesteigerte Effizienz, sind neue elektronische Systeme beispielsweise keineswegs von vornherein Hindernisse für die Humanisierung, sondern ermöglichen sie in nicht wenigen Fällen erst.

Rationalisierungsmaßnahmen im Sinne technologischer Entwicklung werden sich im Ausmaß noch stärker von der Produktion zur Administration verlagern. Dies nicht nur aus Gründen der Beschäftigtenzahl, wobei bezeichnenderweise in der Bundesrepublik in zehn

Jahren auf einen Beschäftigten in der Produktion mehr als ein »Büroangestellter« kommen wird. Es werden in der Perspektive immer weniger Menschen dafür arbeiten, den allgemeinen Wohlstand zu ermöglichen, und immer mehr damit beschäftigt, die Verteilungsmechanismen überhaupt in Gang zu halten. Die maßlose Vernunft schafft schließlich auch maßlose Bürokratien. Damit aber werden nicht nur gesellschaftliche Strukturen komplizierter, sondern die einzelnen Systeme verlangen auch immer mehr Information.

Die Informationsverarbeitung und die Steuerungssysteme von Produktion und Dienstleistung werden dabei in hohem Maße durch technische Innovation beeinflußt werden. Es ist zwar richtig, wie dies Rolf Jurk in einem Bericht über das »Büro von morgen« feststellt, daß das Büro der Zukunft weitgehend mit schon jetzt bekannten Geräten und Systemen sowie deren absehbaren weiteren Entwicklungen zu einem hohen Prozentsatz abgedeckt werden kann.[5] Allein, es werden mehr, andere und besser zu verarbeitende Informationen fließen.

Die technische Innovation verlangt mehr soziales Lernen: Es wird zwar möglich sein, mehr Information schneller verfügbar zu machen, keine technologische Innovation aber wird die Fragen des »Wozu«, »Für wen« und »Wann«, schließlich auch die Frage: »In welcher gewünschten Kombination« zu lösen in der Lage sein. Die Beurteilung der Information setzt einen geschulten Verstand voraus.

Hier kann also von der alten Forderung, von der Anpassung des Menschen an die Maschine, schon deshalb gar keine Rede mehr sein, weil allein menschliche Phantasie und Kombinationsfähigkeit schließlich darüber entscheiden, ob Innovation sinnvoll und damit auch maßvoll vernünftig wird. Information an sich ist nämlich sinnlos, vieldeutig und in vielen Bereichen austauschbar: Auswahl der Information und Verarbeitung ihrer Inhalte ermöglichen erst ihren effizienten Einsatz.

In sozialen Marktwirtschaften sind nach wie vor industrielle Unternehmen für die materielle Existenzgrundlage ihrer Beschäftigten und für die Kapitalerträge der Investoren entscheidend. Sie bleiben wesentliche Garanten des Wohlstands. Die Erfüllung ihrer Aufgaben ist ohne rationelle Organisation und ohne effiziente Arbeit aller Beteiligten auch in Zukunft undenkbar. Dies bedeutet aber keineswegs, daß die Postulate einer Humanisierung der Arbeitswelt lediglich die Angelegenheit von Sonntagsrednern und Weltverbesserern seien. In dem Maße, wie menschliche Arbeit den steigenden Bedürfnissen gerechter werden kann – und dafür bietet die moderne Technologie viele Möglichkeiten –, können auch Unternehmensorganisationen effizient funktionieren. Dabei nun werden einige Grundregeln verstärkt zu beachten sein: Methoden und Ziele der Rationalisierung sind als Einheit zu betrachten. Weder wird der Methodenfetischismus zu erhöhter Effizienz führen, noch können Ziele ohne Angabe, wie sie denn zu erreichen sind, mehr als bloße Appelle sein.

Die Geschwindigkeit technologischer Neuerungen ist grundsätzlich kontrollierbar. Sie sind menschlichen und institutionellen Gegebenheiten anzupassen. Wir haben bislang viel zu einseitig Geld, Geist und Hoffnung in die technologische *hard-ware* gesteckt und müssen in Zukunft sehr viel mehr im Bereich der sozialen *soft-ware* unternehmen.

Schließlich: Der technologische Fortschritt, die Rationalisierungsmöglichkeiten, sind so immens, daß wir heute nicht mehr imstande sind, sie uns ganz auszumalen und zu beurteilen, wo sie zuerst auch am sinnvollsten einzusetzen wären. Wir sind bislang nicht nur einem Methodenfetischismus aufgesessen, sondern auch einem Maximierungsfetischismus. Es ist höchste Zeit, daß wir uns über die Bedürfnisse, die wir in ein paar Jahren verspüren mögen, die möglicherweise unsere Kinder haben werden, Gedanken machen und unterhalten. Mit anderen Worten: Wir müssen effiziente Regeln entwickeln, wie wir Interessen ausgleichen und bei geringerem Zuwachs den Wohlstand effizient und gerecht verteilen. Der Begriff *Effizienz* hat damit eine neue Dimension gewonnen. Immer noch umfaßt er die Relation von Aufwand und Nutzen. Nur kann nicht mehr allein die Rede von materiellem Aufwand und wirtschaftlichem Nutzen sein, sondern vom Einsatz vernünftiger Mittel zum Erreichen größtmöglicher Befriedigung angemessener Bedürfnisse.

Humanisierung verlangt sicherlich auch eine vermehrte Besinnung auf qualitatives Wachstum. Dies bedeutet höhere Anforderungen auch an die Qualität des Managements. Als vornehmliche Aufgabe hat sie kürzlich Christian Lutz wie folgt formuliert: »Die weitere

Wohlstandsanhebung geschieht im wesentlichen durch besseres System-Management, statt durch erhöhte Beanspruchung materialer Ressourcen. Der wichtigste einzelne Wachstumsfaktor könnte in diesem Zusammenhang sehr wohl die Qualität des Managements werden.«[6] Lutz weist mit Recht darauf hin, daß unfreiwillige massenhafte Dauerarbeitslosigkeit nicht ins Bild des qualitativen Wirtschaftswachstums paßt, also auch keineswegs zukunftsgerichtetes Ziel verantwortlicher Unternehmer sein kann. Müssen aber die heute bekannten Formen von Arbeitslosigkeit lediglich als Folge technologischer Rationalisierung angesehen werden? Er verlangt ganz grundsätzlich ein höheres Maß an Flexibilität: »Es wird ausgehandelt, ob der Angestellte lieber etwas mehr Ferien oder mehr Lohn haben möchte, ob er die Möglichkeit verlangt, zwischendrin einmal für einige Monate zur Weiterbildung oder Kindererziehung auszusetzen, ob er zwei oder vier Tage pro Woche arbeiten oder vielleicht die Gelegenheit wahrnehmen möchte, zu Hause am Terminal tätig zu sein. Der Arbeitgeber wird sich ausbedingen, auch seinerseits je nach Geschäftslage etwas flexibler mit den Arbeitszeiten umzugehen. Das Pensionierungsalter ist ebenfalls Verhandlungsgegenstand. Unfreiwillige Arbeitslosigkeit dürfte es in einem solchen Markt kaum mehr geben. Die Gewerkschaften müßten sich freilich auf einen Rollenwechsel gefaßt machen: Statt auf die Maximierung von Löhnen und Sozialleistungen hätten sie sich auf die Lebensgestaltungshilfe für Leute zu konzentrieren, die immer freier würden in der Gestaltung ihrer Tätigkeit und ihrer Freizeit.«[7]

Die Frage nach der Qualität des Managements ist zugleich die Frage nach der Rolle des Unternehmertums in der heutigen Gesellschaft. Wer produziert in volkswirtschaftlichem Sinne Wohlstand, wenn nicht die Unternehmen, besser gesagt: die Menschen in den Unternehmen, die einen wesentlichen Teil der Produktivität einer Nation ausmachen? Es gibt längst keine Maßlosigkeit des Kapitalismus mehr. Der Staat regelt und interveniert, er appelliert aber auch etwa für vermehrte Investitionen. Die Einstellung weiter Kreise der Bevölkerung gegenüber wirtschaftlichen Unternehmen ist sonderbar zwiespältig: Unternehmen belasten die Umwelt, verschmutzen Gewässer, verursachen Konsumdruck. Aber sie erhalten Arbeitsplätze, erbringen Steuern, sichern Kaufkraft durch Erfolge im Export. Sie erscheinen teilweise undurchsichtig groß und mächtig: Unternehmer leben in der Tat zwischen Freiheit und staatlicher Intervention. Besonders vehemente Gesellschaftskritiker pflegen sich im allgemeinen nur sehr pauschal mit den Möglichkeiten und Hindernissen unternehmerischen Handelns auseinanderzusetzen. Klischeevorstellungen und polarisierte Vorurteile sind die Regel. Vielleicht weil wenige der Autoren je in einem Betrieb gearbeitet haben...

Dabei besteht durchaus genügend Anlaß, unternehmerisches Handeln kritisch zu beleuchten. Es besteht auch Anlaß zu fragen, ob viele Unternehmer nicht immer noch selbst Opfer der alten maßlosen Vernunft sind. Wie gesellschaftsbezogen ist überhaupt ihr Handeln?

»Der Manager von gestern lebte für die Firma. Der Manager von morgen lebt mit der Umwelt«, so stand es unlängst im »Europäischen Wirtschaftsmagazin VISION«. Der erste Teil dieses Satzes ist historische Tatsache, der zweite eine Leerformel. Unternehmerisches Handeln war zu allen Zeiten gesellschaftsbezogen, und Unternehmer haben seit eh und je mit der Umwelt gelebt. Die Frage ist allenfalls, *wie*. Das Zitat mag einen Gegensatz zwischen dem Unternehmertyp akzentuieren, der die Umwelt prägt, möglicherweise risikoreich – allerdings mit eigenem Kapital – nur den wirtschaftlichen Erfolg im Auge hat, und auf der anderen Seite jenen Unternehmern, die sich von vielfältigen Restriktionen in ihrer Handlungsweise so begrenzt sehen, als wären sie von ihrer Umwelt gerade noch geduldet; verantwortlich für beinahe alles, was in der heutigen Gesellschaft als unerwünscht scheint, Hoffnung aber, wenn es etwa darum geht, Arbeitsplätze zu schaffen oder zu erhalten.

Sowohl der »rücksichtslose Ausbeuter« wie auch der »Unternehmer im Laufgitter« sind Zerrbilder für jenes wirtschaftliche Handeln, das im Grunde immer einem gesellschaftlichen Bedarf diente. Gelegentlicher Mißbrauch unternehmerischer Machtausübung tangiert zweifellos gesellschaftliche Strukturen, vermag sie aber weniger zu verändern, als zuweilen angenommen wird. So ist der Unternehmer als ausschließlicher Sündenbock für unerwünschte gesellschaftliche Entwicklungen untauglich. Andererseits ist er nicht in der Lage, kraft seines Handelns allein jene Ressourcen bereitzustellen, die moderne

Wohlfahrtsstaaten benötigen. Joseph Schumpeter hat vor nicht allzu langer Zeit den Unternehmer als die »farbigste Figur der Gesellschaftspolitik« bezeichnet. Er ist es nicht mehr. Längst hat die Anonymisierung in der Gesellschaft auch die Chef-Etagen von industriellen Unternehmen ergriffen. Die ursprüngliche Einheit von Person und Handlung hat längst dem Verhältnis von Rechtspersönlichkeit und Betriebsorganisation Platz gemacht. Unternehmerisches Handeln schließlich, das ursprünglich auch persönlichem Profit galt, ist längst Prinzipien der Wirtschaftlichkeit gewichen. Wirtschaftlichkeit und damit unternehmerisches Handeln wird indes längst auch von öffentlichen Betrieben, von Verwaltungen und anderen Organisationen verlangt: Wirtschaftlichkeit nunmehr verstanden als eine Art der Überprüfung, ob eine Organisation effizient ist. Wirtschaftlichkeit schließlich entscheidet über das mittel- und langfristige Überleben einer Organisation.

Kann Unternehmer nur sein, wer das Risiko mit eigenem Kapital trägt? Sind Manager im Grunde gar keine Unternehmer mehr? Würde man dieser – oft geäußerten – Ansicht folgen, müßte gerade den wichtigsten, größten und auch mächtigsten Industriefirmen unternehmerische Leistung abgesprochen werden. Dies ist absurd. Vielmehr zeigt dieser Umstand, daß unternehmerisches Handeln heute nicht von der Kapitalbildung einzelner Menschen abhängt. Das Aufs-Spiel-Setzen eigenen Kapitals kann nicht mehr als Bedingung unternehmerischen Handelns angesehen werden. Auch die Aussage, daß ein Manager durch Fehlentscheide allenfalls seine Karriere riskiere und mögliche Verluste schließlich anderen überlasse, ist eine verkürzte Sichtweise.

Wie immer man unternehmerisches Handeln definieren mag, es muß zwingend Risiko beinhalten: Es werden in Zukunft nicht nur immer mehr, sondern auch immer schwierigere Entscheidungen zu fällen sein. Bei wachsenden Organisationen wird die Tendenz sichtbar, Verantwortung stärker zu dezentralisieren. Das heißt: Mehr und schwierigere Entscheidungen müssen auch von mehr Menschen häufiger getroffen werden. Die notwendige Zunahme organisatorischer Flexibilität setzt Risiko geradezu voraus. Die drohende Verbürokratisierung ist nur zu mildern, wenn zu den notwendigen Regelabläufen immer mehr Entscheidungsalternativen geschaffen werden. Mehr Alternativen aber bedeuten erhöhtes Risiko, und dies wiederum verlangt vermehrte Risikobereitschaft, also unternehmerisches Handeln.

Auch Verantwortung und Verantwortlichkeit haben sich geändert. Wäre nur Unternehmer, wer mit eigenem Kapital arbeitet, so wäre auch seine Verantwortung weitgehend auf sich selbst bezogen. Gerade aber weil unternehmerisches Handeln heute weitgehend unabhängig von Kapital und Besitz abläuft, ist die Verantwortung nicht geringer, sondern größer geworden. Es ist Verantwortung dem Unternehmen als Sozialgebilde gegenüber und in vermehrtem Maße auch gesellschaftspolitische Verantwortung. Bei geringerer finanzieller Verantwortlichkeit – im Sinne der Eigenhaftung – wächst also die gesellschaftliche Verantwortung.

Das Unternehmensverständnis wandelt sich merklich. Die Öffentlichkeit erwartet immer mehr Informationen, spürbar etwa im wachsenden Bedarf an gesellschaftsbezogener Rechnungslegung. Es wird nichts weniger gefordert als weitgehende Offenlegung der »Gesellschaftsbezogenheit« unternehmerischen Handelns: Wie stark wird die »Umwelt« belastet? Was wird über das monetär Berechenbare hinaus für die Mitarbeiter geleistet? Wie sicher sind die Arbeitsplätze? In welcher Verantwortlichkeit der Gesellschaft gegenüber sieht sich die Unternehmensleitung?

Bislang mögen die Formen, ja die Möglichkeiten von »Sozialbilanzen« umstritten sein, unbestritten ist die Notwendigkeit, umfassender und häufiger zu informieren. Unternehmerische Beeinflussung des Marktes in weitestem Sinne hat also nicht zu einer blinden Abhängigkeit geführt, sondern dieser Markt reagiert, stellt immer mehr Forderungen an Produzenten und Verteiler. Im Grunde wird, wenn auch unterschiedlich formuliert, damit nach der Zukunft und nach dem Sinn unternehmerischen Handelns gefragt. Und dies nicht nur von außen, sondern vermehrt auch von Betriebsangehörigen selbst. So findet der »Markt« nicht nur vor dem Fabriktor statt, sondern auch im Betrieb selbst: Die Frage nach der Sinnhaftigkeit menschlichen Tuns, nach der sozialen Stellung und nach Sicherung der Arbeit ist unüberhörbar gestellt. Längst sind im übrigen Erscheinungen der sogenannten Entfremdung nicht mehr auf die weitgehend verschwundene Monotonie etwa der Fließbandproduktion beschränkt, sondern die Frage nach Zusammenhängen und nach persönlicher Integration wird verstärkt in Kader-Positionen und beim mittleren Management gestellt.

Unternehmerisches Handeln wird deshalb in Zukunft vermehrt bedeuten, Informationen zu sammeln, zu werten und vor allem angemessen zu verteilen. Bei immer komplizierter werdenden Organisations- und Unternehmensstrukturen ist die moderne Datentechnik die einzige Möglichkeit, die Grundlage der zukünftigen Informationspolitik zu schaffen; sie kann aber informationspolitische Entscheidungen in keiner Art und Weise ersetzen. Die Wirtschaftlichkeit eines Unternehmens hängt nicht nur von einer erhöhten Risikobereitschaft innerhalb von Unternehmen ab, sondern maßgeblich von der Effizienz der Informationspolitik nach innen und außen. Wirtschaftlichkeit selbst ist verstärkt gesellschaftsbezogen zu sehen: *Gewinn* ist und bleibt selbstverständlich notwendiges Ziel unternehmerischen Handelns, aber der sichtbare *gesellschaftliche Ertrag* dieses Handelns gewinnt an Bedeutung.

Unternehmerisches Handeln setzt systematische Kenntnis des Marktes voraus. Längst wird nicht mehr auf den Zufall persönlicher Umwelterfahrung abgestellt, sondern spezialisierte Abteilungen und Marktforschungsinstitute pflegen u. a. durch Umfragen den Markt zu analysieren. Je wechselhafter die Konjunktur und je unübersichtlicher der Wandel von Wertvorstellungen und Verbraucherverhalten, desto mehr wird in Marktforschung investiert werden müssen.

Die Frage, wie verläßlich gesellschaftliche Informationen sind, ist gestellt: So hat der Gründer und Leiter des größten deutschen Umfrageinstituts, Wolfgang Ernst, registriert: »Die Kosten der Abwicklung von Untersuchungen steigen rapide an, gleichzeitig nimmt die Qualität der Informationen ab.«

Vor der Beeinflussung der Gesellschaft durch unternehmerisches Handeln bedarf es also unternehmerischen Handelns, um diese Umwelt genauer, umfassender und vor allem verläßlicher zu erfassen. Die zukünftigen Entwicklungen des Marktes werden sich mit Einschränkungen zuungunsten der heute noch üblichen Methoden und

Organisationen der Marktforschung entwickeln. Die Gefahren für intellektuelle und finanzielle Fehlinvestitionen sind dann groß, wenn vornehmlich punktuelle Untersuchungen ohne langfristiges Forschungskonzept vorgenommen werden; ebenso wenn Teilaspekte eines Marktes ohne klärenden Zusammenhang mit gesellschaftlichen Bedingungen erhoben werden.

Noch ist beispielsweise die Hilflosigkeit der großen amerikanischen Automobilhersteller gegenüber sich wandelnden Märkten nicht wissenschaftlich beschrieben. Eines aber ist offensichtlich: Weder die steigenden Benzinpreise noch die sparsamen europäischen und japanischen Autos waren *plötzliche* Erscheinungen. Kurzfristige Verbraucheranalysen sagen über mittel- und langfristige Veränderungen wenig aus. Die Sicherheit vergangenen Erfolgs kann sogar blind machen für die Notwendigkeit, Wirkungsweisen von Marketingstrategien zu evaluieren. Mehr Werbung etwa bedeutet noch lange nicht mehr Erfolg. Unternehmerische Maßnahmen, die ins Leere stoßen, sind immer Indiz für mangelnde Umweltanalyse.

Der Notwendigkeit umfassenderer Gesellschaftsanalyse entspricht eine durchlässigere Informationsstrategie innerhalb der Unternehmen. Die Entscheidung darüber, welche Informationen für die Unternehmenspolitik von Bedeutung sind, kann erst dann getroffen werden, wenn ein Überblick über diese Informationen vorhanden ist.

Marktforschung ist zur umfassenden Erforschung der betrieblichen Umwelt auszuweiten, denn sie wird unerläßlich für das Erreichen qualitativen Wachstums. Qualitatives Wachstum bedeutet nicht mehr nur Wachstum um seiner selbst willen, sondern ist weitgehend orientiert an gesamtgesellschaftlichen Wertvorstellungen. Nicht nur wirtschaftliche Effizienz, sondern auch soziale wird erstrebt. Die Gesellschaft kann und soll einen ungehemmten Zuwachs an Begehrlichkeit der Einzelnen mit hochgepeitschter Produktivität der Industrie nicht befriedigen: Es sind deshalb Vorstellungen über angemessene Verteilungsmechanismen notwendig. Staatliche und andere Interventionen allein ergeben noch keine Qualität des industriellen Wachstums, noch auch gewährleisten sie etwa die notwendige Leistung und Effizienz der Produktion.

Die Anwendung möglicher Technologien wird vermehrt von unternehmerischen Entscheidungen abhängen. Da menschliche Arbeit in absehbarer Zeit sehr teuer werden wird, wird es in Zukunft kaum unternehmerisches Handeln geben können, das nicht in hohem Maße von Wertentscheidungen abhängt und gesamtgesellschaftliche Aspekte, unabhängig vom einzelnen Unternehmen, mit einschließen muß. Die Entscheidung etwa, bei einem merklich geringeren Grad von Wirtschaftlichkeit im Einzelfall eine größere Anzahl von Arbeitsplätzen über eine längere Frist aufrechtzuerhalten, wird dann nicht als Beispiel für mangelnde Risikofreudigkeit gelten, sondern eher für gesteigerte gesellschaftliche Verantwortlichkeit eines Unternehmens zeugen.

Damit aber ergibt sich für die Gesamtwirtschaft die Aufgabe, zunächst nicht für die Mehrung, sondern für die Sicherung des Wohlstands zu wirken. Wachstumsfetischismus ist ebenso schädlich wie die ungeprüfte Hinnahme von Null- oder Minuswachstum. Da Wohlstand nicht nur eine Frage ökonomischer Größen ist, sondern aus dem Schnittpunkt individueller Bedürfnisse und gesellschaftlichem Bedarf entsteht, also politische Übereinstimmung über das anzuwendende Maß voraussetzt, ist eigentlich die Frage gestellt, ob es so etwas wie qualitativen Rationalismus überhaupt gibt. Wie gehen wir überhaupt um mit den Möglichkeiten moderner Technologie?

3. Kapitel

Die sozialen Lastesel und das Ende der Arbeitsgesellschaft

Wenn Tempo und Ausmaß der Rationalisierung nicht kontrolliert werden können, wird menschliche Arbeit immer überflüssiger. Bei ungesteuertem technologischen Fortschritt werden zweifellos starke gesellschaftliche Spannungen entstehen, indem die erwerbsfähigen Menschen – wie schon skizziert – in eine Klasse ohne und eine Klasse mit Arbeit gespalten werden.

»Sind wir am Ende der Arbeitsgesellschaft?« fragt beispielsweise Ralf Dahrendorf. »Ohne Zweifel sind moderne Gesellschaften Arbeitsgesellschaften; Bildung wird als Vorbereitung zur Arbeit betrachtet, Freizeit als Erholung von der Arbeit, der Ruhestand als Belohnung für Arbeit, von der Tatsache ganz abgesehen, daß Einkommen, Versorgung, Rente u.v.a. materielle Voraussetzungen des Lebens von der Arbeit abhängen. Darauf, daß es nicht genug Arbeit im Sinne von ›Jobs‹, Berufstätigkeiten, Verdienstmöglichkeiten geben könnte, sind moderne Gesellschaften jedenfalls nicht eingestellt.« Arbeit, im Sinne der Erwerbstätigkeit, der Produktion, der Dienstleistung, wird in der Tat knapp werden. »Die Arbeitsgesellschaft hat die Arbeit zu teuer gemacht, um sie erhalten zu können«, folgert Dahrendorf.[1]

Diese letzte Aussage nun mag überspitzt sein, sie weist aber mit aller Deutlichkeit auf ein kardinales Problem gesellschaftlicher Entwicklung. In anderen, früheren Gesellschaften konnte es gerade ein Zeichen des Wohlstands gewesen sein, nicht arbeiten zu müssen. Der Wohlstand der nachindustriellen Gesellschaften hingegen mag paradoxerweise dadurch gekennzeichnet sein, daß Wohlstand definiert wird durch gerechte Verteilung der knappen Arbeit an viele. Somit erkennen wir weitere mögliche Grenzen des Wohlstands: Die Fähigkeit, Arbeit in der Gesellschaft nicht nur sinnvoll zu verteilen, sondern auch sinnvoll zu erhalten.

Es ist denkbar, daß dann nur ein Teil der Tätigkeiten im ursprünglichen Sinne als Erwerbs-Arbeit gilt, daß aber vieles andere, wie z. B. Freizeittätigkeiten und Unterhalt, Disposition und Einkauf, Weiterbildung und Schularbeitshilfe für die Kinder, ebenfalls wesentliche Bestandteile jener Arbeit werden, die möglicherweise mit dem neuen Begriff »Wohlstandsarbeit« bezeichnet werden kann. Viel von dem, was wir an gesellschaftliche Institutionen delegiert haben, in die Schulen, in die Krankenhäuser, in die Altersheime, in die psychiatrischen Anstalten, muß wieder in die sozialen Bezüge reintegriert werden, aus denen es stammt, woher etwa die Klienten und die Patienten, die heute noch zeitweise oder chronisch ausgestoßen sind, herkommen.

Auch die Möglichkeiten und Formen der Leistungserbringung sind zu überdenken. Es hat nie eine menschliche Daseinsform gegeben, die ohne Leistung ausgekommen wäre. In hochtechnisierten Gesellschaften ist es Aufgabe der Politik, durch Organisation menschliches Bemühen in Leistung umzusetzen. Jedes wirtschaftliche Unternehmen, aber auch jede gesellschaftliche Institution ist darauf angewiesen, daß menschliche Leistung erbracht wird. Das Problem besteht nun darin, daß es dem einzelnen Menschen so weit wie nur irgend möglich sinnvoll erscheinen sollte, Leistung zu erbringen.

Die fortschreitende Arbeitsteilung hat menschliche Arbeit sozusagen zerstückelt. Das bekannte kleine Zahnrädchen ist weder in der Lage, den Zusammenhang zu ergründen, noch vermag es seine Funktion einzusehen. Schlimmer noch: Der Einzelne ist sich über seine Stellung im Ganzen nicht im klaren.

Die menschliche Arbeit hat zu allen Zeiten der Sicherung des Lebensunterhalts gegolten. Nur seit einer sehr kurzen Spanne ist diese Arbeit *direkt* entgolten worden. Arbeit ist es zunächst gleichermaßen, wenn eine Hausfrau Teppiche klopft, wenn ein Räuber eine Bank überfällt und wenn ein Steiger Kohlen schlägt. Würde tatsächlich ein Wesen aus einer anderen Welt eben diese drei Menschen beobachten, so könnte es lediglich Tätigkeiten, Handlungen, Verrichtungen feststellen. Von der Moral wüßte es zunächst nichts, und über die Formen des Entgeltes und der Notwendigkeit der Sicherung wäre es sich zumindest durch die Methode des Beobachtens nicht schlüssig: Weder Normen wären ihm einsichtig, noch der Sinn bekannt.

Arbeit als *Erwerbstätigkeit* wird in Zukunft einen weniger großen Teil ausmachen als bislang. Andererseits werden den Menschen Tätigkeiten abverlangt, die ebenfalls der Lebenssicherung dienen, obwohl sie oder gerade weil sie nicht materiell entgolten werden.

Die Sicherung des Wohlstands wird bereits in naher Zukunft weitgehend davon abhängen, ob angemessene Leistungen von den richtigen Menschen zur richtigen Zeit am richtigen Ort erbracht werden können. Dabei schrumpft der Anteil der Leistung, der in herkömmlicher Weise durch Lohn entgolten werden kann. Steigen wird der immaterielle Austausch, beruhend auf Gegenseitigkeit. In diesem Sinne sind ganze Lohnsysteme, verbunden mit den technologischen Strukturen und korrigiert durch allerlei direkte und indirekte Steuerabgaben, ebenfalls Erscheinungen der maßlosen Vernunft. Dann nämlich, wenn mehr Leistung für die nicht durch Lohn entgoltene Arbeit erbracht werden muß – die indessen notwendig ist, um den Wohlstand überhaupt aufrechtzuerhalten: Nicht Altersvorsorge, Krankenhäuser und Behindertenschulen kosten im Grunde zuviel, sondern die für die Umverteilung notwendige Bürokratie.

Unsere Vorstellungen von der knapper werdenden Arbeit werden heute noch maßgeblich geprägt durch Massenentlassungen bei Unternehmen, deren Produktion durch moderne elektronische Technologien sehr rasch und umfassend umgestellt werden mußte. Die Angst vor dem Roboter ist nicht neu. Was uns aber noch bevorsteht, das könnte uns tatsächlich das Fürchten lehren.

Einige Wissenschaftler beschreiben schon die nächsten Roboter-Generationen: Lernfähige, mit leistungsfähigen Sinnesorganen ausgestattete, regelnde und entscheidende Automaten. Klaus-Dieter Lehmann berichtet: »Diese ›intelligenten‹ Roboter müssen in der Lage sein, das vorgelegte Problem zu lösen, eine Verwirklichung der Lösung zu planen, schließlich den Befehl auszuführen. Dazu muß die Arbeitsszene, in der der Roboter sowie die gestellte Aufgabe sich befinden, per Programm analysiert werden. Für diese Analyse wurden bereits Verfahren entwickelt, die sprachähnliche Beschreibungen von Objekten und Situationen liefern. Zur Ergänzung dieser Verfahren werden sogenannte Bildgrammatiken benutzt, die wiederum Bildsprachen aufbauen. Grundlage solcher Sprachen sind mathematische Modelle. Alle Verfahren benutzen heuristische Methoden, bei denen die Erkennung von Körpern aufgrund lokaler Objektstrukturen erfolgt.«[2]

Wir lesen zwar, daß es noch einige Zeit dauern werde, bis solche Roboter in Produktion und Dienstleistung eingesetzt werden, doch können wir solchen Voraussagen trauen? Wer hätte wann die rasante elektronische Entwicklung unserer Tage etwa mit Mikroprozessoren vorausgesagt?

Die Entwicklung scheint so rasch voranzugehen, daß es eigentlich eines neuen Faches bedürfte: Geschichte der Technologie. Könnte dieses Fach mit der traditionellen Erfassung vergangener gesellschaftlicher Abläufe noch verglichen werden – und wären nicht selbst in der Beschleunigung Geschichtsschreibung und Futurologie miteinander verschmolzen?

Freilich ist eine solche moderne Historiographie nicht in Sicht, und niemand bastelt an einer Theorie, die allein wesentliche Erkenntnisse zu ordnen vermöchte. Vielmehr muß doch mit aller Deutlichkeit festgehalten werden, daß die gesellschaftlichen Auswirkungen moderner Technologie insgesamt und zureichend weder erfaßt wurden, noch daß zufriedenstellende Bemühungen unternommen werden, die Zusammenhänge auch nur einigermaßen zu erfassen. Dies ist weder von den Technologen im engeren Sinne noch von Geisteswissenschaftlern geleistet worden.

Es kann deshalb nicht erstaunen, daß in weiten Kreisen der Bevölkerung Angst vor weiteren technologischen Innovationen herrscht, daß Vorurteile, Halbwissen und schließlich durch Medien verkürzte Informationen ein allgemeines Gefühl des Ausgeliefertseins wecken und verbreiten. Unser Verhältnis zur Technologie ist nicht nur gestört – es ist gefährlich zweideutig: Viel von dem, was in modernen Gesellschaften als unbefriedigend, krisenhaft, ja als existenzbedrohend betrachtet wird, wird einerseits der modernen Technologie angelastet. Andererseits aber wird in nicht wenigen Fällen alle Hoffnung wiederum in die Technologie selbst gesetzt, die allein in der Lage zu sein scheint, gesellschaftliche Konflikte zu überwinden.

Zahlreiche Beispiele für die seltsam anmutende Doppeldeutigkeit sind uns wohlbekannt: Die durch Technologie verschmutzte Umwelt soll durch Technologie wieder rein werden. Die endemisch auftretenden Zivilisationskrankheiten, u. a. Folge unvernünftiger Verwendung moderner Technologie, sollen durch vernünftige Verwendung derselben Technologie – etwa in der modernen Medizintechnologie – wieder unter Kontrolle gebracht werden, wenigstens unter ökonomische.

Wir huldigen einer doppelten Moral im Umgang mit moderner Technologie: Wo sie uns nützt, beten wir sie an, wo sie uns zu schaden scheint, verteufeln wir sie. Dabei tun wir, als ob Technologie sich selbst regelnden Gesetzen gehorche, als ob die maßlose Vernunft irgend einmal den nötigen gesellschaftlichen Verstand für das Urteilen und Verteilen entwickeln könne. Es wird in diesem Zusammenhang viel von technologischer Eigendynamik gesprochen, die gesellschaftlichen Folgen werden alsbald als Sachzwänge etikettiert, und das Ganze gerät selbstverständlich in die Bereiche organisierter gesellschaftlicher Macht. Der oft benutzte Begriff des Sachzwangs ist indes gefährlich: Für Sachzwänge scheint sich nämlich niemand verantwortlich zu fühlen, als wären nicht Menschen und gesellschaftliche Institutionen Ursache jener Bedingungen, die so leichtfertig als Sachzwang ausgegeben werden.

Ist bei der gegenwärtig abzusehenden Verknappung der Energie Kernkraft ein solcher Sachzwang? Ist Technologie, hier Kerntechnologie, ein Ausweg, um unsere steigenden Bedürfnisse befriedigen zu können – oder wäre Selbstbeschränkung, also verändertes Sozialverhalten, die Alternative? Müßten wir nicht öfter von »Sozialzwang« sprechen, wenn ein Problem als Sachzwang etikettiert ist?

Doch auch im Bereich der Notwendigkeit, soziales Verhalten zu ändern, nützen Etiketten oder Appelle wenig.

Die Devise von Einzelnen beispielsweise: »Atomkraft – nein danke«, ist zumindest für mich Ausdruck ernsthaften Bemühens um Lösungen gesellschaftlicher Probleme und individueller Hilflosigkeit zugleich. Ich gestehe, daß meine eigene Haltung ambivalent ist, da ich zu wenig von Kernphysik verstehe, und daß ich mich persönlich eigentlich mit eigenartigen Beschwörungsriten bescheiden muß. Durch die Formel etwa: »Nur soviel Atomkraft wie notwendig, unter höchstmöglicher Sicherheit, bei langfristiger Planung und gleichzeitiger Neuverteilung von Forschung zur Gewinnung von Alternativenergien, bei ebenfalls gleichzeitigen Versuchen der Veränderung individueller Lebensgewohnheiten.«

Auch ich habe Angst vor einer Zusammenballung von Großtechnologie, Großbürokratie und Großfinanz. Auch ich hege nicht nur Zweifel an meiner eigenen, sondern an der allgemein gesellschaftlich waltenden Vernunft. Indessen ärgert es mich ausgesprochen, wenn ich, relativ langsam fahrend, um Energie zu sparen und um meine Familie sicherer aus dem Urlaub nach Hause zu bringen, laufend von teils sehr reichlich benzinschluckenden Karossen überholt werde, an deren Heckscheiben die große gelbe Sonne mit der Devise prangt: »Atomkraft – nein danke«.

Wer informiert uns denn eigentlich über technische Innovation – wie kann sich denn der Einzelne ein Bild machen? Mir scheint in der Tat, als würden sich die Innovationen äußerst beschleunigen, als würden wir gesellschaftlich gleichsam auf einem Pferdefuhrwerk sitzend einem Überschallflugzeug zusehen. Was stimmt nun? Ist diese Beschleunigung zwar da, aber ist sie nur sektoriell, d.h. nur für ganz bestimmte gesellschaftliche Gruppen und Bereiche reserviert? Würde dies zutreffen, müßten wir mit erhöhten gesellschaftlichen Konflikten und Spannungen rechnen.

Oder hat etwa Karl-Heinrich Oppenländer recht, wenn er schreibt: »In den letzten Jahren wurde ein weiterer Trend sichtbar: Die kontinuierliche Verlangsamung des technischen Fortschrittes. Mißt man ihn an den realen Wachstumsraten der Arbeitsproduktivität, also an der Entwicklung des realen Sozialproduktes pro geleistete Erwerbstätigenstunde, so ergeben sich folgende Werte: Für den Zeitraum 1950–1955 ein jahresdurchschnittliches Wachstum von 7,1%, für den Zeitraum 1955–1960 ein Wachstum von 6,5%, im nächsten Jahrfünft bis 1965 von 5,4%, dann bis 1970 von 5,1% und in den letzten überschaubaren Perioden ein Wachstum pro Jahr von 4,2%. Der

Produktivitätsfortschritt hat sich also innerhalb von 25 Jahren fast halbiert.«[3] Diese Feststellung bedeutet doch offensichtlich, daß die Technologie alleine nicht imstande ist, einen Produktivitätsfortschritt gleichmäßig aufrechtzuerhalten. Zwar gibt es noch immer technologische Neuerungen, insgesamt aber vermindert sich ihre gesamtgesellschaftliche Effizienz. Der Produktionsfaktor Mensch mag ebenfalls unwichtiger geworden sein, indes wird der Regelungsfaktor Mensch in Zukunft von größerer Bedeutung sein. Doch auch eine andere Überlegung läßt sich zu der von Oppenländer angezeigten Verflachung der technologischen Produktivitätskurve noch anstellen: Die von der modernen Technologie ermöglichte Intervention durch bürokratische Auswüchse ist gewachsen, und die Verteilungsmechanismen sind so kompliziert geworden, daß sie eigentlich Sand im Getriebe darstellen. Trifft dies zu, so ist die Hoffnung, Technologie werde auch diese Probleme zu regeln und lösen vermögen, reichlich unbegründet.

Offensichtlich sind die Menschen sehr viel lernfähiger im technologisch-zweckmäßigen Bereich als im sozialen. Das soziale Lernen, das gefordert ist, bedeutet, daß wir unsere eigenen Bedürfnisse und Zielsetzungen bewußter formulieren müssen, daß wir die Zweckmäßigkeit der Institutionen nach ihrer Fähigkeit gerechter Verteilung überprüfen müssen. Welches Maß an zwischenmenschlicher Solidarität wird nötig sein? Wie haben die Verantwortlichen in der Steuerung theoretisch möglicher technologischer Kapazitäten auszusehen, damit ein Höchstmaß an gesellschaftlicher Wirksamkeit erreicht werden kann? Wie hat unsere Ausbildung auszusehen, die die Menschen auf die zukünftigen Aufgaben dieser Art vorbereitet? Weder die Mißachtung noch die Überschätzung der Technologie wird unsere Suche nach Antworten erleichtern. Notwendig wäre mithin eine rationalere Einstellung zur technischen Rationalität.

Die moderne Technologie ist ein integraler Teil moderner Kultur und damit selbst maßgeblich gesellschaftliche Struktur. Es ist deshalb ebenso billig, die moderne Technik als wohlfeile Zielscheibe süffisanter sogenannter Kulturkritik zu mißbrauchen, wie falsch, sie als alleinige Ursache gesellschaftlicher Fehlentwicklungen anzuprangern.

Weder Mißachtung noch Negierung, noch metaphysische Kritik hilft uns weiter. Natürlich kann man in einem Düsen-Jet Hölderlin lesen. Nur: Im Umgang mit moderner Technologie gibt es keine Segmentierung in hier naturwissenschaftlich und deshalb verantwortlich, da geisteswissenschaftlich und deshalb nicht befaßt. Eine Trennung in Technologen und Nicht-Technologen erscheint sowohl illusorisch als auch sinnlos, obwohl sie in unserem Bildungssystem noch in unzähligen Orten und Institutionen existiert. Viele Mißverständnisse der Technologie gegenüber könnten deshalb einem Mißverständnis im Bildungsauftrag entstammen: Nicht nur die menschliche Arbeit, sondern auch die moderne Technologie muß dem Menschen sinnvoll gemacht werden. Denn, wie Peter Drucker schrieb, definiert die Technologie geradezu, was Menschen sind, zumindest: wie sie sich selber sehen. Technologie kann also nicht mehr nur verstanden werden als rationelle Herstellung von Produkten, als irgendeine Methode, sondern muß ganz eindeutig auch als wesentliches gesellschaftliches Strukturmerkmal erkannt werden.

Technologische Innovation als unbewältigtes Problem sozialen Lernens deutet auf erhebliche Unterfunktionen gesellschaftlicher Einrichtungen. Institutionen wie Schulen, Kirchen, Gerichte, Verwaltungen, weisen in bezug auf die moderne Technologie eine erhebliche »Verspätung« auf. Eigentlich müßte hier in Anlehnung an William F. Ogburns »Cultural lag« von einem institutionellen Zurückbleiben gesprochen werden. Viele der beschriebenen Probleme erkennen wir insgesamt als gesellschaftliche Strukturprobleme und als weitgehend unabhängig von der Einsicht oder dem guten Willen des Einzelnen. Maßgebliche gesellschaftliche Institutionen sind im Grunde noch immer weitgehend atechnologisch ausgerichtet und wirken nicht selten sogar antitechnologisch. Dies mindestens insoweit, als sie zur Aufgabe die Vermittlung von Wissen und die Verteilung von Gütern und Privilegien haben. Im Klartext: Schulen, Universitäten, Gerichte, staatliche Verwaltungen aller Art sind eigentlich, wenn überhaupt, für eine Technologie von gestern eingerichtet, während sie doch mit Kapazitäten ausgestattet sein müßten, die sie befähigt, die Menschen für den Umgang mit der Technologie von morgen zu schulen. Wenn heute gelegentlich ein Klein-Computer in ein Schulhaus gestellt wird, ist dies noch keineswegs das Signal für eine Einstellungsveränderung.

Diese institutionelle Verspätung, dieses Nachhinken, beeinflußt das individuelle Verhalten und damit auch das individuelle Lernen ganz beträchtlich. Deshalb geht es mir auch nicht sosehr um das, was der Einzelne im Umgang mit der Technologie tun kann, wie er sich mit den Möglichkeiten und Gefahren, mit den gegenwärtigen und zukünftigen Bedingungen auseinandersetzt. Vielmehr bedeutet das soziale Lernen vorrangig, daß die Institutionen selbst lernfähig gemacht werden. Die Frage ist, wie die Gesellschaft als Ganzes reagiert, und erst danach, wie spezielle Einrichtungen aussehen müßten, damit sie die notwendigen Verteilungs- und Steuerungsfunktionen in der Anwendung technologisch und ökonomisch möglicher Innovation auch sozial zufriedenstellend erfüllen können. Viele der gesellschaftlichen Institutionen, die, wenn überhaupt, Verteilungsfunktionen nur über das Vehikel des Wachstums notdürftig zu lösen vermögen, sind gleichsam neu in die Probleme der qualitativen Veränderung einzurasten.

Die Summe der individuellen Bedürfnisse ist noch nicht jener gesellschaftliche Bedarf, der durch moderne Technologie auch befriedigt werden kann und soll. Was wir benötigen, sind also vor allem gesellschaftliche Einrichtungen, die der Bevölkerung Informationen darüber liefern können, nicht ob moderne Technologie überhaupt einzuführen sei, sondern wo, in welcher Art und wann. Dazu gehört selbstverständlich auch eine »Domestizierung« überwuchernder individueller Bedürfnisse: Nicht alles, was technologisch und ökonomisch möglich ist, darf etwa durch modernes Marketing in individuelle Begehrlichkeit einmünden.

Die Wissenschaft, die moderne Technologie erst ermöglicht, hat nicht die Aufgabe, die technologische Entwicklung und ihre soziale Anwendung zu steuern: Dies ist und bleibt eine politische Aufgabe. Der Wissenschaft allerdings stellt sich die Aufgabe, mehr als heute bei allen technologischen Projekten Untersuchungen über Aufwand, Nutzen und Folgen anzustellen.

Gerade aber dieser dringend notwendige Forschungszweig liegt im argen. Die Wissenschaft könnte zweifellos wesentliche Beiträge leisten, jedoch sie selber ist ebenfalls zerstückelt und forscht vor allem segmentiert. Unsere eigenen Einrichtungen sind ja nicht nach den Problemen der Umwelt organisiert, sondern erfassen jeweils das, wozu sie »organisatorisch« fähig sind. Gibt es ein optimales »Umweltforschungsinstitut«? Die gesamten Hochschulen hätten im Grunde Umweltforschungsinstitute zu sein, allein es wären Fragen nach der Gewichtung einzelner Fachrichtungen zu stellen: Entsprechen sie, entspricht ihre Arbeit wirklich der »Außenwelt«?

Auch die Wissenschaft selbst und ihre Einrichtungen müßten evaluiert, in ihrem Wert eingeschätzt werden. Damit wäre keineswegs etwa die oft beschworene Freiheit von Lehre und Forschung beeinträchtigt, im Gegenteil. Es würde wahrscheinlich erwiesen werden können, daß zwar eine grundsätzliche Freiheit besteht – doch eine Freiheit, die aus sogenannten Sachzwängen gar nicht genutzt werden kann. Und in welche Nischen wurden die gesellschaftlichen Folgeuntersuchungen technologischer Entwicklungen verbannt? Mit einem Wort: Es müßte auch hier die Lernfähigkeit des Systems Technologieausbildung erhöht werden. Denn es gilt als sicher, daß die Technologie nicht automatisch Wohlstand verbürgt. Vielmehr führt sie zu höchst ungleichen Belastungen von einzelnen Gruppen in der Bevölkerung: Sie kreiert soziale Lastesel.

Was ist darunter zu verstehen? In allen Industrieländern verändert sich der Altersaufbau der Bevölkerung. Der Anteil der nicht-produktiven Teile einer Bevölkerung wächst stetig. In der Bundesrepublik Deutschland beispielsweise stehen weniger als 40% im Erwerbsleben. Relativ immer mehr Menschen scheiden immer früher aus dem Erwerbsleben aus, leben aber im allgemeinen länger. Andererseits verlängert sich die Ausbildungszeit, so daß die Jugendlichen in der Regel später ins Erwerbsleben eintreten.

So sehen sich die Erwerbstätigen von zwei Seiten her unter Druck. Sie haben immer mehr Leistung für die Ausbildung einerseits und die Altersvorsorge andererseits aufzubringen. Während einer immer kürzeren Zeitspanne der vollen Erwerbstätigkeit steigen die Anforderungen. »Soziale Lastesel« nenne ich also jene Minorität von Menschen, die zumindest materiell eine Mehrheit der Bevölkerung zu unterhalten hat.

Zu den Widersprüchlichkeiten einer Gesellschaft der sozialen Marktwirtschaft mag gehören, daß bei steigender sozialer Sicherheit auch das Konfliktpotential steigt. Die Senioren etwa beginnen sich zu organisieren und kämpfen gegen eine Diskriminierung im Sinne von verweigerter Teilhabe am gesellschaftlich aktiven Leben. Wenn sie schon aus dem Erwerbsleben gedrängt sind, versuchen sie zu Teilen über die Politik eine neue Funktion zu gewinnen.

Ganz ähnlich, wenn auch mit anderen Vorzeichen, sind die periodisch aufflackernden Jugendunruhen zu sehen. Die Jugend spürt zwar die Leistungsanforderung, verweigert sich ihr aber in zweifacher Weise, weil sie das Ziel der Leistungen, die man von ihr erwartet, nicht versteht und in der Folge zunächst auch nicht akzeptiert. Unter der zweifachen Verweigerung sind zum einen die im überwiegenden Maße doch vorübergehenden Versuche zu verstehen, gesellschaftlichen Normen auszuweichen und sich dem Leistungszwang durch direkte Verweigerung zu entziehen. Die andere Form ist die subtilere, scheinbar angenehmere: Verweigerung durch äußerliche Überanpassung und innerliche Distanzierung. Gemeint sind hier jene unauffälligen, braven jungen Menschen, die sich voll eigentlicher Existenzangst Leistungen unterziehen und, karriereversessen, auf so wichtige Eigenschaften wie Mitmenschlichkeit und Solidarität verzichten um des eigenen kurzfristigen Vorteils willen. Es sind, um meinen Bereich zu erwähnen, jene Studenten, die kritiklos auf die Prüfung hin arbeiten, die keine unangenehmen Fragen stellen, im Grunde völlig desinteressiert, nicht engagiert sind, sich mithin der Gesellschaft insofern verweigern, als sie beispielsweise an der politischen Gestaltung ihrer Umwelt nicht teilnehmen.

Beide Arten der Verweigerung sind gleichermaßen gefährlich. Die eine, weil sie in der Konsequenz durch äußere Gewalt die Basis des Zusammenlebens zerstörte, würde man sie gewähren lassen; die andere, weil sie auf wenig spektakuläre Art, gleichsam schleichend, allmählich die demokratischen Funktionen außer Kraft setzt. Beiden aber ist gemeinsam, daß für viele einzelne Menschen und Gruppen die Frage nach dem Sinn der Arbeit, des Lebens, des Daseins nicht befriedigend beantwortet werden kann.

Von den erwähnten weniger als 40% Erwerbstätigen sind wiederum einzelne Gruppen völlig unterschiedlich belastet. Auf der einen Seite läßt sich eine Gruppe fassen – sie dürfte sich um die 5 % der Gesamtbevölkerung herum bewegen –, die in einer relativ kurzen Zeit bei großer Mobilität entsprechend Verantwortung übernimmt und einen beruflichen Aufstieg erreicht, der zwar erheblichen materiellen Wohlstand mit sich bringt, oft aber auf Kosten von Gesundheit und Familienglück.

Streß aber ist kein Vorrecht der Tüchtigen. In der zeitlich so zusammengepreßten Spanne der Erwerbstätigkeit gibt es in steigendem Maße auch Menschen, die man etwa als »strukturelle Blindgänger« bezeichnen kann. Es handelt sich um Menschen, deren berufliche Karriere irgendwo und oft unerwartet abbricht. Da ist beispielsweise der hervorragende Buchhalter, dem es nicht gelang, mit der Datenverarbeitung Schritt zu halten. Es sind der Chemiker und der Ingenieur, die durch die rasante Entwicklung in ihren Fachgebieten überrollt werden und vorzeitig zum alten Eisen geworfen werden. Es sind aber auch Ungelernte und Facharbeiter, die durch moderne Produktionsverfahren ihre erworbenen Fähigkeiten und Kenntnisse gar nicht mehr zur Anwendung bringen können. Auch hier ist oft Streß die Folge des Verlusts von Prestige und Sinngehalt der Arbeit. Nichts ist so ermüdend, wie verordnete Bedeutungslosigkeit.

Zu den sozialen Lasteseln gehören schließlich auch jene, die in Doppelbelastung sowohl wenig sinnfüllende Arbeit zu leisten haben, als auch zu wenig Zeit für die sinnmögliche Betreuung von Kindern und Familie aufbringen können: Ich spreche vom Gros der erwerbstätigen verheirateten Frauen. Die effektiven sozialen Kosten dieser strukturellen Ungleichheit sind nie aufgestellt worden. Krankheitsraten sind kaum je mit dem Grad der Belastung in Verbindung gesetzt worden. Man tut weitgehend so, als geschehe dies alles unabhängig voneinander, als bestünden nicht Zusammenhänge zwischen gesteigerter Anforderung bei sinkender Gratifikation – Gratifikation nicht verstanden als materielles Entgelt, sondern als erlebbare Genugtuung.

Diese Entwicklung ist durchaus mit steigendem Dampfdruck in einem Kessel vergleichbar. Echte Verweigerer gibt es bislang noch wenige, allenfalls jene unproduktiven, aber gut bezahlten Blindgänger. Verweigerer in einem anderen Sinne aber sind doch vornehmlich jene, die im Grunde das Erwerbsfeld noch gar nicht aus eigener Erfahrung kennen. Es ist gut denkbar, daß sich bei steigendem Druck auf die wenigen besonders Belasteten sehr unerwünschte Reaktionen ergeben. Es werden tatsächlich schon öfter Forderungen laut, daß bei erhöhter Verantwortung auch erhöhte Macht zugesichert werden müsse. So werden die heute üblichen demokratischen Entscheidungsformen allen Ernstes in Frage gestellt. Es werden radikale Lösungen vorgeschlagen, die nichts weniger bedeuten, als die Wiedererrichtung des längst begrabenen Ständestaates. So Helmut Schelsky: »Meines Erachtens hilft hier auf die Dauer nur eine sehr radikale Maßnahme: Man gebe denen, die die Last, aber auch den Lebenssinn auf sich nehmen, Kinder zu zeugen und zu produktiven Menschen aufzuziehen, ein höheres politisches Stimmrecht in der sozialen Demokratie, zumindest aber in den institutionell autonomen Verbänden der sozialen Gegenseitigkeitsleistungen. Wer mehr zur sozialen Sicherung der Zukunft beiträgt, sollte auch darüber mehr mitzubestimmen haben.«[4]

Esel können in der Tat zuweilen bocken, besonders dann, wenn man sie überlädt. Nicht zu übersehen aber auch die Frustration der weit zahlreicheren erwerbstätigen Menschen, die einen beruflichen Aufstieg weder erstreben noch erreichen; sie werden voraussichtlich rebellieren, wenn ihnen rund die Hälfte ihres Erwerbs durch direkte und indirekte Zugriffe des Staates abhandenkommt. Die Ermöglichung von mehr Konsum anstelle von mehr Zufriedenheit ist langfristig jedenfalls keine Lösung.

Nicht die abstrakte Technologie, sondern die konkrete Arbeit muß dem einzelnen Menschen Sinn vermitteln. Dabei wird das folgende kardinale Problem zu lösen sein: Das Sicherheitsstreben der einzelnen Menschen nimmt zu. Die Sicherheit des einzelnen Arbeitsplatzes aber vermindert sich durch den technologischen Fortschritt. Da durch diese Entwicklung im Bereich industrieller Arbeit und Dienstleistung im Grunde eine höhere Dynamik zu erwarten ist, also im Grunde ein höheres Engagement von den Menschen gefordert wird, sollten im Grunde genommen viel mehr Menschen viel risikofreudiger sein, als dies heute der Fall ist.

Die Betriebe, ob Produktionsbetriebe, Dienstleistungsbetriebe, privatwirtschaftlich oder öffentlich, sie alle verlangen in Zukunft ein höheres Maß an Flexibilität, an Entscheidungsfähigkeit, an Engagement, aber auch an Risiko und Verantwortung, obwohl im allgemeinen die Menschen nach weniger Engagement, weniger Verantwortung und mehr Sicherheit streben. Eine nur in bürokratischen Formen verbürgte soziale Sicherheit aber ist auf die Dauer in dieser Gesellschaft nicht aufrechtzuerhalten. Sie ist auch außerstande, den Wohlstand zu erhalten.

So ergibt sich ein weiteres Problemfeld, weil das Sicherheitsstreben viele Menschen für die eigentlich geforderte Risikobereitschaft unfähig macht. Dieses Sicherheitsdenken lähmt Entschlußfreudigkeit und Verantwortungsbewußtsein. So ergibt sich in nicht wenigen Fällen eine Diskrepanz zwischen Anspruch und Leistungsbereitschaft. Und in dieser Diskrepanz liegt nicht zuletzt der Verlust des Sinnes, nicht nur der eigenen Tätigkeit, sondern auch der sozialen Stellung. Gelingt es uns nicht, diesen *Circulus vitiosus* zu durchbrechen, so sinkt die Leistung bei gleichzeitig wachsenden Ansprüchen. Diese sich öffnende Schere wird das größte Problem der nächsten Jahre sein.

Insgesamt können wir festhalten, daß die Formen der maßlosen Vernunft, ausgeprägt in den technologischen Entwicklungen, keineswegs eine Vermassung der Gesellschaft herbeigeführt haben, wie dies so oft beschworen wurde. Im Gegenteil. Mühsam zusammengeklammert von riesigen bürokratischen Mechanismen, zerfällt die Gesellschaft in einzelne Sektoren, werden Lebensbereiche wie die Familie teilweise atomisiert, finden sich Gruppen in großer sozialer Distanz zu anderen und erhalten Kenntnis von ihnen nur durch Medien, nicht durch direkten Kontakt. Kein Aufstand der Massen droht also, sondern allenfalls der Aufstand einzelner Gruppen, um der bürokratischen Nivellierung zu entgehen.

Der durch die moderne Technologie ausgelöste soziale Wandel ist in seinem Ausmaß weder erforscht noch in seinem Wesen ganz begriffen. Ist es unausweichlich, daß sich eine neue Elite bildet? Ihr Einfluß auf die Machtstrukturen ist ungeklärt. Ist der Austausch von Eliten, ist die Macht »technologischer« Eliten in Zukunft kontrollierbar? Werden nicht einzelne der morgigen sozialen Lastesel ihre Bürde hinwerfen und in mehr oder minder offene Verweigerung treten? Werden nicht andererseits Technologen Macht über Bereiche beanspruchen, in denen ihre üblichen Methoden versagen müssen? Die Frage nach Eliten und Machtverteilung in technotronischen Gesellschaften ist gestellt.

4. Kapitel

Sozialer Wandel: Versagen die Eliten?

Alvin Toffler hat vor einigen Jahren mit einem weltweiten Bestseller das Schlagwort des »Zukunftsschocks« geprägt: Die steigende Geschwindigkeit der Veränderungen werde die Menschen in einen Zustand der Erstarrung versetzen, der es ihnen unmöglich macht, sich diesen Veränderungen zu stellen, sie zu verarbeiten, sich anzupassen. Seine damals aufrüttelnden Thesen sind heute weitgehend vergessen.[1] Geblieben ist allerdings eine weitverbreitete Angst vor der Zukunft – als Angst vor allem, Sicherheit und liebgewordenen Wohlstand zu verlieren.

Einzelne Bereiche und Gruppen der Gesellschaft sind durch Folgen von weitgehend ungesteuerter Technologie höchst unterschiedlich betroffen. Das Sich-Ausbreiten der »maßlosen Vernunft« trifft zwar vermehrt auf Widerstand – dieser aber scheint unsystematisch zu sein, oft zufällig, wenn nicht gar dem falschen Objekt zugewandt. Der Rationalität der Ursache sozialen Wandels entspricht keine Rationalität des Widerstands gegen ungewollte Entwicklungen. Warum ist das so?

Jeder Einzelne erlebt zwar die Veränderung der physischen Umwelt. Immer mehr Menschen stehen vor wachsenden Schwierigkeiten, sich sozial zu orientieren. Manche Verhaltensweisen, gestern noch verpönt, sind heute erlaubt, ja schicklich. Gegensätzliches scheint üblich zu sein und sich ohne Sanktionen gleichzeitig, nebeneinander zu vollziehen. Der Satz vom »raschen sozialen Wandel«, oft gehört, ist plausibel. Allein er erklärt nichts. Auch die Wissenschaft bietet viele Hypothesen an, ist aber arm an überprüften Erklärungen. Es gibt viele Ansätze zu einer Theorie des sozialen Wandels. Neben Beschreibungen und empirischen Erfassungen von Veränderungen der physischen Umwelt sowie der sozialen Strukturen ist freilich ein Mangel in der Erforschung jener Veränderungen zu verzeichnen, denen die Werte unterliegen. Der Wandel der *Dinge* ist leichter wahrzunehmen als jener der *Werte*. So mögen auch materielle Attribute des Wohlstands scheinbar überdauern, derweil bereits Unzufriedenheit aufkommt und neue Wünsche befriedigt werden wollen. Jedem Wandel der Dinge geht zwar ein Wandel der Werte voraus. In direkter Weise aber einen Wandel der Werte zu erschließen, mag folgerichtig sein, ist jedoch mit großen Schwierigkeiten verbunden, ja zuweilen irreführend. Was verändert sich und in welcher Weise? Wer oder was verursacht die Veränderungen? Wer ist in welchem Maße und wie von ihnen betroffen? Gegen welche Widerstände erhebt sich gesellschaftlicher Wandel? Was, im Grunde, erwirkt er? Welche Rolle schließlich haben gesellschaftliche Eliten in der Steuerung des sozialen Wandels?

In der Folge seien anhand eines Beispiels einige Feststellungen getroffen, die diese Fragen beleuchten könnten. Der Energiebedarf insbesondere der entwickelten Gesellschaften steigt immer noch. Wissenschaft und Technologie wären imstande, den zu erwartenden Bedarf zu decken. Dies bedeutet heute und in planbarer Zukunft zunächst eine verstärkte Nutzung von atomarer Energie. Dagegen aber erhebt sich Widerstand. Eine in sich folgerichtige, vernünftige technologische Entwicklung wird, wenigstens in Einzelfällen, unterbrochen. Längst nicht alles theoretisch Mögliche, technologisch Machbare und finanziell Tragbare kann und darf gesellschaftlich genutzt werden. Das mit Milliardenaufwand fertiggestellte Atomkraftwerk Zwentendorf in Österreich wurde nach einem Volksentscheid nicht in Betrieb genommen. Eine Inbetriebnahme ist zwar technisch jederzeit möglich, aber erhebliche politische Hürden sind noch zu überwinden, selbst wenn sich in absehbarer Zeit Volksentscheide für Atomenergie ergeben.

Kann man in diesem Falle von wohlbegründetem Widerstand gegen eine unheilvolle Entwicklung sprechen? Sind objektive Urteile überhaupt möglich – oder ist nicht jede Aussage einer bewußten oder unbewußten Wertung verpflichtet? Objektiv fest steht, daß eine sehr knappe Mehrheit der Stimmen entschieden hatte. Was aber hat sie entschieden? Hat hier ein Kartell der Angst die Ablehnung erwirkt, oder hat der Verstand gesiegt? Ist hier eine Umkehr eines technologischen Trends sichtbar, oder hat sich die Unmöglichkeit erwiesen, hochkomplizierte technische Fragen demokratisch entscheiden zu lassen? Hat, wie etwa Robert Jungk postuliert, der technologische Wandel bereits Strukturen geschaffen, die notwendigerweise zum Zerfall demokratischer Institutionen führen müssen? So daß lediglich mit dem Widerstand allgegenwärtiger und umfassender spontaner Bürgerinitiativen dem unheimlichen Trend eigengesetzlicher technologischer Entwicklungen Einhalt geboten werden kann? Was ist hier Veränderung, wogegen hat sich der Widerstand wirklich erhoben?

An der Frage »Wie sicher sind Atomkraftwerke?« scheiden sich die Gemüter. Die Wissenschaft ist offensichtlich nicht in der Lage, absolute Wahrheiten zu vermitteln, und die Politiker ihrerseits sind außerstande, die komplexe Materie atomarer Energieerzeugung bis in ihre letzten Konsequenzen zu durchschauen. Die Bevölkerung schließlich zerfällt in zwei ungleiche Teile: in die große Masse der eigentlich Uninteressierten und Unbeteiligten und in eine Gruppe der Engagierten.

Je komplexer sich für den einzelnen Menschen die Umwelt darstellt, desto geneigter ist er, unzulässig vereinfachten Erklärungsschemata zuzustimmen. Das Bild, das er sich von seiner Umwelt macht, und nicht die Welt selber, prägt die Einstellung der Menschen und damit weitgehend auch ihr Verhalten. Wenn einer *glaubt*, Atomkraftwerke seien gefährlich – denn urteilen kann er im Grunde nicht –, so wird er entweder selbst protestieren oder Proteste unterstützen.

Der Einzelne ist bei komplexen Fragen und Entscheidungen immer mehr auf Stellvertreter angewiesen, auf Meinungsmacher als Repräsentanten seiner eigenen Vorstellungen. Wer glaubt, daß Robert Jungk und seine Mitstreiter recht haben, wird sich mit ihnen identifizieren, wird ihnen Gefolgschaft leisten. Wissen, ob sie recht haben, kann er nicht. Wer andererseits Vertrauen in die Beteuerung der Atomtechniker setzt, daß ausreichende Sicherheit vorhanden sei, wird sich für die Entwicklung von Atomkraft einsetzen oder ihr mindestens gelassen zusehen.

Für unsere Fragestellung von besonderer Bedeutung: Engagiert ist in jedem Fall eine Minderheit, betroffen dagegen die überwiegende Mehrheit. Im übrigen wird gerade bei den wesentlichsten Auseinandersetzungen um aktuelle gesellschaftliche Probleme nicht darüber gestritten, was war und was ist, sondern vielmehr darüber, was in Zukunft sein soll, allenfalls was nicht sein darf. Was sich vordergründig darstellt als eine rationale Auseinandersetzung, entpuppt sich bei näherem Zusehen zuweilen rasch als moralische und möglicherweise religiöse Fragestellung. Die sich dabei häufenden Merkmale der Unerbittlichkeit und Unversöhnlichkeit, insbesondere das Fehlen von Toleranz, entsprechen den Charakteristika von Glaubenskonflikten.

Die wachsende Intoleranz gegenüber der technologischen Entwicklung ist zwar verständlich, kann aber auch die nutzvolle Anwendung von Forschungsergebnissen verhindern. Von einer Steuerung kann, wie gesagt, kaum die Rede sein, wobei die Verlaufsänderung der maßlosen Vernunft durch sporadische Widerstände im Grunde die technokratischen Planer nur in ihrer Ansicht bestärkt, daß ihre Planungsvernunft durch irrationale »Humanbarrieren« zwar gestört, in der grundsätzlichen Richtung aber nicht verändert werden kann. Dies aber stellt eine Mißachtung der Ursachen gesellschaftlichen Widerstands dar, wie sporadisch er auch auftreten mag und wie unsystematisch die Argumente, die verwendet werden, erscheinen mögen, wie irrational das Verhalten einiger Menschen dabei ausfallen mag.

Bei genauerer Analyse entpuppen sich nämlich die »Humanbarrieren« letztlich als institutionelle Barrieren. Sie sind Ausdruck dafür, daß ein starkes Gefälle zwischen technologischer Entwicklung und institutioneller Regelung besteht. Am Verstand des Urteilens *muß* es nämlich geradezu mangeln, wenn der Mehrzahl der Menschen die Ursachen der Entwicklung fremd bleiben, wenn die komplizierten Wechselwirkungen so im dunkeln bleiben, wie die Ausmaße eines Eisbergs in der Nacht der Polarmeere.

Mit diesem Beispiel ist unweigerlich auch das Problem der sozialen Vorurteile angesprochen. Wo es dem Einzelnen nicht mehr möglich ist, komplizierte Verhältnisse zu überschauen, wo er Gesellschaftliches im überwiegenden Maße nur mehr vermittelt erfährt, sein Verhalten also immer weniger auf eigenes Urteil stützen kann, wächst notgedrungen das Ausmaß, ja die Notwendigkeit des Vorurteilens. Damit wird das Vorurteil geradezu institutionalisiert.

Da sich der Einzelne in zunehmendem Maße mit Wortführern und damit Eliten aller Art identifizieren muß, er seine eigene Identität ebenfalls zunehmend vermittelt erfährt, ist meines Erachtens zwangsläufig auch die aktive Teilnahmemöglichkeit an Entscheidungen stark eingeschränkt. Damit ergibt sich einerseits ein unheilvoller kumulativer Effekt: Die kognitiven Erfahrungen der Umwelt durch den Einzelnen werden immer mehr durch gesellschaftlich vermittelte Vorurteile geprägt. Diese vermögen zwar dem Einzelnen die oft kurzlebige Illusion von Verhaltenssicherheit zu geben; etwa im Sinne von: »man weiß ja, was man von diesem oder jenem zu halten hat«, braucht also bestimmte Bücher gar nicht mehr zu lesen, bestimmten Menschen schon gar nicht mehr zuzuhören. Auf der anderen Seite kann man sich gleichsam die »Abkürzung« der Identifikation zu eigen machen, indem man jenem oder diesem zujubelt, der genau das sagt, was man selber nicht mehr zu denken braucht. Ich habe damit – dies dürfte deutlich geworden sein – an die verstärkende Wirkung der Massenmedien gedacht. Die systematische Verfälschung der sinnlichen Umweltaufnahme ist in der Wissenschaft hinlänglich untersucht und unter dem von Leon Festinger geprägten Terminus der »Kognitiven Dissonanz« mittlerweile recht bekannt geworden.[2]

Auf die moderne Technologie angewendet bedeutet dies, daß diejenigen, die sie betreiben, grundsätzlich ihre positiven Auswirkungen überschätzen und ihre negativen unterschätzen oder gar verdrängen. Es ist für sie deshalb außerordentlich schwierig, sozialen Wandel überhaupt zu beurteilen.

Die »Geschwindigkeit von Veränderungen« und die »Dynamik von Entwicklungen« sind relative Begriffe. Das Feststellen und Messen von Veränderungen setzt immer einen Status quo voraus, einen Zustand also, der bestimmten historischen Zeitpunkten entspricht. Veränderungen dieses Zustands brauchen weder im Negativen noch im Positiven irgendeine Entwicklung zu beinhalten. Von erlebten Wirkungen auf deren Ursachen zu schließen, wird ebenfalls schwieriger. Die Distanzierung des Menschen durch bürokratische Organisationen und technologische Systeme macht es so schwer, einzelne Menschen oder Gruppen mit diesen Erscheinungen zu identifizieren. Zu früheren Zeiten war der Machthaber auch sichtbar in Person und Würde. Der Verlust der Transparenz aber vernebelt im Grunde die heutigen Machtverhältnisse – ein weiterer Grund für den zuweilen orientierungslosen und unwirksamen Widerstand. Existiert am Ende nur bürokratische Herrschaft, wo Macht bei angebbaren Personen vermutet wird? Wie kann Veränderung erwirkt werden, wenn auch das Funktionieren der politischen Eliten unklar bleibt?

Beispielsweise können Machtstrukturen grundsätzlich erhalten bleiben, auch, ja gerade wenn Machthaber wechseln: Feudalismus als Struktur blieb im Grunde unverändert, selbst wenn über die Jahrzehnte und Jahrhunderte die eine Dynastie durch die andere abgelöst wurde. Wie der Elitentheoretiker Vilfredo Pareto zu sagen pflegte, ist die Geschichte ein einziger Friedhof von Aristokratien.

Erlebte Veränderung wird indessen kaum je an tatsächlichen Zuständen gemessen, sondern an Vorstellungen darüber, wie es einmal war. Meist im Sinne der »guten alten Zeit« – oder wie es kommen werde, »falls den gegenwärtigen Entwicklungen kein Einhalt geboten« wird. Mit der Analyse vergangener Epochen verhält es sich meines Erachtens ähnlich wie mit der individuellen kognitiven Erfassung der Gegenwart: Was aktuell als gesellschaftliches Problem erfahren wird, prägt die Betrachtung der Vergangenheit. Nach langer geschichtswissenschaftlicher Fixierung auf führende Persönlichkeiten und militärische Geschehnisse wird erst neuerdings vermehrt Sozialgeschichte im Sinne der Erfassung statistischer Aggregate und der Rekonstruktion sozialer Verhaltensweisen der namenlosen Masse von einst versucht.

Halten wir an dieser Stelle fest: Es ist außerordentlich schwer, objektive Maßstäbe für gesellschaftliche Veränderungen zu finden. Um so eher stellt sich jeweils die Frage nach den Werthaltungen des Betrachters, mithin natürlich auch nach den eigenen. So wird vornehmlich die Wirkung von Veränderungen registriert, nicht aber eine Analyse der Strukturen unternommen, in denen sie sich vollziehen.

Des weiteren wird die Krisenhaftigkeit einzelner Entwicklungen überbetont, da das Alltägliche und Normale stets im Schatten der medialen Scheinwerfer zu stehen pflegt: Das Normale ergibt bekanntlich keine Nachricht, ist keine Neuigkeit. Gerade im Bereich der unscheinbaren, normalen täglichen Abläufe ereignen sich aber die zwar im einzelnen unmerklichen, im Ausmaß aber wesentlichsten und tiefgreifendsten gesellschaftlichen Veränderungen.

Des weiteren: Was als krisenhaft empfunden wird an gesellschaftlichen Zuständen und Entwicklungen, wird zu oft und voreilig mit einer Krise der Demokratie gleichgesetzt. Wo einzelne Gruppen in Entscheidungsprozessen gleichsam versagen, wo der Grad der Teilnahme absinkt, wird Widerstand vermutet, obwohl im Grunde keiner vorhanden ist. Und Politiker unterlassen möglicherweise Notwendiges, weil sie Widerstand befürchten, der gar nicht eintreten würde.

Dies mögen einige Gründe dafür sein, daß die Sozialwissenschaften sich nur mit einer auffallenden Zurückhaltung der Frage der Eliten in modernen Demokratien annehmen. Es scheint natürlich zunächst Elitäres mit dem fundamental-demokratischen Anspruch der Gleichheit unvereinbar. Auch in der nichtwissenschaftlichen Auseinandersetzung werden Elitefragen zwar gelegentlich heftig diskutiert, aber nicht unter diesem Begriff und meist undifferenziert unter der Etikette »Establishment«. Die wenigen Elitetheoretiker der letzten Jahrzehnte wurden entweder mit Feindschaft oder mit Indifferenz behandelt. Dabei scheint nicht sosehr der Grad der tatsächlich erreichten demokratischen Verfassung einer Gesellschaft über das Ausmaß von Ablehnung oder Indifferenz zu bestimmen, als vielmehr die herrschenden demokratischen Ideologien.

Etwas zaghaft noch, aber vermehrt greift man in jüngster Zeit wieder zu den Klassikern. Vornehmlich werden Gaetano Mosca und vor allem Vilfredo Pareto wieder gelesen.[3] Dabei nun beruht die Bedeutung, die wir Pareto wieder beimessen, nicht sosehr darauf, daß wir heute seine wissenschaftlichen Theorien für wahrer halten als gestern, sondern – so Carlo Mongardini in einem ausgezeichneten einleitenden Kapitel zu Paretos ausgewählten Schriften – »sie beruht vielmehr darauf, daß der historische Augenblick, in dem wir leben, uns wieder besonders empfänglich gemacht hat für das menschliche Drama Paretos, der einerseits unerschütterlich Ideologien und Mythen entschleierte, die wie heute zu Leerformeln geworden waren, und andererseits ein extremes Bedürfnis hatte zu glauben, wie übrigens jeder Mensch. Diese Notwendigkeit, jene Gewißheiten zu finden, in denen sich die soziale Funktion jeder Weltanschauung manifestiert, treibt Pareto dazu, nie endgültig zuzugeben, daß uns nicht einmal die Wissenschaft mehr absolute Wahrheiten liefern kann, und sich an jeden Anschein von Ideologie zu klammern, die irgendeine Möglichkeit, sozial nützlich zu sein, aufweist, während die Beschleunigung des historischen Prozesses den ideologischen Formen kaum mehr Raum läßt, sich zu konsolidieren.«

Mongardini fährt fort: »In den letzten Jahren hat eine ganze Generation, die dem Zweiten Weltkrieg entronnen ist, versucht, die Vergangenheit auszulöschen, anstatt die Verantwortung für sie zu übernehmen, und aus dem Nichts eine neue Gesellschaft zu erfinden. Das, wenn auch noch so mutige, Experiment ist gescheitert, und wir beginnen heute den Preis für dieses Scheitern zu bezahlen, das sicher nicht weniger unheilvoll ist als der verlorene Krieg. Vielleicht wird es mehr als eine Generation brauchen, um die Zerrissenheit dieser letzten Jahre zu heilen und die Kosten für dieses neue Abenteuer des menschlichen Geistes zu tragen... Die Voraussetzungen für den unternommenen Versuch sind heute wohl verständlich, aber eine Kultur kann nichts anderes sein, als das Produkt jeder Tradition. Jeder Versuch, sie heute oder morgen der Phantasie des Menschen entspringen zu lassen, außerhalb des langsamen Prozesses, in dem das Leben seinen Niederschlag bildet, muß zwangsläufig eine Utopie und damit einen starreren Dogmatismus als den, der der Tradition entspricht, hervorbringen...

In analogen Situationen hat Pareto, der keinesfalls Furcht vor der Erneuerung hatte, aber besorgt war um den Preis für die Utopie, die Prämissen für einen neuen wissenschaftlichen Humanismus formuliert, einen Humanismus ohne Illusionen, der sich der Kontingenzen [Wechselbeziehungen], der Grenzen und der Irrationalität des Humanen bewußt ist. Der heutige Moment macht uns für seinen Versuch wieder besonders empfänglich.«[4]

Es wird seit Gaetano Mosca nicht bestritten, daß stets eine Minderheit über die Mehrheit herrscht. Dabei wird diese Herrschaft der Minderheit vor allem mit der Tatsache erklärt, daß diese organisiert ist. Vereinfacht ausgedrückt, hat Pareto die Ansicht vertreten, daß die Stabilität gesamter Gesellschaften im Sinne eines dynamischen Gleichgewichts nur durch den gewährleisteten Kreislauf von Eliten entsteht. Demokratie – ebenfalls vergröbert wiedergegeben – ist dann möglich, wenn der Zugang zu den Eliten grundsätzlich offen ist. Gerechte Verteilung des Wohlstands und offene Chancen für individuellen Wohlstand ist nur bei offenem Zugang und geregelter Zirkulation der Eliten gewährleistet. Egalitärer, allgemeiner Wohlstand hat also in diesem Verständnis elitäre Implikationen, setzt Elitenbildung geradezu voraus. Ist jedoch die Zirkulation der Eliten aus irgendeinem Grunde nicht mehr möglich, so wird diese Elite abgesetzt, und eine neue Minderheit wird sich zum Herrscher aufschwingen. Veränderungen, ja Revolutionen sind wohl denkbar durch den Druck der Massen, aber ihre Ausführungen sind, wie die Geschichte hinlänglich erwiesen hat, immer eine Angelegenheit organisierter Minderheiten, also wiederum von Eliten. Ebenso ist der wohl deutlichste Widerstand gegen Veränderungen, die stärkste Vertretung des »Status quo« durch Moscas herrschende Klasse, also durch Widerstand von oben, zu erklären.

Man hat allzu lange Paretos Elite-Theorien als gegen die Demokratie selbst gerichtet betrachtet. Wahrscheinlich deshalb, weil Pareto zu einer bestimmten Zeit dem Faschismus in Italien huldigte. Man übersah dabei, daß er seine Theorien gegen den damals vertretenen Sozialismus verstanden wissen wollte: Er hat sie gegen den eindimensionalen Klassenbegriff von Marx gerichtet, nicht gegen die Demokratie insgesamt.

Damit wollte er gegen den von den Marxisten vertretenen Determinismus ankämpfen. Bleibt die Frage, ob die Elite-Theoretiker nicht selbst einen Determinismus beschwören. So schreibt T. B. Bottomore: »Ein anderer charakteristischer Zug der Elite-Theorien taucht in vielen neueren, gegen den Sozialismus gerichteten Gesellschaftstheorien wieder auf. Während nämlich diese Theorien den Determinismus kritisieren, den sie vornehmlich im Marxismus erkennen, neigen sie ihrerseits dazu, einen ähnlich strengen Determinismus zu begründen. Das Grundargument der Elite-Theoretiker lautet nicht nur, daß jede bisher bekannte Gesellschaft in zwei

Schichten aufgeteilt war – in eine herrschende Minderheit und eine beherrschte Mehrheit – sondern, daß alle Gesellschaften so aufgeteilt sein müssen. Inwiefern ist diese Auffassung weniger deterministisch als der Marxismus? Ob nun die Menschen die klassenlose Gesellschaft herbeiführen müssen oder notwendig außerstande sind, sie je herbeizuführen – sind sie nicht in beiden Fällen gleichermaßen unfrei? Man kann einwenden, daß beide Fälle nicht gleich liegen: Die Elite-Theoretiker klammern nur eine Gesellschaftsform als unmöglich aus, lassen aber andere Möglichkeiten offen (*Mosca* vertritt den Standpunkt, in den Sozialwissenschaften lasse sich leichter vorhersehen, was niemals geschehen, als genau vorhersagen, was geschehen wird). Wohingegen die Marxisten sagen, daß eine besondere Gesellschaftsform notwendig kommen muß.«[5]

Jedes Elite-Modell impliziert immer ein Oben und ein Unten: Oben die herrschende Elite, unten die beherrschte Masse. Es erinnert auch an die Darstellung industrieller Gesellschaften, in denen die einzelnen Schichten sich entsprechend ihrer mengenmäßigen Verteilung in der Bevölkerung in Pyramidenform schließlich bis zur Spitze der Machthaber verengen. Die moderne nachindustrielle Gesellschaft läßt sich ohnehin kaum noch in zweidimensionalen Zeichnungen darstellen. Die vertikale Gliederung ist nur mehr ein Merkmal unter anderen. Wesentlicher ist möglicherweise die in der »Disparitätenthese« veranschaulichte horizontale Aufgliederung der einzelnen Schichten und Klassen.

»In der Demokratie gibt es keine Zentren«, sagte Carl J. Friedrich, der als einen der problematischsten Punkte aller Doktrinen über die Elite die Annahme brandmarkte, die Machthaber bildeten eine zusammenhaltende Gruppe.[6] C. Wright Mills dagegen gesteht den segmentierten Eliten im modernen Amerika einen recht hohen Grad von Autonomie zu.[7] Dahrendorf schließlich spricht u. a. von der *statistischen* Elite: »Die ›Multiformität‹ oder innere Vielfalt der deutschen politischen Klasse wird jedoch nicht in einer lebendigen Konkurrenz ihrer Elemente wirksam. Die Auflösung des Monopols hat zwar zur Vielfalt, aber nicht zur Konkurrenz geführt. An die Stelle der Konkurrenz ist vielmehr das Kartell getreten. In diesem Merkmal liegt die Eigenart der deutschen politischen Klasse wider Willen.«[8]

Selbstverständlich können wir auch in Deutschland Eliten feststellen, Macht statistisch registrieren, etwa wirtschaftliche. Die Traktion der Teileliten untereinander ist, wie empirische Untersuchungen belegen, geringer, als die allgemeine Vorstellung darüber. Auch ist das Kartell natürlich gedankliche Implikation, nicht aber reale Institution.

Das von Dahrendorf angesprochene »Kartell der Eliten« kann meines Erachtens getrost als technokratisch ausgerichtet bezeichnet werden. Es handelt sich um jene Spitzenfunktionäre »der vernünftigen Systeme«, die selbst, wie wir ja gesehen haben, einen außerordentlich hohen Grad der Stabilität aufweisen: Ihre Struktur bleibt nahezu unverändert, auch wenn sich das System vergrößert. In einer grundsätzlich technologisch ausgerichteten Welt haben Technologen nicht nur die größeren Chancen, zur Macht zu gelangen, sondern sich auch Macht zu erhalten. Entscheidende geschichtliche Ereignisse haben die Zusammensetzung der Eliten grundsätzlich wenig verändert. Ein verlorener Krieg hat zwar Generäle entmachtet – nicht aber die Bürokratie. So einschneidende geschichtliche Ereignisse wie etwa der Zusammenbruch des nationalsozialistischen »Dritten Reiches« oder die Wiedergeburt der französischen Republik aus der Résistance würden vermuten lassen, daß neue Männer, mithin neue Eliten, an die Macht im Staat gelangten. Alle Untersuchungen aber, wie sie so beredt einerseits von Dahrendorf, andererseits von Raymond Aron beschrieben wurden, belegen das Gegenteil: Dabei ist nicht nur an die »Kapitalisten« gedacht, denn insbesondere in Frankreich zeichnet sich die Führung der Arbeiterbewegung durch außerordentliche Stabilität aus.

Umfangreiche, in Zeitreihen durchgeführte Studien über die Zirkulation der Eliten liegen allerdings kaum vor. Überdies kennen wir wenige Beispiele moderner Staaten, die auf dem Prinzip der *direkten* Demokratie aufgebaut sind. Es gibt wohl keine Verfassung, die dem Volk so viel Macht in die Hände legt, wie die der Schweizer Eidgenossenschaft. Viele der Materialien, die Emil J. Walter in seiner »Soziologie der Alten Eidgenossenschaft« mühsam zusammengetragen hat, lassen aber erkennen, daß die Stabilität eidgenössischer Eliten im letzten Jahrhundert mit ungebrochenen Besitzverhältnissen einhergeht.[9] Die demokratischen Institutionen sind bis in die heutigen Tage indirekt durch Bauern und Besitzbürgertum gesteuert, die, so scheint es, allein in der Lage sind, Minderheiten so zu organisieren, daß sie bei chronisch geringer Stimmbeteiligung dennoch meist eine Mehrheit der Stimmen für ihre Ziele zu erwirken vermögen. Aus dieser Struktur könnte man denn auch einerseits die Notwendigkeit der seit Jahrzehnten bestehenden Regierungskoalition ableiten wie auch die Tatsache, daß Parlament und Regierung oft durch Volksabstimmungen desavouiert werden, ohne daß übrigens dabei die Regierung zurücktreten würde. Direkte Demokratie als überschaubare Demokratie – wie wir sie besonders ausgeprägt in den Landsgemeindekantonen der Schweiz heute noch vorfinden – ist ohnehin nur in einer kleinräumigen föderalistischen Struktur denkbar.

Ganz anders stellt sich das Problem in einem zentralistischen Staat wie in Frankreich dar. Es ist zu fragen, ob wir verschiedene segmentierte Eliten vorfinden, oder ob sich Eliten in einem Kartell zusammenfinden – oder schließlich, ob die Balance der Macht durch eine offene Konkurrenz gewährleistet ist. Nach Raymond Aron scheint für Frankreich keines dieser Strukturmerkmale zuzutreffen: »Die Elite Frankreichs ist gespalten, nicht nur weil die verschiedenen Gruppen sich über die gegenwärtige Verteilung des Volkseinkommens streiten, sondern weil die Führer an verschiedene Götter glauben und ihre Zukunftsvisionen einander widersprechen.«

Andererseits wäre jede Nostalgie nach einer einheitlichen Elite in pluralistischen Demokratien gefährlich: »Eine einheitliche Elite bedeutet das Ende der Freiheit. Wenn aber die Gruppen der Elite nicht nur voneinander abgegrenzt sind, sondern sich entzweien, bedeutet es das Ende des Staates. Die Freiheit liegt in jenen ständig bedrohten Zwischenregionen, in denen die Menschen und Gruppen das Geheimnis der einfachen, zeitlosen Weisheit bewahren und gelernt haben, Autonomie mit Kooperation zu verbinden.«[10]

Diese zwar elegante Formulierung Arons läßt sich allerdings schwer mit der Wirklichkeit vereinbaren. Autonomie in der heutigen Konsumgesellschaft zumal bedeutet oft Rückzug in die Privatsphäre, Absage an politische Teilnahme, kann schließlich zu einem Ritus erstarren oder zur Vereinsamung führen. Eine ganze Reihe von Widersprüchlichkeiten eröffnet sich: Je schwieriger individuelle Autonomie zu erreichen ist, etwa in totalitären Staaten, desto höher das Maß der individuellen Vereinsamung. Möglicherweise sind die dort so hohen Selbstmordraten und der Alkoholismus Indikatoren für diese Entwicklung.

Zweifellos stärker verbreitet als in unseren westlichen Konsumgesellschaften ist in totalitären Staaten kooperatives Verhalten im Sinne etwa der solidarischen Nachbarschaftshilfe. Allein die Nachbarschaft kann ebenso einer Ideologie entsprechen, wie z.B. die »Neighbourhood« in den Vereinigten Staaten: Sie gewährt im Grunde keine Intimsphäre mehr. Wo die öffentliche Meinung einen hohen Grad an reglementierter Einheitlichkeit aufweist, ist auch die in überschaubaren Bereichen von Menschen geäußerte und gedachte Meinung so gespalten wie die im Staate selbst: Der Andersdenkende kann sich zwar konform verhalten, aber er erkauft die Wärme der äußerlichen Solidarität mit der eisigen Kälte des Vertrauensverlustes. Mißtrauen kann zwar als Prinzip persönlichen Schutzes notwendig sein, ist aber auf lange Sicht als Prinzip der Vergesellschaftung untauglich.

Der relativ hohe Wohlstand und seine Vermitteltheit – d.h. seine relative Unabhängigkeit von Leistung – sind Ursachen für einen immer stärker verbreiteten Rückzug der Menschen aus der Sphäre öffentlichen Engagements. Wohlstand, zugeteilt mehr als erworben, scheint ohnehin gesichert, läßt die Relation zur persönlichen Leistung nur in wenigen Fällen deutlich erleben. Weder Widerstand, noch Unterstützung haben zu der zersplitterten, distanzierten und eigentlich oft unsichtbaren Elite einen Bezug. Ein anonymes System steht anstelle der traditionalen Wohltäter oder Bösewichte. Ebenso wie individueller Ritualismus, d.h. der Rückzug in die Privatsphäre, die Erfüllung beruflicher Notwendigkeiten ohne Engagement für politische Ziele, sich in westlichen Industriestaaten immer stärker zu verbreiten scheint, droht auch politischer Ritualismus überhandzunehmen. Dies will heißen, daß die parteipolitische Auseinandersetzung an der Basis weitgehend durch eine verstärkte – durch Massenkommunikation noch geförderte – Identifikation mit einigen wenigen Repräsentanten der weitgehend segmentierten Eliten ersetzt wird.

Mit der veränderten Delegation von Macht in Demokratien verändert sich auch der Mechanismus der Legitimation von Machthabern.

Es wäre wahrscheinlich ein leichtes, alle krisenhaften Erscheinungen moderner nachindustrieller Demokratien auf Fehler und Versagen von Eliten zurückzuführen. Doch es versagen nicht sosehr einzelne Machthaber, nicht spezifische Teile der Eliten, sondern vorrangig die Mechanismen der gestörten demokratischen Willensbildung und Willensdurchsetzung durch Wahlen. Auf den Kurzschluß zwischen Bedürfnisartikulation und Bedürfnisbefriedigung durch demoskopische Manipulationen soll später in diesem Buch hingewiesen werden. Offenbar scheint es aber gar nicht anders zu gehen, als daß ihrerseits die Eliten Bedürfnisse der Bevölkerung nur vermittelt erfahren können.

Ist überhaupt die politische Teilnahme einer großen Zahl von Menschen in demokratischen, nachindustriellen Gesellschaften noch möglich? Stimmt es, was die amerikanischen Elite-Theoretiker H. K. Prewitt und A. Stone kürzlich schrieben: »Der Wähler ist nicht imstande, aktuelle Zusammenhänge wirklicher Probleme zu beurteilen.«[11] Dem entspricht die Feststellung von Anthony Downs: »Kandidaten für ein politisches Amt formulieren ihre Politik, um Wahlen zu gewinnen und sehen gar nicht die Wahl als Anlaß an, um Politik zu formulieren.«[12]

Bei einem gehobenen Wohlstand können sich offenbar die Menschen erlauben, die demokratische Kontrolle über die Eliten zu vernachlässigen. Eliten markieren also keineswegs Grenzen des Wohlstands, vielmehr man erwartet bislang von ihnen sogar, daß sie diesen mehren. Erscheint die Verteilung des Wohlstands ungerecht, so finden sich segmentierte Eliten, die, nicht ohne Eigennutz im Blick auf politische Macht, auf die Verteilung Einfluß nehmen. Ihrerseits aber bedienen sie sich selbst der bürokratischen Distanzierung, um sich einer effektiven Kontrolle zu entziehen. Wohlstand führt so zu demokratischer Lethargie. Wohlstand ist das Zückerchen der Gewählten, das für den ruhigen Schlaf des Bürgers sorgen soll.

Repräsentative Demokratie beruht im Grunde auf einer permanenten Unsicherheit der Gewählten. Diese Unsicherheit ist heute weitgehend außer Kraft. Nicht was gewählte Volksvertreter leisten, welche Entscheide sie treffen, bestimmt darüber, ob sie wiedergewählt werden, sondern vielmehr das, was sich als ihr »Image« ergibt. Angenommen, ein Parlamentarier entscheidet sich in einer Abstimmung aufgrund besserer Informationen und intensiver Gewissenserforschung anders, als seine Wähler es von ihm erwarten, kann er u. U. gerade dadurch, daß er sein Mandat ernsthaft wahrnimmt, dessen Verlust selbst herbeiführen. In einigen Parlamenten, darunter auch sicher im Eidgenössischen, scheint die Maxime des »Nichtauffallens« und des »Wirkens im stillen« vorzuherrschen. Nicht Leistung, sondern Listenplatz scheint die Wiederwahl zu erklären. Und Listenplätze werden nach parteilichem Wohlverhalten vergeben.

Das führt ja schließlich auch zu dem bereits oft erörterten Problem, daß demokratisch Gewählte sich kurzfristig der Wiederwahl unterziehen müssen, um an der Macht zu bleiben, damit aber langfristige gesellschaftliche Probleme wider die herrschenden Vorstellungen der Wähler gar nicht offen vertreten können. Die wesentlichsten gesellschaftlichen Probleme sind jedoch grundsätzlich langfristiger Natur. Die Frage bleibt offen, wie kurzfristige Wahlmechanismen langfristige Entscheide überhaupt zulassen können. So ist die Wohlstandspolitik, sind Programme staatlicher Wohlfahrt üblicherweise an der nächsten Wahl und nicht am zukünftigen Funktionieren der Gesellschaft orientiert. Einmal zugeteilte Wohlfahrt ist im einzelnen kaum zurückzunehmen. Wohlfahrtskürzungen werden meist nicht nach dem Prinzip der Angemessenheit, sondern der Gegenseitigkeit durchgedrückt: meinem Stand keine Kürzung, wohl aber dem andern; wenn überhaupt, dann für alle gleichmäßig. Der so zugeteilte Wohlstand mag zwar einmal nach gerecht erscheinenden Kriterien verteilt worden sein. Eine Veränderung der Verteilungsstruktur scheint aber auch dann schwer, vielleicht gar unmöglich, wenn die historischen Gründe der Zuteilung längst unerheblich geworden sind oder überhaupt nicht mehr existieren. Strukturpolitik ist ja weitgehend zur Subventionspolitik denaturiert worden, so daß wir auch in diesem Bereich von Verfahren sprechen müssen, die sich von den ursprünglichen Zielen längst abgehoben, aber meist unkorrigierbar verselbständigt haben.

Die aufgezeigte Diskrepanz zwischen tatsächlichem gesellschaftlichem Bedarf und gesellschaftlichen Entscheidungsmechanismen ist mit ein Grund für die zeitweilig steigende außerparlamentarische Opposition in ihren vielfältigen und z.T. äußerst gefährlichen Formen. Anzunehmen, wie es einige Gruppen tun, daß es in modernen Demokratien eine gleichmäßige Verteilung von Macht gäbe, ist Illusion. Übrigens: Eine egalitäre Machtverteilung würde wahrscheinlich ein politisches System völlig lahmlegen. Nicht die Gleichmäßigkeit der Verteilung ist demnach unsere Kernfrage, sondern die Effizienz der Machtkontrolle. Auch ist *Repräsentation* nicht das Wesentliche, vielmehr *Präsentation,* nämlich der gesellschaftspolitisch wesentlichen und grundlegenden Probleme und Aufgaben.

Ebenso wie egalitäre Machtverteilung nur ein theoretisches Gedankenspiel bleiben kann, ist auch eine statistisch einwandfreie Repräsentation in Parlamenten hinfällig: Nicht die Prozentanteile von Hausfrauen, Rentnern, Schülern und Studenten entscheiden über effiziente und notwendige Machtkontrolle, sondern die Institutionalisierung von Interessen und Macht in Parteien und Interessenverbänden. Es wird nicht nur in der Bundesrepublik ständig die Kritik an dem Umstand lauter, daß zu viele Beamte in den Parlamenten säßen. (Ich selber habe dies schon vor mehreren Jahren öffentlich ausgedrückt.) Ist nicht, müßten wir heute möglicherweise fragen, gerade das Beamtentum Ersatz für soziale Sicherheit, wie sie traditionellen Eliten, beispielsweise in Großbritannien, eigen war? Kann es sich in Zukunft überhaupt nur der gesicherte Beamte noch erlauben, langfristig konzipierte und »unpopuläre« Meinungen im Parlament zu vertreten? Effizienz der Machtkontrolle ist nur möglich, wo umfassende Information eine aktive Teilnahme möglichst vieler erlaubt. Daran mangelt es heute entschieden, und ernsthafte Versuche, dieses Manko zu überwinden, sind nicht in Sicht.

Amerikanische Forscher sind der Frage nachgegangen, wer sich denn überhaupt aktiv an der Politik beteiligt, ob die wirtschaftliche Position ausschlaggebend sei oder ein Interesse an der Politik. Die Ergebnisse dieser Untersuchung stützen leider die Befürchtung, daß hoher Bildungsstand und hoher sozio-ökonomischer Status mit einem hohen Grad von Organisiertheit korrelieren: Je höher in der gesellschaftlichen Schichtung und je besser ausgebildet, desto stärker organisiert, schließlich um so aktiver ist jemand in der Politik. E. E. Schattschneider schreibt in seinem Buch »Das halbsouveräne Volk«, daß wahrscheinlich 90% der amerikanischen Bevölkerung in kein politisches *Pressure-Group*-System hineinfinden könnten.[13]

Auf die Gesamtbevölkerung verteilt gibt es außerordentlich starke Minoritäten, die sich im Gegensatz zur erwerbstätigen Bevölkerung ohnehin für jegliche Organisation als denkbar ungeeignet darstellen: Kinder, Hausfrauen, Rentner.

Die Aussage, daß im Grunde in Demokratien nicht eine Mehrheit, sondern der Grad der Organisiertheit von wechselnden Minderheiten entscheide, rückt damit in ein neues Licht. So entsteht eine neue Formel: Minderheit plus Organisation ergeben die neuen Eliten. Die weit verbreitete Ansicht, daß sich Chancen sowohl zum gesellschaftlichen Aufstieg als auch zur politischen Betätigung in den letzten Jahrzehnten dank gesteigertem Wohlstand und dank verbessertem Zugang zum Bildungssystem für immer mehr Menschen aller Schichten öffne, dürfte m. E. weitgehend Illusion sein. Der Zugang zu den verschiedenen, fein verteilten Eliten nimmt immer verschlungenere Wege, öffnet Selbstrekrutierungen Tür und Tor und erschwert im Grunde die Mechanismen der Kontrolle und der Entscheidungsfindung. Vom Sozialwissenschaftler häufig übersehen werden dabei alle Arten von konstitutionellen und anderen rechtlichen Strukturen, die in nicht wenigen Fällen als heimliche Weichensteller fungieren.

Auch die moderne Informationstechnologie eröffnet möglicherweise neue Formen gesellschaftlicher Organisierung: Nicht mehr sosehr die tatsächlichen Interaktionen von Mensch zu Mensch, die persönliche Bekanntschaft und die periodischen Treffen von Gruppen sind wichtig, als vielmehr die elektronische Erfassung in Mitgliederbeständen und die Möglichkeit des raschen Informationsflusses von der Zentrale zu den Mitgliedern. Nicht mehr der materielle Besitz mag in Zukunft in diesem Sinne über Machtausübung entscheiden, sondern Informations-*Know-How*. Nicht die Teilnahme der Massen am politischen Geschehen wird entscheidend, sondern die Vorgabe, für viele zu sprechen, möglicherweise die Drohung, in kürzester Zeit Massen zu mobilisieren. Die Rationalität moderner Elektronik eignet sich schließlich nicht nur für Versandhäuser. Wenn früher von vermittelter Wahrheit gesprochen wurde, so wäre hier wahrscheinlich der Ausdruck der vermittelten Information am Platze. Als ungelöstes Problem zeigt sich schließlich die bürokratisch vermittelte Politik insgesamt.

Noch jede politische Elite war durch ihre Einstellung zum Wohlstand zu charakterisieren: Bei den konservativen Eliten wurden krasse Unterschiede als gottgewollt erklärt, und das Primat der Ordnung verbürgte schließlich das bestmögliche Wohl für alle. Revolutionäre Eliten dagegen streben egalitären Wohlstand an, aber auch sie sind nach der kurzen Morgenröte der Verteilung vorhandenen Besitzes ihrer Gegner gezwungen, Wohlstand zu produzieren, und einmal an der Macht, setzen auch sie auf Wachstum und sind im Festhalten einmal eingeschlagener Mechanismen ebenfalls konservativ.

Beide Arten von Eliten berufen sich auf höchst unterschiedliche Ideologien und Rechtfertigungen, benutzen aber zumindest in modernen Staaten beinahe identische Bürokratien. Sie stehen gleichermaßen distanziert zu den Massen und versuchen, soziale Probleme mit technokratischen Mitteln zu lösen. In diesem Zusammenhang taugen meines Erachtens die Begriffe »Konservatismus« und »Progressivität« wenig. Wenn progressive Kräfte in der Gesellschaft für Veränderung stehen, konservative dagegen für das Beharren, so werden sie in der äußerst komplexen gesellschaftlichen Struktur kaum eindeutig zu lokalisieren sein.

Doch könnten wir wenigstens von konservativen und progressiven Eliten sprechen? Wären konservative Eliten jene, die in Demokratien gewählt in der Macht stehen, progressive indessen Opposition innerhalb des Systems? Tendieren die Machteliten nicht immer zum Konservatismus, indem sie ja in allererster Linie am einmal erreichten Status quo interessiert sind, so daß Progressive sich stets gegen Macht aufzulehnen haben und Opposition zwangsläufig progressiv ist, selbst wenn sie in sozialistischen Staaten »Revisionisten« genannt, in westlichen Industrienationen als »ultra rechts« gelten?

Ein Blick in die Geschichte mag zeigen, daß etwa die 55 wohlhabenden Männer, die vor über 200 Jahren in Philadelphia zusammenkamen, um Amerika eine Verfassung zu geben, sich gegen die damaligen radikalen Tendenzen für einen egalitären Unabhängigkeitskrieg stellten. Natürlich war jeder von ihnen daran interessiert, seine Güter zu bewahren. Wenn wir aber ihre Wertvorstellungen betrachten, so waren sie konservativ im Sinne einer pessimistischen Auffassung von der menschlichen Natur, progressiv aber im Sinne von sozialer Entwicklung, dazu von einer fast grenzenlosen Zuversicht in die Wirkung gesellschaftlicher Institutionen. Dies kommt z. B. in dem berühmtgewordenen Brief von John Adams, dem späteren Präsidenten, an seinen radikalen Vetter Samuel Adams zum Ausdruck, wo er im Sinne des »Homo homini lupus« von der Notwendigkeit politischer Institutionen spricht, die die ungezügelte Freiheitsliebe zu bändigen hätten, damit sie nicht zum Vorwand für die der menschlichen Natur innewohnende Habgier werde.

Alte und moderne Progressive, so scheint es, gehen dagegen oft von einem allzu optimistischen Bild der menschlichen Natur aus, verhalten sich aber zurückhaltend, ja pessimistisch bezüglich gesellschaftlicher Institutionen. Ob Obrigkeitsstaat unter dem Gottesgnadentum der Könige oder Volksdemokratie – der Staat selbst ist oberster Hüter für gesellschaftliche Ordnung und Normierung. Indes, die Gründerväter der Vereinigten Staaten glaubten mit einer Verfassung auszukommen. Der Staat selbst war vornehmlich Idee, die Macht im Bundesstaat dezentralisiert. Liebe zum Staat, Identifikation mit dem Präsidenten sollte genügen, von einer Bürokratie und einer Gesetzesflut konnte zumindest damals keine Rede sein.

Anders bei einigen sozialistischen Ideologien: Das Bewußtsein der Menschen war zu verändern, aber die Verteilung des Wohlstands mußte in Verordnungen und Richtlinien bis ins einzelne detailliert werden.

Von der Ausübung der Macht durch Eliten und Kontrolle der Eliten mit ihrer Macht durch das Volk, wie dies weitgehend in der amerikanischen Verfassung vorgezeichnet ist, bis zur Herrschaft durch Bürokratie, die zu einer Normierung und Reglementierung des Lebens, zu einer Versachlichung der menschlichen Beziehungen führt, ist wahrlich ein weiter Weg. Bürokratische Herrschaft aber verhindert das Entstehen von Bewußtsein für gesellschaftliche Zusammenhänge, erschwert die Identifikation mit der Idee des Staates und läßt bürokratische Ordnung sehr oft nur als Ordnung um der Ordnung willen erleben.

Die Uneinsichtigkeit politischer Ziele läßt sich allerdings bei relativ gehobenem Wohlstand leichter ertragen. Das Wohlstandsgefälle birgt keine Energie in sich für politische Veränderung, wenn es sich weit über die materielle Existenzgrundlage erhebt. Wohlfahrt lähmt Demokratie.

»Konservative« und »progressive« Haltungen sind also durchaus uneinheitlich und komplex, selten eindeutig auf bestimmte Eliten anwendbar. Sollten wir zwei Typen von Eliten auseinanderhalten, nämlich technologische und antitechnologische, so sind sie mit kapitalistischen oder sozialistischen Eliten nicht vereinbar. Nicht nur sind Eliten zersplittert und teilweise parallelisiert – auch ihre Ideologien versagen. Sie versagen dann, wenn es darum geht, den einzelnen Menschen Sinninhalte zu vermitteln; wenn es darum geht, auch für die Gesellschaft wesentliche Konsensbereiche zu klären.

Wenn es tatsächlich zutrifft, daß wir von einer Krise des Parlamentarismus sprechen müssen, so stecken auch die ihn tragenden Parteien in Krisen. Ihre Ideologien vermögen keine Orientierung mehr zu geben. Die Begriffe »konservativ« und »progressiv« vermögen uns schließlich Veränderung und Widerstand in modernen Gesellschaften nicht zu erklären; auch die Etikettierung einzelner empirisch erfaßbarer Eliten taugt dafür nicht. Vielmehr müssen die Wechselwirkungen und Abhängigkeiten untersucht werden. Wenn wir zu Beginn davon sprachen, daß jedem Wandel der Dinge ein Wandel der Werte vorausgehe, so könnten wir jetzt ergänzen, daß jede Veränderung natürlich auch vorhandene Werthaltungen beeinflußt.

Mit den modernen Methoden der wissenschaftlichen Sozialforschung ist es allerdings viel leichter, den Veränderungen der Dinge nachzugehen, als jenen der Werte. Aus diesem Grunde ist die aktuell erhobene Forderung nach vermehrter Wertforschung verständlich.

Die Frage nach dem Zustand und der Wirkung von Eliten in den nachindustriellen Gesellschaften, ihrem Verhältnis und ihren Beziehungen zu anderen Bevölkerungsgruppen, hat zumindest eine äußerst komplexe Struktur klargelegt. Wenn, wie schon erwähnt, einzelne Teile der Gesellschaft in stärkerem Maße dynamisiert sind, sich rascher verändern als andere, wobei keineswegs alle Gruppen oder gar die Gesamtheit der Gesellschaft gleichermaßen von dieser Dynamik ergriffen wären, ist der Zustand gegeben, der von William F. Ogburn schon vor einem halben Jahrhundert mit dem Begriff des »cultural lag«, der kulturellen Verspätung, versehen wurde: Einzelne Teile der Gesellschaft bilden gleichsam kulturelle Eigenzeiten heraus, die in einem unterschiedlichen Entwicklungsstadium aufeinandertreffen. Die Synchronisation fehlt, was nicht nur individuelle, sondern oft auch gruppenweise Fehlanpassung zur Folge hat. Der »cultural lag« ist übrigens immer zugleich eine soziale Verspätung. Dies besagt, daß gesellschaftliche Institutionen und Verhaltensweisen nicht mehr imstande sind, die technologische Dynamik zu kontrollieren, ohne daß lang erworbene und über weite Zeiträume entstandene soziale Beziehungsmuster zerstört würden.

Verkürzt ausgedrückt kann man feststellen, daß die Dynamik der materiellen Kultur mit dem Beharren der nicht-materiellen Kultur in Konflikt gerät. So entstand und entsteht gesellschaftliche »Anomie« (Durkheim), ein Zustand mangelnder sozialer Regelung. Dieser Mangel an sozialer Regelung aber impliziert nicht etwa einen Mangel an materieller Sicherheit. Im Gegenteil, kaum je ist in einer Gesellschaft der Einzelne materiell so gesichert gewesen, war Wohlstand so verbreitet wie in den modernen demokratischen Industriestaaten. Anomie läßt vielmehr auf strukturelle Defizite schließen! Die bestehende Unsicherheit ist eine soziale Unsicherheit, ist vor allem oft auch eine psychische.

Wenn Michael Freund sagt, daß das Schicksal unserer Zeit die Vielfalt und der Gegensatz der Eliten sei[14], kann dazu ergänzt werden, daß sowohl Veränderungen wie Widerstand ebenfalls gleichzeitig und widersprüchlich verlaufen. Verharren und Veränderung von Werten, ihr soziales Wirksamwerden, sind bislang viel zu wenig untersucht worden. Eliten, so zerstückelt sie sein mögen, sind ohne effektive Macht undenkbar. Die Macht indessen setzt einen Konsens allgemeinster Wertvorstellungen voraus. Selbst wenn viele vorhandene Wertvorstellungen widersprüchlich sind, müssen wir davon ausgehen, daß es einige wenige allgemein akzeptierte Wertvorstellungen gibt. In diesem Sinne ist das Wertbewußtsein der Eliten immer auch das der Gesellschaft und umgekehrt.[15]

Gesellschaften können übrigens nie entweder konservativ oder progressiv sein, sondern sind es stets sowohl als auch, denn sie beinhalten immer beides zugleich, wenn auch in unterschiedlichem Maße. So wäre es auch unvernünftig, weil unnötig, Eliten mit den Attributen des Konservatismus oder der Progressivität zu belegen. Die Tatsache, daß wir wahre und vermeintliche Eliten mit Vorliebe etikettieren, mag ein Indiz dafür sein, daß wir sie eigentlich nicht richtig zu fassen vermögen. Wichtiger wäre es, das tatsächliche Funktionieren von Eliten und ihr Zustandekommen zu untersuchen. Das kritische Schauen auf die Macht und die Verantwortung einzelner Eliten ist sicher weniger fruchtbar als die Suche nach Möglichkeiten, Wertpluralismus und damit Elitenvielfalt aufrechtzuerhalten. Die technologische Ausrichtung gesellschaftlicher Systeme gefährdet diese Elitenvielfalt. Das Bildungssystem, wie es heute besteht, ist nicht mehr geeignet, Eliten auszubilden. Die einstmals hohe Zutrittsschwelle zu den Universitäten und deren wenigstens teilweise elitären Charakter will wohl niemand in der alten Form restaurieren. Freilich dürften die modernen Universitäten durch ihre außerordentliche Verbürokratisierung nun auch nicht gerade zu Stätten einer Elitenverhinderung denaturieren.

Die vertiefte Erforschung und Auseinandersetzung mit Eliten wird jedenfalls dringlich, weil nur Eliten imstande sind, die technologischen Entwicklungen, die unsere Gesellschaft so außerordentlich rasch verändern, zu steuern. Das Neuartige an dieser Aufgabe liegt darin, diese Eliten nicht nur als herrschende Klasse zu betrachten, sondern als Spiegelbild der gesamten Gesellschaft. Selbst wenn Werte im einzelnen nicht genau definiert werden, so ist doch die Frage nach dem Charakter künftigen Wohlstands gestellt. Dies ist zugleich eine Aufforderung abzuklären, was unter der so vielfältig geforderten »Lebensqualität« zu verstehen ist. Denn zu jeder Zeit war Wohlstand Ausdruck der vorherrschenden Auffassung von Lebensqualität.

5. Kapitel

Wohlstand als Lebensqualität

Der materielle Wohlstand der Massen hat sich, so scheint es, nur auf Kosten der Lebensqualität erreichen lassen. Die Lebensqualität also wird ein knappes Gut. Und da Wohlstand als Ziel immer das Anstreben knapper Güter war, geraten wir in eine paradoxe Situation: Die wohlstandschöpfende »maßlose Vernunft« verliert ihre Wirkung und schlägt um ins Gegenteil, indem sie das zerstört, was sie zu schaffen vorgibt.

Damit ist eine andere Grenze des Wohlstands in den Blick geraten: Sie liegt in der Bewertung der Umwelt durch Menschen, die vor der Wahl stehen, das Notwendige vor das Angenehme zu stellen; die ihr Handeln vom Verbrauchen zum Bewahren umstellen müssen. Dies heißt also nichts anderes, als daß eine bestimmte Lebensqualität vorhanden sein muß, damit materieller Wohlstand überhaupt als solcher empfunden und erlebt werden kann. Erneut wären zum einen ein ausgebildeter Verstand des Urteilens und zum anderen gesellschaftliche Einrichtungen gefordert, die im Schaffen und Verteilen des knapper werdenden Gutes Lebensqualität tatsächlich auch funktionieren können.

Für die Gefährdung der Umwelt ist niemand ganz ausschließlich und direkt verantwortlich. In der Kette der Verursachungen findet der Letzte immer einen Vorderen, auf den er mit dem Finger zeigen kann. Der Konsument, der in der Regel unreflektiert verbraucht und gegen seinen Wohlstandsspeck einmal bei einem Spaziergang ein bißchen angehen will, ärgert sich über den verschmutzten Bach und die Öde, in der vordem Tiere lebten. Daß er durch sein Hinausfahren in die Natur, natürlich direkt bis in den Wald, Benzin vergeudet, daß der üble Schaum auf dem Wasser durch sein eigenes Waschmittel entsteht – das wird ihm nicht bewußt. Gelegentlich fühlen wir uns durch die Konsumseite der maßlosen Vernunft gleichsam in Ketten gelegt. Das Gefühl aber für die Verkettung der Ursachen geht uns ab. Daraus resultiert meines Erachtens zweierlei: Solange es geht, versuchen wir weiter zu verbrauchen, und wälzen mögliche Folgen auf andere ab – oder auf die Zukunft. Andererseits macht sich ein Gefühl der Ohnmacht breit, als Einzelner noch etwas ändern zu können. Der unvernünftige Verbrauch ist im Grunde ein Ritual der Mutlosigkeit. Ein weiterer Grund dafür, daß ein Verkettungsbewußtsein nicht entstehen kann, liegt darin, daß die Bequemlichkeit nicht durch unsere Leistung erworben wird, sondern sie uns gleichsam im System zufällt. Materieller Wohlstand fällt beinahe gleichermaßen auf Gerechte und Ungerechte, Faule und Fleißige.

Die Tatsache allerdings, daß der Ruf nach erhöhter Lebensqualität immer vehementer erklingt, kann bedeuten, daß bestehende Zustände nicht nur als unerwünscht empfunden werden, sondern daß man sie trotz alledem für veränderbar hält. »Lebensqualität« allerdings bleibt so lange ein bloßes Schlagwort, bis es begrifflich geklärt ist. Eine Übereinkunft darüber, was allgemein als Lebensqualität verstanden werden kann, besteht heute noch nicht. Unter den unscharfen Begriff fällt eine große Anzahl von teils sogar widersprüchlichen Vorstellungen, fällt so manches, was einzelne oder Gruppen als wünschbar halten. Im Bedürfnis nach Lebensqualität spielt sich nicht zuletzt auch der Wunsch, über das Rationale hinaus dem Gefühl wieder vermehrt Gewicht zu geben. Bei allem Unwägbaren und Undeutlichem dürfte eines aber ganz klar werden: Durch die herkömmlichen technologischen Verfahren ist die gewünschte Lebensqualität, wie immer sie im einzelnen aussehen mag, nicht herbeizuführen. Das immer stärker werdende Bedürfnis nach Qualitativem und Emotionalem bedarf der genaueren Abklärung. Es wäre äußerst unklug, gleichsam mit einem Achselzucken am unpräzisen Schlagwort »Lebensqualität« vorbeizugehen, um sozusagen zur technotronischen Tagesordnung zurückzukehren.

Was kann Lebensqualität bedeuten?

Schon der antike Philosoph Demokrit hat zwischen objektiven und subjektiven Qualitäten unterschieden: Qualitäten, die den Dingen von Natur aus anhaften, und Qualitäten, die nur im menschlichen Wahrnehmen beschlossen sind. Welches wären die »objektiven« Kriterien, nach denen Qualität des Lebens, beispielsweise in unseren Städten, zu messen wäre?

Wie sehr sich Menschenvorstellungen von Lebensqualität in relativ kurzer Zeit verändern können, mag das Verhältnis Stadt – Land illustrieren. Im Verlauf der Industrialisierung im vorigen Jahrhundert entvölkerte sich bekanntlich das Land. Der Zuzug in die Städte, die immer stärker wuchsen, führte nicht nur zu einer quantitativ bemerkenswerten Abnahme der Landbevölkerung, sondern auch zu einer qualitativen: Zurück bleiben die Alten, die weniger Couragierten, möglicherweise die Einfältigeren. Lebensqualität schien nur in der urbanen Welt möglich. Heute sind es dagegen die Agglomerationen, die verdichteten Räume, die vielfältig zur Flucht aufs Land führen. Die Qualität des offensichtlichen Mangels hat sich also verändert. Was einmal unerträglich schien, »soziale Kontrolle« im Dorf, das Fehlen einer privaten Sphäre, wird heute sozusagen künstlich wieder angestrebt. Die wachsende Gefahr der Vereinsamung in uniformen Ballungsgebieten läßt viele die ehemals verwünschte soziale Kontrolle wieder ersehnen. Im Grunde schlägt ein Pendel zurück. Die als eng empfundene Heimat ließ die Fremde als Paradies erscheinen. Heute ist das Unvertraute, ja die Angst im technotronischen Zeitalter Ursache für das Sehnen und die Suche nach Heimat, die immer auch ortsbezogen ist.

Was aber von den Sehnsüchten, die der Wunsch nach Lebensqualität immer beinhalten mag, ist tatsächlich meßbar? Beim Versuch, diese Frage zu beantworten, stellen wir fest, daß wir heute weder einen Maßstab besitzen noch allgemein gültige Kriterien der Beurteilung. Natürlich können wir den Grad der Luftverschmutzung messen, ebenso die Phonzahlen des Verkehrslärms. Wir stellen fest, daß bestimmte Infrastrukturleistungen ungenügend sind. Freilich: ungenügend in bezug worauf? Wir beurteilen beispielsweise Verkehrssysteme als unzureichend, könnten ebensogut aber Bildungs- und Gesundheitsversorgungssysteme nennen. Allein: im Vergleich wozu?

Obwohl etwa die Ärztedichte kein Indikator für die Gesundheitsversorgung ist, stellen wir immerhin fest, daß sie in Großstädten am höchsten ist, gleichzeitig aber auch die Spezialisierung. Trotzdem fehlt es an Einrichtungen für Präventiv- und Sozialmedizin, während deren Funktionen möglicherweise bei extrem geringer Ärztedichte durch einzelne »Landärzte« bestens wahrgenommen werden. Was wäre hier Wohlstand? Etwa die teure Möglichkeit, von Spezialarzt zu Spezialarzt wandern zu können? Ist bei der gegenwärtigen Krankenversicherung die Finanzierung überhaupt das Wichtige oder vielmehr die Erreichbarkeit ärztlicher Versorgung? Sind nicht vor allem Zugangsbarrieren im einzelnen Menschen selbst beschlossen, der die tatsächlich bestehenden Möglichkeiten gar nicht wahrnehmen kann oder will? Und inwiefern ist übrigens Wohlstand abhängig vom Wohlbefinden?

Wir haben gelernt, beinahe alles zu messen, und messen unter Umständen auch im Grunde Unmeßbares. So veranstalten wir Umfragen über Zufriedenheit, wobei wir wohl Hinweise auf die individuelle Zufriedenheit jener erhalten, die wir befragen, sehr oft aber ohne direkten Bezug zum Lebensstandard, innerhalb dessen eine Antwort gegeben wird. Gewisse Städte mögen, sorgfältig gemessen, in den Augen der Befragten für attraktiver gelten als andere. Damit glauben wir bereits, die Ursache für den Zuzug in diese oder jene Stadt gefunden zu haben. Wir argumentieren dann wie folgt: Weil einer in der Stadt zufrieden ist, ist er in eben diese Stadt gezogen... Eigentlich aber handelt es sich hier um einen Zirkelschluß: Wanderungen werden durch angebliche Wanderungsmotivation, also Wanderung durch Wanderung erklärt. Dies so lange, bis wir den tatsächlichen Wanderungsgrund ausgeleuchtet haben.

Wenn wir Erscheinungen quantifizieren, wie etwa Bevölkerungsdichte, Verkehrsströme, Mischung der Bevölkerung und anderes mehr, erhalten wir Strukturen – aber was sagen sie uns? In der Sozialökologie beispielsweise werden nach vorher bestimmten Kategorien Einheiten im Raum zu Verteilungsmustern verdichtet. Je nachdem ergeben sich bestimmte Konfigurationen, etwa wenn wir Häufigkeiten seelischer Erkrankungen auf einen Stadtplan übertragen. Es sind auch zahlreiche Untersuchungen bekannt, in denen polizeilich erfaßte Kriminalität nach dem Merkmal des Wohnsitzes aufgezeichnet wurden. Allerdings geben alle bislang versuchten Quantifizierungen noch keine Auskunft darüber, ob damit so etwas wie die objektive Qualität des städtischen Lebens auch nur annähernd erfaßbar wurde.[1]

Es existieren zwar durchaus objektive Maßstäbe für die Bevölkerungsverteilung in einem Raum. Indessen sind bislang sämtliche Versuche gescheitert, von objektiven Merkmalen auf subjektive Verhaltensweisen der Menschen zu schließen.[2] Wenn wir beispielsweise einen bestimmten Grad der Bevölkerungsdichte feststellen, kann zunächst nicht direkt auf das durch sie bedingte Sozialverhalten geschlossen werden. Extrem hohe Bevölkerungsdichte sagt noch nichts über die sinnliche und emotionelle Wahrnehmung der Umwelt durch die Menschen aus. Für einzelne kann die extrem hohe Dichte (und das Hinzutreten anderer Faktoren) durchaus zu seelischer Krankheit führen, während andere für ihr Wohlbefinden geradezu einer bestimmten Dichte bedürfen. Wohndichte an sich ist also kein Indikator für »tiefe« und »hohe« Lebensqualität. Ebensowenig gibt es »Einsamkeitsindikatoren«.

Wenn ich ein Wohnhaus mit Klein- und Kleinstwohnungen baue, habe ich selbstverständlich mehr alleinstehende Menschen als Bewohner und sicher keine fünf- oder siebenköpfigen Familien. Wenn diese Wohnungen zudem teuer sind, werde ich auch wenig Rentner aus den mittleren sozialen Schichten als Mieter haben. Wenn des weiteren die Verkehrswege innerhalb des Hauses so angelegt sind, daß die Bewohner sich kaum treffen können, sinken zunächst die Begegnungsmöglichkeiten. Der einzelne Mensch mag dadurch leichter einsam werden, wenn er ohnehin unkommunikativ veranlagt ist. Der andere indes braucht und sucht hier möglicherweise Anonymität, um seine überdurchschnittlich hohen Kontakte zu anderen Menschen pflegen zu können.

Es ist zwar erschreckend, wenn gelegentlich eine Meldung durch die Presse geht, daß in der Großstadt ein Mensch gestorben sei, von niemandem beachtet und erst nach Wochen entdeckt. Andererseits wollen immer mehr ältere Menschen die Gettoisierung des ausgesiedelten Altersheims durchbrechen und wieder ins Zentrum der lärmigen, lebendigen und aufregenden Stadt ziehen. Es sind schließlich individuelle Anlagen und erlernte Beziehungsmuster, die über Einsamkeit oder Beziehungsreichtum eines Menschen entscheiden. Einsam schließlich und allein kann ein Mensch durchaus sein, selbst wenn er äußerlich am sozialen Leben rege teilnimmt.

Einmal mehr soll mit diesen Skizzen darauf hingewiesen sein, daß Lebensqualität letztlich nichts Objektives sein kann, weil sie sich erst aus der gefühlsmäßigen Bewertung ergibt: Sie ist eine Empfindung, und es ist äußerst schwierig, über Empfindungen verbal Auskunft zu geben. Es mag dem einen oder anderen Dichter gewiß gelungen sein, annähernd zu beschreiben, wie er die Liebe empfand. In holzschnittartigen Fragebögen eingefangen, entfallen jedoch die so besonders wichtigen Differenzierungen gefühlsmäßiger Einstellungen. Der Kern von empfundener Lebensqualität ist meines Erachtens nicht erfragbar. Und die Versuche, Erkenntnisse, die aus Verhaltensexperimenten der Tierforschung gewonnen wurden, auf Menschen zu übertragen, schlagen fehl. Zunächst aus dem schlichten Grunde, daß Menschen keine Ratten sind. Zum anderen, weil die Anpassungsfähigkeit des Menschen noch keineswegs zureichend ergründet ist. So blieb der Ausspruch von Dubos[3] bislang unwiderlegt, daß die menschliche Anpassungsfähigkeit an immer schlechter werdende Umweltbedingungen leider unbegrenzt scheine. Die subjektiven Merkmale der Lebensqualität sind sehr stark durch die Soziallage des Einzelnen bestimmt. Die Tatsache ist durch Forschungsergebnisse hinlänglich belegt, daß der Mensch seine Beziehungen zu Objekten und Mitmenschen durch den Filter der Gruppenmeinung, also durch Sozialisation und damit schließlich oft durch die Brille des sozialen Vorurteils erfaßt. So wie es keine direkte Mensch-Maschinen-Beziehung gibt, sondern eine Mensch-Gruppennorm-Maschinen-Beziehung, werden objektiv feststellbare Umweltbedingungen stets nach je einem individuellen komplizierten Vorgang gewertet, der bereits als »Gratifikationsrechnung« beschrieben wurde.[4]

Was dem Einzelnen wesentlich erscheint, bestimmt seine individuelle Werthierarchie, nach der er die Umweltbedingungen beurteilt. So haben wir festgestellt, daß objektiv ermittelte Lärmpegel nicht nur vom einzelnen Bewohner in der Nähe von Flugplätzen völlig unterschiedlich bewertet werden, sondern daß ihr ganzes Verhalten nur durch die Tatsache eines höchst komplexen Systems wechselwirkender Faktoren erklärt werden kann: Bei objektiv feststellbar extrem hohem Fluglärm wird u. U. die Lärmsituation als relativ unerheblich empfunden, führt deshalb auch zu keinen Störungen, weil beispielsweise andere Faktoren – wie gute Schulen, Einkaufsmöglichkeiten u.a.m. – wichtiger sind. Andererseits lösen bereits relativ niedrige Lärmpegel nicht nur Schlafstörungen aus, sondern haben psychische Krankheiten zur Folge, weil *insgesamt* die gegenwärtige Wohnlage und damit die soziale Situation als unerträglich erscheinen.[5]

Aus solchen Gründen sind beispielsweise einfache Wirkung-Ursache-Modelle kaum zu konstruieren. Eine Beziehung von Schlafstörungen, ja nervösen Krankheiten, wie immer sie definiert werden, und Flugzeuglärm, ist gültig bis heute nicht nachgewiesen worden, selbst dann nicht, wenn sich solche Krankheitsfälle in den Umgebungen von Flughäfen häufen. Fluglärm ist nämlich nur einer unter vielen möglichen Faktoren, die als Verursachung dieser Krankheiten wirken. Ähnlich verhält es sich mit Verkehrslärm und anderen insgesamt als unliebsam empfundenen Immissionen.

Daraus ist zu folgern: Weder können wir aus objektiv feststellbaren Umweltverhältnissen direkt auf Meinungs- und Verhaltensstrukturen schließen, noch sind durch Meinungsumfragen festgestellte Meinungsprofile notwendigerweise Indiz für objektive Tatbestände. Die meßbare physische Umwelt und die meßbare soziale Umwelt sind zwei verschiedene Dimensionen. Die Erklärung von Wechselwirkungen zwischen den beiden ist erst dann möglich, wenn sie nicht unabhängig voneinander untersucht und somit isolierte Befunde miteinander konfrontiert werden.

Es scheint, daß bis heute überwiegend Strukturanalysen des Ungenügens der materiellen Umwelt durchgeführt worden sind, wogegen die Prozeßanalyse, d.h. die Frage, wie es zu diesem Ungenügen gekommen ist, nur in Ansätzen erhoben wurde. Dabei ist nicht einmal das Ausmaß des Ungenügens festgestellt worden, nämlich der Zusammenhang zwischen objektiv feststellbaren und subjektiv empfundenen Gesichtspunkten. So scheint es denn, daß die Frage nach erhöhter Lebensqualität zunächst eher ein Vehikel politischer Argumentation darstellt und bislang weniger als Auftrag für die Wissenschaft verstanden werden konnte.

Die menschliche Umwelt blieb deshalb so lange ungenügend erforscht, weil bislang nach den jeweiligen Kapazitäten einzelner Forschungsinstitutionen gearbeitet wurde. Es sind leider jene Einrichtungen noch nicht geschaffen, die nach Maßgabe der Probleme strukturiert, den Fragestellungen wirklich angepaßt sind. So ist auch Wohlstand bislang beinahe ausschließlich unter ökonomischen Gesichtspunkten untersucht worden. Je komplexer aber die Problematik, die es zu untersuchen gilt, desto geringer die Chance, daß dieser Komplexität der Umwelt auch finanziell und personell die Ausstattung einer Forschungsorganisation entspricht. So ist mir kein umfassendes und interdisziplinäres Forschungsprojekt, das sich die Ergründung des gegenwärtigen und des zukünftigen Wohlstands zum Ziele gesetzt hätte, bekannt. Es werden im besten Falle einzelne Aspekte untersucht, es werden quantitative Daten verwendet – während qualitative Aspekte weitgehend unter den Tisch fallen. Weder die Psychologie noch die Politik erhalten dabei das ihnen zustehende Gewicht.

Die Fragen nach höherer Lebensqualität und mithin auch nach Wohlstand sind im Rahmen des sozialen Wandels insgesamt zu betrachten. Übereinkunft darüber, was im einzelnen als Lebensqualität gelten soll, besteht – wie wir skizziert haben – bislang nicht. Es kann keine absolute Definition der Lebensqualität geben: Je nach Art der Gesellschaft, je nach ihrem Entwicklungsstand, ist das, was als bestimmte Lebensqualität gelten könnte, sehr unterschiedlich. Die Frage nach Lebensqualität und Wohlstand ist daher zugleich stets die Frage nach dem Entwicklungsstand einer Gesellschaft.

Das Gefälle der Entwicklungsstadien einzelner Gruppen innerhalb einer Gesellschaft ist ein weiteres Kriterium, das darüber bestimmt, was von Einzelnen und auch von Gruppen als Mangel oder als wünschbare, beziehungsweise zu gestaltende Umwelt gilt.

Der Ruf nach höherer Lebensqualität gründet, wie schon dargestellt, in einem steigenden allgemeinen Bewußtsein ungenügender Umweltbedingungen. Es ist zu klären, worin dieses Ungenügen bestehen kann. Oft werden Umweltbedingungen als »ungenügend« empfunden, obwohl sie objektiv als »genügend« erfaßt werden. Dies erklärt sich aus dem Umstand, daß nicht immer die gegenwärtige

Situation Motor des Mangelempfindens ist als vielmehr die Angst vor der Zukunft. Nicht das Jetzt ist also entscheidend, sondern die Ungewißheit zukünftiger Entwicklung. Daraus folgert, daß Meinungsforschungen über gegebene Verhältnisse die wirklichen Ursachen der Kritik am »Ungenügen« in den wenigsten Fällen mit einschließen.

Die Erforschung der Lebensqualität und des Wohlstands ist immer eine Untersuchung gesellschaftlicher Werte. Nicht was ist, ergibt sich dabei als wesentlicher Bezugsrahmen, sondern die Vorstellungen darüber, was sein soll. Wenn dementsprechend Veränderungen nicht als Folge und Reproduktion von bereits bestehenden Strukturen angesehen werden sollen, ergibt sich die Frage der Steuerung, die Frage des Könnens. Anders ausgedrückt: Welche Alternativen sind vorstellbar, welche machbar?

Damit sind sowohl Aufgabe wie Begrenzung der wissenschaftlichen Arbeit in diesem Bereiche umrissen. Die Fragen lassen sich nur im Spannungsfeld von Theorie und Praxis beantworten. Das bedeutet, daß wissenschaftliche Theorie zugleich politische Praxis ermöglichen muß. Ich denke dabei, um einem möglichen Mißverständnis vorzubeugen, nicht an ein wohlbekanntes marxistisches Gesellschaftsmodell. Ich stelle lediglich fest, daß ohne Veränderung der Werte eine Veränderung der Umweltbedingungen nicht möglich ist. Die Umweltveränderungen können damit nicht mehr länger als im Grunde notwendige Folge der technologischen Entwicklung betrachtet werden, sondern es sind vielmehr Normen und Werte zu setzen, denen sich die uns verfügbare technologische Entwicklung unterzuordnen hat.

Dabei entstehen freilich erhebliche Schwierigkeiten, denn Lebensqualität wird bis heute vornehmlich negativ definiert. Eine Übereinkunft über das Unerwünschte ist leichter herzustellen als die Übereinkunft darüber, was denn nun wünschbar ist. Es besteht zwar ein allgemeiner (aber verschwommener) Konsens, daß Umweltverschmutzung in Grenzen gehalten werden muß, damit ein zumutbares Leben überhaupt möglich bleibt. Wesentlich aber scheint mir eine *positive* Fassung der Normen, die verhaltensbestimmend werden sollen.

In industrialisierten, höchst komplexen Gesellschaften finden wir nicht nur eine ebenso komplexe Wert- und Normenstruktur vor, sondern wir müssen uns überdies damit abfinden, daß sich Werte und Werthaltungen rascher ändern als in traditionalen und damit stabileren Gesellschaften. Die komplexen, ja gegensätzlichen gesellschaftlichen Werte einerseits und die zu erwartende Dynamik ihrer Veränderungen andererseits mögen belegen, daß es weder jetzt noch in Zukunft die *eine* »Lebensqualität« geben wird.

Wenn die Annahme richtig ist, daß der unkontrollierte technologische Fortschritt die Freiheit menschlichen Verhaltens in der Zukunft zu verringern droht, sollte es immerhin möglich sein, unter höherer Lebensqualität zunächst alle jene strukturellen und institutionellen Maßnahmen zu verstehen, die einen höchstmöglichen Grad an Freiheit individueller Entfaltung versprechen. Da wir uns gesellschaftliche Zukunft nur als geplante Zukunft vorstellen können, sollte Planung hier gerade das Gegenteil von immer stärker zentralisierter Entscheidung bedeuten. Es sind Lebensbedingungen also höchstens grundsätzlich zu planen, nicht aber Lebenshaltungen im einzelnen. Angesichts der stets steigenden Abhängigkeit des Einzelnen von Leistungen der Infrastruktur sind besonders Freiheitsbereiche bewußt zu planen. Damit läuft schließlich die Suche nach erhöhter Lebensqualität auf diese Frage hinaus: Wie kann man sich die Errungenschaften des technologischen Fortschrittes so dienlich machen, daß sie wohl zur Verfügung stehen und dem Menschen dienlich sind – gleichzeitig aber die strukturellen Voraussetzungen schaffen, um die sich abzeichnende Abhängigkeit des Einzelnen von technologischen und bürokratischen Systemen zu verringern?

Wenn wir die heutigen Entscheidungsvorgänge untersuchen, stehen wir unentwegt vor vorgegebenen rechtlichen, finanziellen oder politischen, ja auch technischen »Sachzwängen«. Immer deutlicher werden wir mit Systemen der maßlosen Vernunft konfrontiert. Der Ruf nach höherer Lebensqualität kann unter Umständen auch als der Ruf nach weniger Sachzwang verstanden werden. Sachzwänge sind immer Symptome für ein Überhandnehmen der Bürokratie. Das Entstehen und der Stellenwert von Sachzwängen ist mithin in jedem einzelnen Falle zu prüfen, bevor wir sie als verhaltensbestimmend akzeptieren.

Charakteristisch bei Systemen der maßlosen Vernunft ist, daß die Ziele nach den gerade zur Verfügung stehenden Mitteln formuliert werden. Alles andere würde ja der ihnen innewohnenden Logik widersprechen. Andererseits finden wir uns oft in der Situation, daß wir vor als richtig erkannten gesellschaftlichen Zielen verarmt an Mitteln personeller, finanzieller und institutioneller Natur dastehen. Erstreben wir höhere Lebensqualität, sind also jene Mittel zu fordern, die für die Analyse und die Bewältigung der Probleme tatsächlich vonnöten sind.

Die Systeme, in denen Wissenschaft heute möglich ist und auch betrieben wird, haben ausgerechnet dort zu einschränkenden »Sachzwängen« geführt, wo Erkenntnisfortschritte dringend notwendig werden. Die Wissenschaft ist aber nach wie vor gefordert – der einzelne Wissenschaftler dabei freilich oft überfordert.

6. Kapitel

Die Chance falscher Prognosen. Wissenschaft allein verbürgt keinen Wohlstand

Der Vater der »maßlosen Vernunft« ist zweifellos die Wissenschaft. Wenn es stimmt, daß heute in den Vereinigten Staaten mehr als die Hälfte aller Wissenschaftler direkt oder indirekt mit Aufgaben im Dienst der militärischen Rüstung beschäftigt sind, wird die Frage nach dem Verstand des politischen Urteils dringlicher denn je. Es scheint, als müßte entschieden werden, wie die Kapazitäten wissenschaftlicher Forschung zu verteilen seien, bevor an die politische Aufgabe des Verteilens von Wohlstand überhaupt gedacht werden kann. Nicht wenige Politiker und Bürger erwarten dabei von der Wissenschaft verläßliche Prognosen. Sie fühlen sich in ihrem Handeln sicherer, wenn sie – bei komplizierten und langfristigen Sachlagen – sich wenigstens auf wissenschaftliche, ihrer Meinung nach sichere Prognosen stützen können. Ist die Wissenschaft dazu überhaupt in der Lage? Ist diese Erwartung richtig? Die Wissenschaft ist zweifellos gefordert – sind Wissenschaftler von den gesellschaftlichen Aufgaben tatsächlich *über*fordert?

Wie immer wir unsere Gesellschaft bezeichnen wollen, sie hängt maßgeblich von Kommunikation ab, denn die Informationen, die wir benötigen, können überhaupt nur durch moderne Technologien – sowohl in ihrem ganzen Ausmaß wie auch fristgerecht – verarbeitet werden. Allerdings ist die Frage nach dem Ziel der Informationsverarbeitung nicht weniger dringlich zu stellen.

Jene Techniker und Ingenieure, die heute darauf angesetzt sind, Informationstechnologien zu entwickeln, überwiegen um ein Mehrfaches jene wenigen Sozial- und Geisteswissenschaftler, die bemüht sind, die gesellschaftlichen Auswirkungen der Informatik auch nur einigermaßen in den Griff zu bekommen. Die Informationstechnologie ist zu einem Bestandteil unseres Alltages geworden, das Fernsehen beispielsweise für nicht wenige zu einem Angelpunkt ihrer Lebensqualität. Fällt einmal der Fernseher aus, ist die Suche nach einem Reparatur-Notdienst fast ebenso wichtig wie der Ruf nach einem Arzt.

Die »maßlose Vernunft« hat längst die Möglichkeit von zahlreichen Fernsehsatelliten geschaffen, und eine Vervielfachung der Fernsehprogramme ist nur eine Frage der Zeit. Wie viele Hunderte von Millionen DM, wie viele Mann-Jahre der Forschung wurden dazu verwendet? Mit möglichen Auswirkungen der Programmvielfalt hat man sich dagegen wissenschaftlich noch kaum auseinandergesetzt. Einige Politiker verweisen auf den »mündigen Bürger«. Einige wenige Psychologen und Medienforscher haben eben begonnen, etwa die Wirkung auf die kindliche Psyche zu untersuchen. Wo diese Probleme bewußt werden, steht Meinung gegen Meinung, obwohl es möglicherweise falsch ist, überhaupt von zukünftiger Programmvielfalt zu sprechen: Mag sein, daß sich lediglich unzählige Programme mit sehr begrenzten und einander immer wieder äußerst ähnlichen Inhalten begegnen werden: ein Dutzend Kommissare, ein Dutzend Shilo-Ranchers, ein Dutzend Onkel Bills oder wie sie heißen mögen.

Wohlstand jedenfalls wird in Zukunft nicht darin bestehen, daß mehr Menschen mehr technologische Informationsmöglichkeiten für sich nutzen können – sondern daß sie überhaupt befähigt werden, aus dem Überangebot das ihnen Gemäße und für ihr Leben Nützliche auch zu erfassen. Denn was heißt Kommunikationsgesellschaft? Die »Eine Welt« ist kleiner geworden, wir empfangen mehr Informationen über mehr Ereignisse an mehr Orten dieser Welt und schneller als je zuvor. Trotzdem oder vielleicht gerade deswegen ist uns oft die Möglichkeit genommen, diese Information auch zu werten. Wir erhalten rasch Kenntnis von Konflikten aller Art, aber die Information ist oft verkürzt, und wir sind alleingelassen, sobald wir die Ursachen dieser Konflikte zu ergründen suchen. Wir Menschen kommunizieren nicht direkt miteinander. Nachrichten oder Informationen werden übermittelt und vermittelt. Wir sind deshalb oft desorientiert durch Überinformation. Die Art und Weise der Informationsverbreitung und -übermittlung prägt unsere Gesellschaft insgesamt, nicht zuletzt auch die Wissenschaft. Gerade weil heute, wenigstens prinzipiell, Kommunikation überall möglich ist, hoffen wir, daß immer wieder auch wissenschaftliche Erkenntnisse rasch wirksam werden.

Vor dieser komplizierten Sachlage und durch die auf sie einstürmenden Fragen der Gesellschaft sind Wissenschaftler überfordert und überlastet. Überforderung und Belastbarkeit korrespondieren miteinander. Beim Wissenschaftler beziehen sie sich immer auf seine Kapazitäten: Ein Individuum fühlt sich dann überfordert, wenn es sich selbst eine Aufgabe stellt, die es nicht bewältigen kann. Eine gesellschaftliche Einrichtung aber ist überfordert, wenn sie für die Anforderungen, die an sie gestellt werden, ungenügend ausgestattet ist. Belastbarkeit von Individuen wie von Institutionen muß einerseits an den psychischen Möglichkeiten, andererseits an den strukturellen Funktionen gemessen werden.

Es besteht kein Zweifel darüber, daß der Charakter unserer heutigen Umwelt wesentlich durch die Anwendung wissenschaftlicher Errungenschaften geprägt ist. Die »maßlose Vernunft« hat die physische Natur wohl unter Kontrolle gebracht – indessen droht die Herrschaft des Menschen über die Natur zu einer wissenschaftlich-technischen Beherrschung der Natur des Menschen selbst zu werden.

Der einzelne Wissenschaftler muß sich überfordert fühlen, wenn er versuchen will, die ihm als nicht wünschbar erscheinenden existentiellen Bedingungen zu verändern, während die Wissenschaft insgesamt überfordert scheint, wenn es darum geht, ihre Unterwerfung unter die Herrschaft der Politiker und Manager aufzuheben. Denn: Wissenschaft steuert nicht mehr, sie wird weitgehend von anderen gesteuert. Sie entscheidet nicht selbst über den Umfang der notwendigen und die Verteilung der ihr zugestandenen Mittel. Sie wurde so eigentlich eingefangen in die Regeln der »maßlosen Vernunft«, nicht nur als Mehrer des Wachstums – sondern auch als Knecht der Notwendigkeit, immer weiteren Wohlstand zu ermöglichen.

Die Einstellung vieler Menschen zur Wissenschaft ist in mancherlei Hinsicht zwiespältig, und die Stellung des Wissenschaftlers selbst in der Gesellschaft ist ungeklärt. Ihm geschieht, was in einem früheren Kapitel über die von ihm geschaffene Technik gesagt wurde: Er wird vergöttert oder verketzert, es wird von ihm zuviel erwartet –

oder es wird ihm zuwenig zugemutet. Er steht zwischen Überschätzung und Mißachtung. Wahrlich kein idealer Ausgangspunkt, wenn wir ihm uneingestandenerweise dennoch die Aufgabe überlassen, uns einen angemessenen Wohlstand auch fürderhin zu gewährleisten.

Es mag zweckdienlich sein, im folgenden zwischen individueller und struktureller Überforderung und Belastbarkeit zu unterscheiden. Der Wissenschaftler wird die Ziele seines Forschens oft auch deshalb nicht erreichen, weil er selbst zu hohe Forderungen an andere stellt; Forderungen, die nicht erfüllt werden. Überfordert ist er ebenso dann, wenn er zu hohe Forderungen an sich selbst stellt, wenn er sich Ziele setzt, die weder seinem Erkenntnisstand gemäß, noch von den methodologischen Möglichkeiten her realisierbar sind.

Beleuchten wir die Bedingungen, unter denen geforscht wird: Welche Institutionen gewähren welche Forschung? Wer setzt die Prioritäten des Forschens? Es ist mit Recht unterschieden worden zwischen axiomatischer (d.h. nicht beweisbarer, aber unbestreitbarer) technologischer und sozialer Relevanz der Forschung.[1] Im folgenden soll vornehmlich von der sozialen Relevanz, der gesellschaftlichen Bedeutung, die Rede sein. Nicht weil die anderen Aspekte unwichtiger wären, sondern weil Wissenschaftskritik und Wissenschaftsfeindlichkeit sich besonders an dieser Frage entzündet haben. Die Überforderung von Wissenschaftlern und wissenschaftlichen Institutionen kann besonders deutlich werden, wenn es darum geht, Wissenschaft zur Lösung sozialer Probleme einzusetzen. In den angelsächsischen Ländern wird seit gut einem Jahrzehnt von einer Anti-Wissenschafts-Bewegung gesprochen.[2] So unterschiedlich die einzelnen Kritiker und ihre Argumente sein mögen, überwiegend wird doch der gegenwärtige Wissenschafts- und Technologiebetrieb, werden die gesetzten Prioritäten als fragwürdig dargestellt.

Insbesondere in den Vereinigten Staaten ist diese Bewegung gegen die Wissenschaft stark geworden, weil Vietnam-Krieg und Apollo-Programm immense Summen verschlangen und eine Prioritätensetzung praktisch auf Jahre hinaus festschrieben, während gleichzeitig die ungelösten sozialen Probleme: Rassenunruhen, Kriminalität in den Großstädten, Drogensucht, mit außerordentlich geringen Mitteln bedacht wurden.[3]

Die Vereinigten Staaten sind freilich kein Einzelfall. Ähnlich einseitige Verteilungen wurden in der Bundesrepublik von Helmut Krauch[4] registriert. Selbst wenn derartige Globalzahlen nur grobe Hinweise liefern, man also einzelne Bereiche gesondert untersuchen müßte, ist ein klares Gefälle zwischen den Ausgaben einerseits für technologische und andererseits für sozial relevante Forschung festzustellen. Beispielsweise wird in der Bundesrepublik von den gesamten Forschungsaufwendungen im Bereich der Humanmedizin lediglich der Bruchteil eines Prozentes für Sozialmedizin ausgegeben.

Die Wissenschafts- und Technologiekritik umfaßt ein weites Spektrum. »Angeprangert werden Mißstände im innerwissenschaftlichen Betrieb, die elitäre Organisation der *Scientific-Community,* die Auswahl von Forschungsproblemen nach Reputations- und Machtgewinn, statt nach gesamtgesellschaftlicher Relevanz und zum Wohle des Einzelnen, der ›Mythos‹ der Neutralität der Wissenschaft, wonach sie dann freie Ergebnisse produziert und für deren Anwendung nicht mehr zuständig ist, und die Manipulation, die Entmündigung von Versuchspersonen in den Human- und Sozialwissenschaften«, schreibt J. F. Spiegel-Rösing.[5]

Es scheint mir freilich, daß die Koalition von Wissenschaft und Macht, die Verbindung von Wissenschaft mit Militär und Industrie ein zu einfaches Modell darstellen, als daß erklärbar würde, warum Prioritäten der Forschungsfinanzierung die gezeigte Struktur aufweisen und keine andere. Auch das Modell der »Eigengesetzlichkeit« wissenschaftlicher Forschung bietet meines Erachtens noch keinesfalls eine zureichende Erklärung dafür, daß Prioritäten und Mittelzuteilung gerade so verlaufen, wie wir sie heute konstatieren müssen.

Wir stehen heute zweifelsohne inmitten einer Wissensexplosion, die alle menschliche Vorstellungskraft übersteigt. Jahr für Jahr verzeichnen wir eine Flut von über sechs Millionen wissenschaftlicher Arbeiten aller Art aus den unzähligen Forschungslaboratorien dieser Welt. Täglich werden über 17000 Publikationen verzeichnet, von denen jede einzelne möglicherweise das Ergebnis jahrelanger intensiver wissenschaftlicher Forschung darstellt. Frederic Vester hat bereits 1974 festgestellt, daß für ein einziges Fachgebiet, nämlich die Chemie, allein 28000 verschiedene Fachzeitschriften von Interesse seien, wobei sich die Zahl bis dahin jährlich um rund 2000 weiter vermehrt habe. »Von 1960 bis 1970 sind zu den bekannten chemischen Verbindungen noch einmal 1,2 Millionen neuer Stoffe hinzugekommen – mehr als bis dahin überhaupt verzeichnet waren.«[6]

Die Erforschung der Zusammenhänge wirtschaftlicher, technischer und sozialer Faktoren dagegen ist bis heute weitgehend unergiebig geblieben. Die Folge davon ist eine mangelhafte Verteilung der Leistungsdispositionen und eine allenfalls bruchstückhafte Information über den Strukturwandel unserer Gesellschaft. In der Volkswirtschaft gibt es eine Sparte, die sich als »Transfer-Ökonomie« versteht. Es werden hier zwar Ansätze entwickelt – insgesamt aber möchte ich behaupten, daß sich die Wissenschaft mit der zukünftigen Entwicklung und Verteilung des Wohlstands praktisch noch keineswegs genügend auseinandergesetzt hat. Man beginnt sich der steigenden Wechselwirkungen bewußt zu werden, es wird auch vermehrt von der Vernetzung sozialer Systeme gesprochen, und es fehlt schließlich nicht an Versuchen, die Gesellschaft als ein kybernetisches System zu verstehen. Aber aus dieser Einsicht folgen keine konkreten Schritte.

Wenn nun einzelne Teilsysteme in ihrer »maßlosen Vernunft« als oberstes und überragendes Ziel ihr Überleben als System haben, so ist dies nur möglich, wenn die Systeme »lernen«. Bei der festzustellenden steigenden Zentralisierung ist in den meisten gesellschaftlichen Bereichen auch eine erhöhte zentralgesteuerte Intervention anzutreffen. Wir wissen aber, daß bei steigender Intervention eine Verlangsamung von Lernprozessen erfolgt. Je zentralistischer ein Entscheid, desto langfristiger ist er in der Regel angelegt. Dabei kommt durch zunehmende Distanz zwischen Entscheidenden und Betroffenen ein Feedback meist »verspätet« zustande. Die erforderliche Korrektur durch die Zentrale folgt oft zu spät – meist erst dann, wenn entweder soziale Strukturen, die es zu erhalten gilt, bereits zerstört sind, oder wenn betroffene Menschen für jeden Wandel unfähig geworden sind, also eine noch so gut gemeinte Hilfe nicht mehr zu ihrem Wohle verwenden können. Ein ehemals geäußertes Bedürfnis nach Veränderung ist gleichsam »gestorben«. Der gesellschaftliche Bedarf an Innovation kann dann nicht mehr festgestellt werden.

Da die maßlose Vernunft Zentralisierungstendenzen begünstigt und verstärkt, bildet sie weitgehend auch die Ursache dafür, daß bei der bürokratischen Zuteilung Wohlstand nicht nur verspätet an die Adressaten gelangt, sondern *aktuelle* Bedürfnisse oft gar nicht mehr zu befriedigen imstande ist. Zugeteilt wird sozusagen ein Wohlstand von vorgestern. In dieser Verspätung mag eine weitere Erklärung dafür liegen, daß im bürokratischen Wohlfahrtsstaat – trotz erheblicher materieller Aufwendung – Wohlstand nur ineffizient wirksam wird. Bei gelegentlichen größeren und kleinen Katastrophen sind staatliche Stellen durchaus willens und zum Teil auch fähig, Hilfe effizient zu leisten. Wir kennen die jeweiligen Äußerungen verantwortlicher Politiker mit dem stereotypen Satz, »daß die Zuwendungen unbürokratisch erfolgen« würden. Die Entbürokratisierung der Wohlstandsverteilung ist durchaus eine politische Zielsetzung, ihre Ermöglichung aber nicht zuletzt auch eine wissenschaftliche Aufgabe.

Soziale Lernprozesse setzen Dauer voraus. Bei der ungeheuerlichen Beschleunigung der technologischen Entwicklung kann nicht mehr erwartet werden, daß der Einzelne ihr Ausmaß, also die Quantität, zu erfassen in der Lage ist. Es verbleibt ihm lediglich, diese Vorgänge qualitativ, also gefühlsmäßig, zu erleben. Wir stehen zudem vor einer polarisierten Informationsverarbeitung sowohl durch den Einzelnen als auch durch ganze Gruppen und Gesellschaften. Es ist trotz Hochleistungs-Computer unmöglich geworden, die Zusammenhänge in ihrer Komplexität überhaupt noch vorstellbar zu formulieren oder gar zu erfassen.

Die Aufnahmekapazität des menschlichen Gehirns ist begrenzt. Da sich der Einzelne nur behaupten kann, wenn eine haltbare Übereinstimmung zwischen dem, was er tut, glaubt und fühlt, erreicht wird, neigt der Einzelne dazu, die Information über die Umwelt immer zu seinen Gunsten zu verfälschen.[7] Er wird jene Information aufnehmen und verarbeiten, die entweder seinem Glauben entspricht oder seine Gefühle unterstützt – und damit auch seine Handlungen rechtfertigt. Das Individuum lebt also unter dem ständigen Druck einer Dissonanzverminderung zwischen dem, was es in der Umwelt als unstimmig erfährt, und seiner persönlichen Verhaltensweise.

Auch gesellschaftliche Institutionen werden unter ähnlichen

Druck geraten, wenn sie problemregelnd funktionieren sollen. Komplexe Probleme entsprechen in der Regel weder dem Geltungsbereich noch der Zuständigkeit von Institutionen, ob es sich nun um eine Verwaltung, um ein Parlament oder um eine Forschungsinstitution handelt. Das Beispiel der Inflationsbekämpfung mag dafür sprechen: Wissenschaftlich wären einige wirksame Instrumentarien vorgegeben. Die Regierungen und Verwaltungen indessen können nur das unternehmen, was politisch tragbar ist. Über das Machbare, ja sogar über das Notwendige herrscht zwar eine allgemeine, meist aber nur unverbindliche Übereinstimmung. Sie funktioniert so lange nicht und führt zu keinen Maßnahmen, als die notwendigen Umverteilungsprozesse aufgrund der bestehenden Machtverhältnisse nicht in Gang gesetzt werden können.

Solange die Wohlstandsverteilung weitgehend aus dem steten Wachstum finanziert werden konnte, sind latente Spannungen kaum zu offenen Konflikten durchgebrochen. Noch so ausgeklügelte Zuteilungsmechanismen werden in Zukunft diese Konflikte freilich nicht vermeiden.

Je komplexer eine gesellschaftliche Struktur, je segmentierter die einzelnen Gruppen und je polarisierter die Meinungsbildung, desto unmöglicher wird es sein, im Widerstreit der Interessen wirksame Prioritäten aufzustellen: d. h. notwendige Beschränkungen nach dem gesamtgesellschaftlichen Bedarf einzuführen. Es entscheidet in der Politik, von der auch die Wissenschaftsfinanzierung weitgehend abhängt, schließlich nicht die Mehrheit, sondern der bestimmende Einfluß jener Gruppen, die einen hohen Grad an Organisiertheit verzeichnen. Nicht die gesellschaftliche Relevanz eines Forschungsprojektes entscheidet dann darüber, ob es durchgeführt werden kann, sondern vielmehr: welche Organisation zu welchem Zeitpunkt Einfluß bei den Entscheidungsträgern geltend machen kann.

Wie bedient sich übrigens die Gesellschaft der Wissenschaften? Wie wird die Wissenschaft von den Regierungen herangezogen, wenn sie unter dem Druck bestimmter Forderungen stehen? Sehr oft greifen sie auf Expertengruppen zurück, die darüber befinden sollen, ob diese Forderungen zu Recht bestehen und ob – und wie sie allenfalls – erfüllt werden können. Oft versuchen die Politiker, durch wissenschaftliche Abklärungen zunächst einmal Zeit zu gewinnen. Danach versuchen sie zuweilen, Verantwortung abzuwälzen, indem die Wissenschaft zu ganz und gar *zwingenden* Entscheidungsvorschlägen aufgefordert wird. Meist aber werden gleichwohl nur Teilaspekte solcher Forderungen wissenschaftlich bearbeitet. Denn nicht unbedingt das, was gefordert wird, ist wesentlich, sondern vielmehr die Frage, weshalb eine bestimmte Forderung entsteht – und dies wird selten erforscht. Aus zahlreichen Untersuchungsberichten sind solche »Umleitungen« längst bekannt. So ist es beispielsweise einfacher, eine Forderung nach »mehr Lohn« zu stellen, als einen so oder so diffusen Befund von unerfreulichen Aspekten einer Arbeitssituation zu formulieren. Daraus folgt, daß formulierte Forderungen nach mehr Wohlstand oder nach erhöhter Lebensqualität möglicherweise die Konsequenz solcher Umleitungen darstellen und mithin nicht einmal als Indiz für tatsächliche Faktoren, die zum Empfinden eines Ungenügens der Umwelt (oder eines Verlangens) führen, zu werten sind.

Formulierte Forderungen nach besserer Lebensqualität enthalten nur scheinbar normative Entwürfe einer besseren Welt. In Wirklichkeit sind sie oft nichts anderes als Ausdruck ganz bestimmter sozialer Normen. In diesem Sinne stellt die Erforschung der Lebensqualität in erster Linie eine Erforschung sozialer Normen und Werte dar – oder sollte es zumindest sein. Diese Unterscheidung scheint mir deshalb wichtig, weil solchermaßen erfaßte Normen wohl Rückschlüsse auf gesellschaftliche Strukturen erlauben, nicht aber Grundlage für Entwürfe gesellschaftlicher Zukunft sein können. Gesellschaftliche Wertvorstellungen wandeln sich nämlich immer rascher, und Entwürfe zukünftiger Gesellschaften müssen diesem feststellbaren Wandel Rechnung tragen. Heute festgestellte Normen und Prioritätsordnungen können schon morgen völlig verändert sein. Sie aufgrund zeitgebundener Erhebungen gleichsam festzuschreiben, bedeutet Verhinderung des Wandels und nicht dessen notwendige Förderung. Die Frage nach Informations- und Steuerungsinstrumenten kann deshalb keineswegs losgelöst von den sich verändernden Wertstrukturen der Gesellschaft betrachtet werden.

Angesichts der skizzierten Probleme erscheint die Überforderung des einzelnen Wissenschaftlers als relativ unbedeutend. Viel drängender stellen sich strukturelle Fragen, mithin jene nach der Funktion wissenschaftlicher Einrichtungen ganz allgemein. Das was die Wissenschaft produziert, überfordert offensichtlich die Kommunikationsgesellschaft: Wir stehen vor dem Umstand, daß sowohl im wissenschaftlichen wie im wirtschaftlichen Bereich Organisations*prinzipien* ein längeres Leben zu fristen pflegen als die Organisation selbst. Die Entwicklungsschere zwischen Entscheidenden und Betroffenen öffnet sich unentwegt weiter. Die Kommunikationsprobleme bleiben dabei weitgehend ungelöst.

Warum? Wir pflegen in unseren Vorstellungen immer Politiker von Wissenschaftlern und beide »vom Volk« zu trennen. Die Wissenschaftler glauben oft, weder von den Politikern noch vom Volk verstanden zu werden. Jeder ist gleichsam des anderen Alibi. Es gibt andererseits immer noch Naive, die daran glauben, daß Politiker, Wissenschaftler und Volk lediglich mehr miteinander reden müßten, daß es also nur darum gehe, die Kommunikationsstränge zwischen den drei Gruppen zu verbessern. Nicht die Allianzformationen, die wir uns ausdenken könnten, sind dabei wichtig – etwa Wissenschaft mit Volk gegen Politiker oder Politiker und Volk gegen Wissenschaftler. Vielmehr sollten wir uns darüber Gedanken machen, wie die Probleme, die alle Gruppen insgesamt betreffen, auch gemeinsam in Angriff genommen werden können.

Johan Galtung hat seine Kollegen sehr eindrücklich gemahnt, mit Sündenbock-Theorien Schluß zu machen: »Wenn irgendwo von einer Informationslücke gesprochen wird, wenn sie, die Politiker oder das Volk, die Zukunftsvorstellungen der Spezialisten nicht verstehen, dann ist etwas falsch mit der Zukunftsforschung, nicht aber mit dem Volk oder den Politikern.«[8]

Wenn Wissenschaftler sich darüber beklagen, daß ihre Verfahren verwendet werden, ohne daß sie darüber noch zu entscheiden hätten, oder daß sie nicht genügend Geldmittel erhalten, so liegt es auch an ihnen, diese Sachlage im weiten Felde der Politik so faßlich darzustellen, daß zumindest die Problematik erkannt wird. Daß dies leichter gesagt als getan ist, liegt freilich auf der Hand: Nicht jene Aspekte der Wissenschaft, die Zugang zu den Massenmedien finden, sind auch die bedeutendsten.

In Gremien, in denen Wissenschaftler selbst über die Mittelzuteilung entscheiden, wird Sicherheit groß geschrieben. Bei knapper werdenden Mitteln wird es immer schwieriger, »unsichere« Forschungsprojekte finanziert zu bekommen. Ja, es wird sogar schwieriger, kleine und billige, aber dafür qualitative und explorative Vorhaben durchzusetzen. Ein Großprojekt, das viel Geld kostet und hinter dem ein großes Institut steht, das möglicherweise schon jahrzehntelang einen guten Ruf besitzt, ist Gegenstand der führenden Personen in den Zuteilungsgremien. Ab einer bestimmten Summe nimmt sich der Ministerialdirektor, der Staatssekretär und schließlich der Minister selbst der Sache an. Dagegen erscheint »Kleinforschung« von vornherein ineffizient. Der Referent, eine Untercharge der Hierarchie, befaßt sich damit – und da er selbst aber aufzusteigen gedenkt, möchte er seinen Aufstieg nicht mit Projekten pflastern, die möglicherweise scheitern, selbst dann nicht, wenn sich das Scheitern später einmal in der Entwicklung von Methoden oder Erkenntnis als wesentlich erweist. Auch in diesem Bereich scheint Quantifizierbares sicher zu sein und Sicherheit quantifizierbar. Bei der Erforschung von Werten aber geht es um Emotionales und Qualitatives. Was schließlich ist der Erfolg von Forschung? Wenn die Hypothesen durch empirisches Material hinlänglich gesichert scheinen – dies aber weitgehend unabhängig davon, ob die Fragestellung von Bedeutung war? Was gilt als seriös? Wenn die zu Beginn einmal geforderten Mittel schließlich auch reichten und sorgfältig und ordnungsgemäß abgerechnet wurden? Kann überhaupt Erkenntnis schon von vornherein finanziell budgetiert werden – und müßte nicht schrittweise vorgegangen werden und einmal mehr und einmal weniger Etat zur Verfügung stehen? Auch hier scheint das Verfahren wichtiger als das Ziel geworden zu sein, und zwar für alle Beteiligten, Politiker, Verwalter und Wissenschaftler. Unter gelegentlich unerträglichen bürokratischen Zwängen leiden nicht nur Nobelpreisträger wie etwa Rudolph Mössbauer, der Zivilcourage genug besitzt, dies immer wieder anzuprangern. Viele Forscher mit weniger prominenten Namen sind nahe am Resignieren und schweigen, weil sie die geringen Chancen der Mittelzuteilung nicht noch schmälern wollen. Dabei aber gibt es letztlich keine wissenschaftliche Betätigung außerhalb oder ohne Politik, auch wenn die Wissenschaft selbst entscheidende Bereiche größtmöglicher Unabhängigkeit von der Politik besitzen muß.

Wenn es also weder heute noch in der Zukunft in diesem Sinne eine wertfreie Wissenschaft gibt, sollten sich Politiker und Wissenschaftler künftig weniger in ihren Zielen unterscheiden als vielmehr in ihren Methoden, mit denen sie gemeinsame Ziele auch gemeinsam zu verwirklichen trachten: Die Erhaltung eines bestimmten Wohlstands ist ein solches gemeinsames Ziel. Beide sind, nicht zu vergessen, gleichermaßen »Volk« oder sollten es wieder werden. Es sind diese wechselseitigen Beziehungen nicht nur in einem neuen Licht zu betrachten, sie müssen auch verändert werden. Nicht die Gesellschaft ist dabei zu »revolutionieren«, sondern vielmehr ihre Entscheidungsmechanismen. Bei dieser Revolutionierung der Entscheidungsmechanismen aber wird es nicht nur auf die Information selbst ankommen, sondern ebenso auf die Kanäle, in denen diese Informationen fließen, auf die Absender der Information und auf die Bereitschaft der Empfänger, sie zielgerecht wahrzunehmen, zu verarbeiten und zur Grundlage gesellschaftlichen Handelns zu machen.

Wir müssen also umlernen im Gebrauch wissenschaftlicher Erkenntnisse. Damit ist auch die Stellung des Wissenschaftlers in der Gesellschaft neu zu überdenken. Weder die Rolle des Hexenmeisters und Alchemisten, von dem der Herrscher erwartet, er werde durch synthetisches Gold seine Kassen füllen, noch die Rolle eines Handlangers der Mächtigen ist angebracht. Anzustreben ist unabhängig von den einzelnen, unterschiedlichen Gesellschaftsformen eine stärkere Integration der Wissenschaft und des Wissenschaftlers in die politische Entscheidung und damit auch in die demokratische Zielfindung. Wissenschaftler sollten zugleich, wenn auch nicht gleichermaßen, wieder zu Intellektuellen werden. Gräben, wie sie etwa Helmut Schelsky mit seinen Verleumdungen gegen Intellektuelle in seinem Buch »Die Arbeit tun die andern« aufriß, sind zu überbrücken – das Zuschütten würde zu lange dauern.[9]

Wer glaubt, daß die Wissenschaft allein die Lösung aller gesellschaftlichen Probleme zu bringen vermöchte, überfordert sie. Wer andererseits die Möglichkeiten der heutigen wissenschaftlichen Erkenntnisse unterschätzt, mißachtet zugleich auch die Wissenschaftler. Wir sollten uns gemeinsam überlegen, wie der sich abzeichnenden Überforderung bei gleichzeitiger Mißachtung zu begegnen ist.

In diesem Zusammenhang kann man sich natürlich die Frage stellen, ob bei unsicheren Zielsetzungen nicht fast notgedrungen das wissenschaftliche Vorgehen selbst wichtiger wird als die sichere Erkenntnis. Gibt es überhaupt wissenschaftliche Methoden, mit denen sich gesellschaftliche Veränderungen prognostizieren lassen – und ist Prognose primär eine Angelegenheit der Wissenschaft?

Wissenschaft als Basis moderner Technologie produziert zwar laufend Veränderungen im gesellschaftlichen Bereich, vermag sie aber in den wenigsten Fällen auch nur annähernd zu erfassen. Sie selbst wird in großem Maße verwertet, und nur Promilleanteile jenes Aufwands an menschlicher Intelligenz und Energie sowie an organisatorischen Vorkehrungen bleiben übrig, um das zu prognostizieren, was selbst in der Anlage wissenschaftlichen Tuns bereits an gesellschaftlicher Entwicklung vorgegeben ist. Als Herausforderung sehe ich deshalb das krasse Mißverhältnis zwischen der »Faktizität des Wirklichen«, also der durch Wissenschaft mitproduzierten sozialen Dynamik, und dem, was übrigbleibt, um den Anspruch auf vernünftige gesellschaftliche Prognosen zu befriedigen. Weder ist der Bedarf an Wohlstand zureichend artikuliert, noch sind die Mittel bereitgestellt, um diesen Bedarf erfüllen zu können. Dabei steigt die gegenseitige Abhängigkeit, nimmt die Vernetzung gesellschaftlicher Bereiche zu.

Die zunehmende Vereinzelung der Wissenschaft erschwert umfassende Prognosen. Auch die einzelnen Disziplinen der Wissenschaft sehen sich zwar stärker vernetzt, bleiben aber doch durch institutionelle Gegebenheiten zersplittert. Die Spezialisierung nimmt zu – bei gleichzeitiger Verringerung der Übersicht über Zusammenhänge und über die gesellschaftliche Bedeutung einzelner Aspekte. Deutlich öffnet sich die Schere zwischen jenen Disziplinen, die praktische und materielle Anwendung versprechen, und den anderen, die man einmal mit »Geisteswissenschaften« zu bezeichnen pflegte, von denen nun aber verlangt wird, daß sie uns wissenschaftlich abgesicherte Wege in die Zukunft weisen.

Die teuren Fächer werden teurer, während die billigen bei knapper werdenden Zuteilungen ärmer werden. Die Neuverteilung wissenschaftlicher Kapazitäten wäre also zu regeln: Für die Erforschung von Entwicklungsbedingungen wird in den kommenden Jahren erheblich mehr aufgewendet werden müssen, als dies heute der Fall ist. Das gefährliche Ungleichgewicht muß zugunsten von »Diagnose-Disziplinen« verändert werden. Ansonsten besteht die Gefahr, daß Therapien – also sozial- und gesellschaftspolitische Maßnahmen – willkürlich erfolgen und im Grunde auf die Systematik wissenschaftlichen Vorgehens verzichtet wird. Ändert sich nichts, so werden auch in Zukunft höchstens ganz begrenzte Techniken einzelner Wissenschaften für prognostische Zwecke verwendet und zugelassen, nicht aber die Kapazität der Wissenschaft selbst. Es ist deshalb Unfug, von der »Prognoseunfähigkeit« der Wissenschaft zu sprechen. So hat sich hier eine sehr unheilvolle, wenn auch nur selten offengelegte »Selffulfilling Prophecy« ergeben: Von der Wissenschaft wird aus den bereits skizzierten Gründen gar nicht erwartet, daß sie gesellschaftliche Prognosen zu entwickeln imstande ist. Deshalb werden ihr weder die Mittel noch die Möglichkeiten geboten, Prognosen zu erarbeiten – oder gar gesellschaftliche Entwicklungen mitzusteuern und zu kontrollieren. In der Tat muß heute festgestellt werden: Die Wissenschaft beeinflußt zwar die Zukunft, ist aber nicht in der Lage, den Bedarf an gesellschaftlicher Prognostik zu erfüllen.

Der Schnittpunkt der Perspektiven ist immer die Gegenwart. Nach Augustinus hat die Zeit eine dreifache Qualität der Gegenwart: Die Vergangenheit ist mächtig als gegenwärtige Erinnerung, die Zukunft ist gegenwärtige Erwartung, und schließlich existiert die Gegenwart, wie wir sie erleben. Wenn wir versuchen, diese Aussage auf heutige Institutionen zu übertragen, finden wir, daß die meisten Institutionen durch vergangene Aufgaben und durch gegenwärtige Machtverhältnisse geprägt sind. Sie sind deshalb nicht einmal immer in der Lage, heutige Probleme zu regeln, geschweige denn zukünftige schon als solche zu erfassen. Des weiteren wird sich Zukunft als gegenwärtige Erwartung auf Forschungsorganisationen so auswirken, daß das Ungenügen der Gegenwart mit demjenigen der Zukunft gleichgesetzt wird, ohne daß ausreichend abgeklärt wurde, ob die gegenwärtigen Erwartungen im Lichte der wahrscheinlichen Entwicklungen überhaupt eine Bedeutung haben werden.

Schließlich habe ich darzulegen versucht, daß auch die Gegenwart, wie wir sie erleben, keineswegs zureichend erforscht wird. In diesem Sinne sehe ich denn eine Neuorientierung wissenschaftlicher Zielsetzungen als unbedingt notwendig an. Die Mittelzuteilung darf weder nach vergangenen Verteilungsmodi noch nach der Maßgabe der Verwendbarkeit wissenschaftlicher Erkenntnis in der Gegenwart erfolgen, und schon gar nicht nach irgendwelchen egalitären Zuteilungsprinzipien. Ich unterscheide hier bewußt zwischen Verwendung und Anwendung. Unter *Verwendung* ist gleichsam eine Verwertung wissenschaftlicher Erkenntnisse zu verstehen, und zwar unabhängig davon, ob die Wissenschaft selbst darüber befinden kann. Beispiele dafür waren Atombombe, vielleicht auch Atomkraft und auf anderem Gebiet die Psychiatrie in totalitären Staaten. Unter *Anwendung* dagegen verstehe ich, daß der Wissenschaftler weder der Verantwortung enthoben ist noch daß er sich selbst vor ihr drücken kann. Gesellschaftliche Anwendung wissenschaftlicher Erkenntnisse muß in Zukunft kontrolliert und nach Maßgabe gesellschaftlicher Kapazitäten erfolgen. In *diesem* Sinne wäre zukünftiger Wohlstand zu prognostizieren. Weder aber sind die Bedingungen für Prognosen bislang zureichend geklärt, noch besteht Übereinkunft darüber, wie die Wissenschaft zur Regelung gesellschaftlicher Probleme der Zukunft einzusetzen sei.

Für die siebziger Jahre hat Daniel Bell[10] als vordringlichste Aufgabe die Vorwegnahme und nicht die Vorhersage der Zukunft genannt. Er meint damit, daß unsere Institutionen bereits heute die Handlungsmöglichkeiten für morgen schaffen müßten. Heute, einige Jahre später, so meine ich, stellt sich vielmehr die Frage, wieviel an Zukunft durch die gegenwärtige Entwicklung bereits vorweggenommen – und was an Handlungsfreiheit für die Zukunft überhaupt noch geblieben ist. J. Galtung hat in diesem Zusammenhang von der Gefahr der »Kolonialisierung« der Zukunft gesprochen. Als Beispiel: Durch Verkehrsplanung zerstörte mittelalterliche Innenstädte sind irreversibel verloren; durch gutgemeinte, aber schlecht beratene Subventionspolitik zerstörte Alpgenossenschaften können mit allen Mitteln dieser Erde nicht wieder belebt werden. Und besonders: Durch unvernünftigen Verbrauch von Energie können wir eine kaum wettzumachende Knappheit für unsere Kinder produzieren. Wir entziehen ihnen schon heute zukünftige Handlungsmöglichkeiten. Unnötiger »Wohlstand« heute ist fehlender Wohlstand morgen.

Die Frage also stellt sich weniger, wie genau oder wie »sicher« Prognosen etwa für die achtziger Jahre sein sollen; wichtig ist vielmehr, welche Entwicklungen bereits irreversible Folgen in welchen Bereichen unserer Gesellschaft hinterlassen haben. Heute wie zur Zeit der Voraussage Daniel Bells bleibt die Tatsache bestehen, daß wesentliche gesellschaftliche Institutionen in sich selbst eine kulturelle Verspätungserscheinung darstellen. Ogburns[11] »cultural lag« ist längst zu einem »institutional lag« geworden. In einfachen Worten: In den kommenden Jahren wird nicht wichtig sein, was mit welchen Methoden vorauszusagen wäre – als vielmehr eine Darstellung dessen, was unwiederbringlich zerstört wird, wenn gegenwärtig erkannte und sich abzeichnende Entwicklungen in berechenbarem Ausmaß weiter ablaufen, ohne daß wir sie zu verhindern suchen.

Ein weiteres Mißverständnis wird wahrscheinlich in den nächsten Jahren deutlich werden: Wir haben Prognosen vornehmlich verwendet, um planen zu können. In Zukunft werden wir dafür planen müssen, daß gesellschaftliche Prognosen überhaupt noch möglich sind. Im übrigen werden Prognosen nunmehr im Sinne der Erklärung und der Ermöglichung von Verhaltensweisen verstanden: Planen ist nicht als das Erreichen eines Zieles zu begreifen, sondern Ziel des Planes muß die Vorbereitung auf erhöhten sozialen Wandel sein und damit die Sicherung des Wohlstands und dessen Verteilung. Damit ergibt sich scheinbar eine Pervertierung der ursprünglichen Ansprüche an Prognosen: Die Komplexität wird durch das Prognostizieren nicht verringert, sondern erhöht. Vor den zu erwartenden sozialen Konflikten ist es verständlich, daß das Bedürfnis nach Sicherheit allgemein wächst. Gleichzeitig ist es erklärlich, daß auch die Unsicherheit, mithin die Angst und das Gefühl des Ausgeliefertseins, in weiten Kreisen der Gesellschaft zunimmt. Wenn schon keine Sicherheit in bezug auf zukünftige Entwicklung anzubieten ist, müßte das Ziel zumindest darin bestehen, Vertrauen in die Möglichkeit zu schaffen, daß sich zukünftige Probleme regeln lassen. Ein solches Vertrauen aber setzt Wissen voraus, wissenschaftlich erhärtetes Wissen.

Wenn wir das Verfahren gesellschaftlicher Prognosen als wesentlich betrachten, dann keineswegs ihre technologischen Aspekte; statt dessen müssen wir das Prognostizieren selbst als Lernvorgang auffassen. Deshalb wage ich zu behaupten, daß aus vielerlei Gründen gesellschaftliche Prognosen falsch sein dürfen, ja daß sie falsch sein müssen. Nicht Daten allein sind schon Erkenntnis, sondern ihr Entstehen und ihre Wirkung.

Es läßt sich für jedermann feststellen, daß beispielsweise noch nie eine Prognose zur Bevölkerungsentwicklung Wirklichkeit wurde. Auch heutige Bevölkerungsprognosen werden sich voraussichtlich als falsch erweisen. Falsch in welchem Sinne? Nehmen wir einmal an, es würde einem wissenschaftlichen Institut gelingen, die Bevölkerungsentwicklung eines Landes oder einer Region so zu prognostizieren, daß die vorausberechnete Zahl in Wirklichkeit auch erreicht würde. Schließen wir des weiteren den Fall aus, es handle sich dabei um eine Koinzidenz: Die erreichte Zahl kann ja aus ganz anderen Gründen erreicht worden sein, als aus jenen, auf die sich die Prognose stützt – z. B. würde sie nicht durch Geburten, sondern durch Wanderung erreicht.

Nehmen wir an, der Prognose liege eine Theorie zugrunde, die verläßliche Voraussagen überhaupt ermöglicht. Wie müßte eine solche Theorie beschaffen sein? Sie müßte gesellschaftliche Entwicklungen durch gesetzmäßige Aussagen zu erklären vermögen, und zwar unterstützt durch die moderne Elektronik mit ihren ungeheuren Rechenkapazitäten. Eine solche Theorie allerdings müßte deterministisch sein, und die anzuwendenden Methoden wären unweigerlich dogmatisch. Ein solcher Determinismus aber ist für offene, komplexe soziale Systeme undenkbar. Über die menschliche Gesellschaft lassen sich keine Aussagen im Sinne naturwissenschaftlicher Gesetzmäßigkeiten machen, weder heute noch morgen.

Gesellschaftliche Prognosen können also schon allein aus theoretischen Gründen nie quantitativ genau sein, noch auch kann eine Verifizierung der Theorie durch tatsächlich eintretende Ereignisse überhaupt erwartet werden. Aussagen über soziale Beziehungen sind, wenn überhaupt, lediglich nach ihrer *Wahrscheinlichkeit* zu prüfen, gehören also in den Bereich des Probabilismus. Wesentlich ist dabei die Frage der Beziehungen des Wenn–dann. Hier ergibt sich ein Widerspruch zwischen dem, was oft von Prognosen erwartet wird, und dem, was sie zu leisten imstande sind. Eigentlich wünschen wir uns Prognosen, um die Unsicherheit zukünftiger Entwicklungen reduzieren zu können. Da wir diese Zukunft aber selber stets beeinflussen, nicht zuletzt durch unsere eigenen Prognosen, müssen gesellschaftliche Prognosen zunächst falsch sein, damit sie jenen Grad an Verhaltensfreiheit ermöglichen, der allein eine Zukunft ermöglicht – im Gegensatz zu Entwicklungen, die lediglich als Nachvollzug unabänderlicher Bedingungen gesehen werden müßten. Von Prognosen darf – wie gesagt – keine Sicherheit erwartet werden, sondern sie sind selbst als Herausforderung zu verstehen. Wie falsch dürfen Prognosen dann sein?

Darauf wäre eine etwas saloppe Antwort möglich: Sie dürfen so falsch wie möglich sein, vorausgesetzt nur, daß die Prognose*art* uns sowohl mehr Verständnis für gesellschaftliche Prozesse vermittelt als uns auch zu vernünftigen Handlungen befähigt. Die Prognosen hätten also nicht in erster Linie zukünftige Zustände zu beschreiben, sondern uns im Umgang mit Veränderungen zu schulen. So betrachtet sind bislang in den meisten Fällen unangemessene Erwartungen an gesellschaftliche Prognosen geknüpft worden.

Prognosen sollten dabei weder überschätzt noch mißachtet werden. Die unangebrachten Erwartungen an Prognosen können in verschiedene Gruppen eingeteilt werden: Da wäre zunächst jene zu nennen, in der von Prognosen wissenschaftlich verläßliche Zielvorgaben erwartet werden. Jegliche Ziele gesellschaftlicher Entwicklung beruhen indessen auf Wertvorstellungen und schließlich auf Wertentscheidungen. Die Wissenschaft ist wohl in der Lage, gesellschaftliche Normen und Werte zu erfassen und auch zu erklären, aber weder ist es ihre Funktion noch ihre Aufgabe, diese Ziele selbst zu setzen. Die Formulierung von Entwicklungszielen ist also in erster Linie eine moralisch-politische Aufgabe. Die Wissenschaft kann und soll diese Entscheidung einzelnen Menschen und politischen Gruppen nicht abnehmen. Die Erwartung, daß Prognosen Wertentscheidungen überflüssig machen könnten, ist somit unerfüllbar. Es gibt, Gott sei Dank, keine »Prognose-Technologie« im sozialen Bereich.

Eine andere Gruppe erwartet von Prognosen materielle Genauigkeit. Damit sind jene gemeint, die alles, was mit Prognosen zu tun hat, sogleich ablehnen, wenn vorausgesagte Zahlen nicht erreicht werden. Oft wird dabei von einem Weltbild ausgegangen, das ein durchgängig rationales menschliches Verhalten voraussetzt. Das Emotionale und Qualitative wird demnach nur unzulänglich berücksichtigt. Es gibt drittens nicht wenige, die durch Prognosen ihren gegenwärtigen Besitzstand, ihre soziale Lage und schließlich die Sicherheit ihres Sozialverhaltens gefährdet sehen. Sie verschließen sich Prognosen unter der Vorgabe, sie seien weder nützlich noch notwendig. Zwischen diesen, zugegebenermaßen sehr unvollständigen, Charakterisierungen ergeben sich naturgemäß Mischformen. Einzelne Menschen und Institutionen mögen im Verlauf der Zeit sogar das eine wie das andere Verhalten aufweisen – gemeinsam allerdings sprechen sie von einem Versagen von Prognosen.

Vor derartigen Erwartungen müssen Prognosen grundsätzlich scheitern. Prognosen haben primär die Aufgabe, eine Verhaltensänderung von Menschen zu ermöglichen und herbeizuführen. Prognose ist Information, die in einem grundsätzlich offenen System eine Veränderung bewirkt. In den angezeigten drei Kategorien ist freilich gerade das Verhalten der Prognose gegenüber statisch: Die Prognose hätte sich nach den jeweiligen Erwartungen zu richten. Vermag sie dies nicht, wird sie abgelehnt. Jede Prognose ist somit wirkungslos, es werden ihr keine Informationen entnommen, und sie prallt ab wie Wasser von geöltem Gefieder. Prognosen haben dann keine Wirkung und sind eigentlich zwecklos, wenn unangemessene Erwartungen entweder zu ihrer Mißachtung oder Überschätzung führen.

Mehr Prognosen bedeuten also noch lange nicht mehr Wirkung. Möglicherweise ist meine Behauptung übertrieben: Zwar sind in den letzten Jahrzehnten in steigender Zahl Prognosen aller Art über gesellschaftliche Entwicklungen entstanden und veröffentlicht worden. Indes trugen sie in den wenigsten Fällen als Information zur Veränderung der Gesellschaft tatsächlich etwas bei. Wir haben – um es noch einmal zu sagen – unsere Erwartungen an Prognosen zu ändern. Prognosen sollten nicht mehr als statische Zielvorgabe betrachtet werden, sondern als Erklärungsschemata für die gegenwärtigen Bedingungen, die als Basis für zu erwartende Entwicklungen zu begreifen sind. Mit anderen Worten: Es sind Prognosen nicht sosehr nach ihren Aussagen über die Zukunft zu bewerten, als vielmehr danach, in welchem Umfang sie die Gegenwart als Grundlage zukünftiger Entwicklung erfassen. Nicht das Ziel von Prognosen und nicht das Prognostizierte halte ich deshalb für wesentlich, sondern vielmehr die Lernmethoden: Die Annahmen der Prognosen sind einer kritischen Analyse zu unterziehen. Es ist für menschliches Handeln wesentlich, daß man sich der Grundlagen, auf die sich gesellschaftliche Voraussagen stützen, vermehrt bewußt wird. In diesem Sinne wird es völlig unwichtig, ob vorausgesagte Zahlen und Entwicklungen auch tatsächlich übereinstimmend eingetroffen sind oder eintreffen werden. Hingegen sind die Antworten auf folgende Fragen ungleich bedeutungsvoller für das Verständnis gesellschaftlicher Entwicklung:

Was an Bekanntem floß in die Prognose ein – was wurde vergessen? Was und wie können wir durch den Vergleich von Prognosen mit der Ausgangslage und den eingetroffenen Entwicklungen lernen?

Prognosen also müssen wir eigentlich verwenden, um gerade das Gegenteil einer »Kolonialisierung« der Zukunft zu erwirken. Wir müssen sie in den Dienst gleichsam eines Unternehmens stellen, das ich mit antizipatorischer Demokratie bezeichnen will: Die Eingrenzung der maßlosen Vernunft technologischer Systeme bedeutet nichts anderes, als daß wir Ziele setzen müssen, denen die Technologie zu dienen hat. Es sind bereits jetzt Vorstellungen darüber notwendig, wie denn eine zukünftige demokratische Staatsverfassung einerseits und demokratisches Verhalten andererseits aussehen sollen. Es ist heute schon gedanklich vorwegzunehmen, was wir in der Zukunft als höchstmögliche Freiheit menschlicher Entscheidung und menschlichen Handelns bewahren oder erreichen wollen. Wohlstand wird zu einem guten Teil darin bestehen, Entwicklungsmöglichkeiten sowohl für Einzelne wie für Institutionen offenzuhalten. Dabei sind weder von der Wissenschaft insgesamt noch von ihren Prognosen endgültige Antworten zu erwarten: Wir müssen uns bewußt werden, daß wir auch fürderhin in lauter theoretischen und praktischen Provisorien leben werden.

7. Kapitel

Sicherheit als Utopie?

Sicherheit als sozialpolitisches Dogma zerstört Demokratie. Unbestritten ist, daß Menschen vor den widersprüchlichen Erfahrungen und aus Angst vor zukünftigem Wandel nach vermehrter sozialer Sicherheit geradezu dürsten. Wer für sich selbst solche Ziele nicht erreicht, versucht dies für seine Kinder. Kein Wunder, daß seit vielen Wahlperioden das Thema Sicherheit in der einen oder anderen Form immer wieder Leitmotiv der Parteien ist. Alle seriösen Meinungsumfragen haben laufend dieses generelle Bedürfnis ermittelt. Ein hoher Grad an allgemeiner sozialer Sicherheit ist folglich auch Bestandteil aller Parteiprogramme. Nur: Die Sicherheit wird mehr verwaltet denn gewährt. Arbeitslosenunterstützung steht schließlich anstelle der Arbeit, die fehlt. Beihilfegesetze sind die Krücke für jene, die nicht mehr ohne Hilfe gehen können. Sei es, daß sie es verlernt haben, sei es, daß ihnen der Weg versperrt ist.

Das Streben der Menschen nach sozialer Sicherheit ist durchaus verständlich. Soziale Sicherheit als Ziel der Gesellschaftspolitik ist nicht nur legitim, sondern in vieler Hinsicht geboten. Die Frage hier stellt sich für mich nach dem *Wie.* Einmal mehr ist festzustellen, daß sich unzählige Behörden und Amtsstellen im weiteren und engeren Sinne der Ermöglichung und Schaffung von sozialer Sicherheit widmen. Es ist zwar richtig, daß die immense Bürokratie, die zur Unterstützung Arbeitsloser eingesetzt wird, zumindest einige arbeitslose Angestellte selbst beschäftigt; indessen kann es gar nicht die Aufgabe solcher Stellen sein, Strukturpolitik maßgeblich zu beeinflussen. So vernünftig es im einzelnen ist, z.B. Arbeitslose aus sogenannten Problemberufen umzuschulen, so werden doch die hier liegenden Schwierigkeiten deutlich, wenn wir uns folgendes Beispiel vor Augen halten: Vor einigen Jahren mußten Kohlezechen geschlossen werden. Viele Menschen, die in den traditionsreichen Berufen des Bergbaus keine Arbeit mehr fanden, wurden teilweise kaufmännisch umgeschult; vierzigjährige Familienväter haben mit außerordentlichen Fleißübungen und Anstrengungen neue Berufsabschlüsse erreicht, just in dem Augenblick, da es durch die Automatisierung bestimmten kaufmännischen Anlern-Berufen an den Kragen ging. Zum Glück (in diesem Punkt) wurde dann das Öl knapp, die Zechen wurden wieder eröffnet, und der Umgeschulte konnte schließlich wieder einfahren.

Die angesprochenen Programme sollen hier in keiner Weise lächerlich gemacht werden durch eine entschieden verkürzte und pointierte Darstellung. Wer selber ausbildet, ist täglich der Frage konfrontiert, ob er denn den Menschen, die ihm anvertraut sind, überhaupt irgendeine Art von Sicherheit für die Zukunft vermitteln kann. Ja, es mag ihn der Umstand bedrücken, daß an den professionellen Ausbildungsstätten, insbesondere an den höheren Schulen und Universitäten, Ausbildungsziele kaum diskutiert werden, dafür aber endlose Sitzungen stattfinden über Verfahren der Ausbildung, über Studienprogramme, Lehrdeputate, Prüfungsreglements und derlei mehr. Auf der Strecke bleiben dabei weitgehend Fragen der Flexibilität, der raschen Veränderung von Lehrplänen und der Durchlässigkeit. Dabei wird eine Illusion genährt: Das Prinzip Sicherheit beim Lernen wird wesentlich auf die Prüfung ausgerichtet. Ob die Prüfung selbst freilich ein Lernen für die spätere Tätigkeit darstellt, scheint weitgehend unerheblich.

Beim institutionalisierten Lernen also wird ein Verhalten vorgeprägt, das wir bereits mit Blick auf die Arbeitssituation in früheren Abschnitten dieses Buches beschrieben haben. Je mehr an und für sich flexibles Verhalten zur Meisterung der Aufgabe erforderlich wäre, desto ängstlicher werden die Menschen, desto einfältiger auch in ihrer Ausrichtung und in ihrer Leistung; wenn überhaupt, dann Einzelleistung, nicht Solidarität, blinde Anpassung an das Geforderte anstatt Auseinandersetzung mit dem Geforderten. Einfalt nicht bezogen auf Intelligenz, sondern als Gegensatz zur Vielfalt der Möglichkeiten. Arbeit bleibt ohne Engagement und wird zum blinden Ritual für die Umwelt. Leider scheinen sich übrigens die Ausbildungsfächer auf allen Stufen der Ausbildung nicht eben leicht zu neuen Kombinationen zusammenzuführen, selbst wo dies offensichtlich sinnvoll wäre, sondern die Abschottung nimmt zu. An den Hochschulen öffnet sich die Kluft zwischen technisch-naturwissenschaftlichen und geistes- und sozialwissenschaftlichen Disziplinen weiter. Was einige Seiten früher über die Forschung gesagt wurde, trifft auch auf die Lehrgebiete zu: Die ohnehin teuren Gebiete werden teurer, die billigen ärmer. Damit aber wächst die Gefahr, daß sich ausgerechnet auch im Ausbildungssektor eine im Grunde technokratische Ideologie unverhältnismäßig stark ausbreitet. Die Ideologie nämlich, daß schließlich alle Probleme technologisch lösbar seien, auch, ja vielleicht ganz besonders die gesellschaftlichen. Gerne verweist man dabei auf die ungeheuer rasche Entwicklung der Mikroprozessoren. Informationsverarbeitung, vermeint man, sei schließlich der Schlüssel für alle Problemlösungen. Man könnte diese Ideologie umschreiben als die »Dynamik der maßlosen Vernunft«, wie sie nun der Technologie einmal eigen ist. Durch eine zukünftige Informationstechnologie glaubt man, alle Systeme untereinander so verbinden und jede gewünschte und notwendige Information zur richtigen Zeit an die richtige Stelle bringen zu können, daß Konflikte zwischen den Systemen verschwinden würden. Der Publizist J. J. Servan-Schreiber ist sogar überzeugt davon, daß durch die technotronischen Apparaturen auch eine Dezentralisation der politischen Entscheidungen eingeleitet werde. Es braucht in Zukunft kein Monopol des Wissens mehr zu geben: Jeder Angestellte im Betrieb wird durch seinen Taschen-Terminal, jeder Bürger durch sein Heimgerät die Zentrale nach jeder beliebigen Information befragen können.

So schreibt der Wirtschaftspublizist Dieter Balkhausen in seinem kürzlich erschienenen Buch »Die dritte industrielle Revolution«: »Die Mikroelektronik bringt zweifellos die vorläufige Inkarnation eines technologischen Geniestreichs... Es ist erwiesen: Mikroprozessoren kennen keine Utopie. Die Schlagzeilen des Jahres 1990: Die Wettervorhersage funktioniert täglich absolut sicher... Die elektronische Brille macht Blinde sehend.«[1] Nun, die Mikroelektronik ist nur der jüngste Sproß unseres technotronischen Zeitalters, wenn vielleicht auch der bedeutendste. Balkhausen hat mit dieser Bemerkung zweifellos recht, wenn auch in einem ganz anderen Sinne, als er dies wohl meinte. Wir benötigen nämlich tatsächlich eine Utopie, damit wir mit den Möglichkeiten dieser Technologie zu Rande kommen, damit wir ihren Stellenwert erkennen und sie unseren Zielen unterzuordnen vermögen. Technologie in seinem Sinne verstanden ist die Inkarnation der maßlosen Vernunft: Als unabänderliches, ja notwendiges Ziel gilt die Vollkommenheit; Vollkommenheit der Abläufe, höchster Grad der Effizienz. Alle Störungen auf dem Wege zu diesem einzigen Ziel sind vermeidbar und daher zu verhindern. Dieses Ziel, so muß es scheinen, wird nur durch menschliche Unzulänglichkeit, durch die sattsam bekannten Humanbarrieren, gefährdet. Diese Unzulänglichkeit wäre also, wo immer möglich, zu eliminieren.

Zwar hat die OECD gewarnt, daß die Arbeitslosigkeit stark ansteigen werde, falls der Einsatz von Mikroprozessoren unkontrolliert weitergetrieben würde; sie verlangt geradezu von den Regierungen, daß sie direkt eingreifen. Natürlich wird ein waschechter Technokrat nur den Kopf schütteln, wenn er davon hört, daß gegenwärtig in Pennsylvania ein Gesetz vorbereitet wird, das Arbeitslosigkeit unter anderem durch ein Verbot von automatischen Tankstellen und Straßengebührenautomaten einzudämmen versucht. Er wird darauf hinweisen, daß solche läppischen Versuche, technische Entwicklungen aufzuhalten, noch immer fehlgeschlagen sind. Jener lampenbewehrte Wächter, der laut Gesetz Automobilen voranzuschreiten hatte, um Kühe und Menschen auf die nahende, 11 stundenkilometerschnelle Gefahr aufmerksam zu machen (Kanton Graubünden, Schweiz, 1911), ist ebenso verschwunden wie die panische Angst der Bauern, die vor den ersten Dampflokomotiven davongerannt sind.

Auch ich bin der Ansicht, daß Reglementierung allein keine angemessene Haltung gegenüber den technologischen Möglichkeiten darstellt. Wir werden selbstverständlich die neugewonnenen Kapazitäten verwenden müssen, um gesellschaftliche Konflikte der Zukunft überhaupt regeln zu können. Dabei aber ist es weder damit getan, vor dem Verkauf und dem Einsatz von Mikroprozessoren zuerst die Menschen in der Annahme zu schulen, daß sich das Weitere sozusagen von selbst ergebe – noch sehe ich in der Möglichkeit einer Dezentralisierung bereits auch die Wahrscheinlichkeit ihrer Realisierung, wie dies J.-J. Servan-Schreiber anzunehmen scheint.[2] Vordringlicher scheint mir eine Auseinandersetzung mit der oft uneingestandenen Ideologie des technologischen Perfektionismus zu sein. Man kann möglicherweise Verfahren perfektionieren, nicht aber Ziele. Man kann zwar Perfektion anstreben – Vollkommenheit als Ziel aber bleibt im eigentlichen Sinne illusorisch. Denn: Vollkommenheit ist unvorstellbar. Wäre sie es nicht, dürfte es nur eine einzige derartige Vorstellung geben. Jede auch noch so geringe Abweichung, ja sogar jeder Wandel in der Zeit wäre ein Widerspruch in sich selbst. Daraus folgt, daß es nie eine Utopie gegeben hat noch je eine geben wird, die in der Lage war oder sein wird, eine vollkommene Gesellschaft darzustellen.

Utopien sind allemal Entwürfe und als solche undogmatisch oder gar adogmatisch. Sie mögen aus dem Ungenügen einer Zeit und der Hoffnung auf eine bessere Zukunft entstanden sein, sie sind stets in die historischen Bedingungen verflochten, unter denen der einzelne Autor litt und kämpfte, die er zu ändern suchte. Ich wage deswegen die These, daß keine Utopie eine vollkommene Gesellschaft zum Ziele hatte, selbst wenn der Autor vorgab, eine solche zu beschreiben. Allen Utopien aber war gemeinsam, daß sie mehr oder weniger deutlich dazu aufriefen, jeweils bestehende Gesellschaften zum Besseren zu verändern. Alle Utopien, die uns überliefert sind, von Plato über Morus zu Hobbes, über Rousseau bis zu den utopischen Sozialisten des 19. Jahrhunderts, Saint-Simon, Fourier und Proudhon, jene von Owen in England und Weitling in Deutschland – sie alle sind wesentlich politischer Natur: Sie sind allenfalls Wegweiser, nie aber der Weg selbst. Auch Orwells »1984« ist selbstverständlich nicht Darstellung einer wünschbaren Zukunft, sondern Mahnung, eine Perspektive der Angst unter allen Umständen zu verhindern.

Vollkommenheit steht also im Widerspruch zur Utopie. Daran ändert m. E. auch die Tatsache nichts, daß viele Beschreibungen von glücklichen, konfliktfreien und problemlosen Gesellschaften eschatologisch sind: Ein paradiesischer Urzustand wird, das mühselige Leben der Gegenwart überwindend, in eine unbestimmte Zukunft projiziert. Auch das säkularisierte Paradies eines Jean-Jacques Rousseau und jenes von Karl Marx sind eher der genialen Einfalt ihrer analytischen Kritik verhaftet, als an steriler Vollkommenheit orientiert. Dergestalt weisen uns Utopien nicht zu glücklicheren Gesellschaften, ergeben sie keine Pfade zu »höherer Vollkommenheit« – übrigens ein begriffliches Unding, denn Vollkommenheit kennt kein Mehr oder Weniger. Gedanklicher Dogmatismus ist somit weniger in der Utopie selbst beschlossen, als vielmehr in der Methode, wie eine wirkliche Welt analysiert wurde oder verbessert werden soll.

Keine Angst also vor Utopien. Vorsicht dagegen vor Veränderungsprogrammen ohne Utopie. Technotronische Entwürfe ohne utopische Fixierung sind gefährlich. Keine Angst dagegen vor gegenwärtigen gesellschaftlichen Problemen, Fragen und Konflikten, mögen sie noch so bedrücken und beunruhigen – Vorsicht dagegen vor teleologischen Entwürfen: Ein einziges, alles überragendes Ziel gesellschaftlicher Entwicklung ist ebenso unvorstellbar wie die vollkommene Gesellschaft selbst. Ein solches Ziel verheißt, ja rechtfertigt einen Dogmatismus, der von vornherein zum Scheitern verurteilt ist. Dies aus Gründen der Logik ebenso wie aus Gründen des Machbaren, mithin der Politik.

Es darf an dieser Stelle kein Mißverständnis darüber aufkommen, daß meine bestimmte Absage an die Vorstellung nicht einer, sondern *der* vollkommenen Gesellschaft eine kritiklose Annahme offensichtlicher Unvollkommenheit – etwa der gegenwärtigen Zustände – einschließe. Im Gegenteil: Das steigende Bedürfnis nach immer mehr Sicherheit erhöht die Gefahr des Wiedererwachens von Dogmatismen aller Art. Der pseudoreligiöse, pseudopolitische und pseudowissenschaftliche Erklärungsfetischismus ist ein Krisensymptom unserer gegenwärtigen gesellschaftlichen Strukturen. Je komplexer nämlich die Umwelt erfahren wird, desto vereinfachter sucht der Einzelne seine Orientierung. Dies gilt es im weiteren zu erläutern.

Sicherheit und Freiheit sind nicht ohne weiteres miteinander zu verbinden; sie bedürfen des Katalysators in Form konfliktregelnder gesellschaftlicher Einrichtungen. Woher kommt der Anspruch auf Sicherheit, worin gründet der Drang nach Freiheit? Wie ist das Gebot, soziale Ungleichheit zu mindern, erfüllbar angesichts der gleichzeitig wirkenden Forderung etwa nach Erfüllung von Leistungsnormen?

Es besteht kaum ein Zweifel darüber, daß – betrachtet man die Industrienationen – noch nie zuvor eine so große Anzahl von Menschen eine so hohe Wahlmöglichkeit für ihre eigene Lebensgestaltung besessen hat. Der materielle Wohlstand gewährt diese Möglichkeiten. Wenn sie dennoch immer weniger ergriffen werden, dann aus einer psychischen Erstarrung, die wir auch als »Sicherheits-Syndrom« bezeichnen können. Die »maßlose Vernunft« hat die soziale Ungleichheit tatsächlich auf ein solches Maß reduziert, daß sie, auf breiter Zustimmung beruhend, heute durchaus als angemessen betrachtet wird. Ralf Dahrendorf hat diesen Zustand kürzlich mit dem Begriff des »sozialdemokratischen Konsensus« belegt: »Das, was ich hier Modernität genannt habe – also das Syndrom von Wirtschaftswachstum, Staatsbürgergleichheit, politischer Teilnahme und Wissenschaftsglaube – beschreibt einige der Grundmerkmale eines breiten politischen Konsensus, der sich in den OECD-Gesellschaften im Laufe des letzten Jahrhunderts herausgebildet hat. Ich nenne ihn den sozialdemokratischen Konsensus. Dieser greift über Parteigrenzen weg und verbindet in vielen Ländern sozialistische, konservative und liberale Politiker. Von monetaristisch leicht angekränkelten Keynes-Rezepten über den sanft durch individuelle Beiträge eingeschränkten Wohlfahrtsstaat bis zu einer ›vernünftigen‹ Außenpolitik der national getönten Bündnispolitik und des protektionistisch befleckten Freihandels ließe sich das Manifest dieser Massenpartei leicht schreiben. Und es ist eine Massenpartei. Ich würde behaupten, daß der sozialdemokratische Konsensus in den meisten OECD-Ländern auf Unterstützung durch drei Viertel der Wähler rechnen kann.«[3]

Würde diese Analyse Dahrendorfs zutreffen, dürfte für die absehbare Zukunft mit politischer Stabilität gerechnet werden. Sozialstaatliche Demokratien wären ungefährdet. In welchem Lichte sind nach solcher Auffassung jene Gruppen zu sehen, die den Lauf der Dinge zu ändern versuchen, die »Linken« und »Rechten«, die »Grünen« und »Steuerparteiler«? Sind sie notwendig für die Demokratie oder im Grunde ebenso belanglos wie die Flöhe im Fell des Hundes – zuweilen unangenehm, zuweilen unterhaltsam, im übrigen nur bewegungstherapeutisch wirkend?

Die Frage muß erlaubt sein, ob hinter äußerer Stabilität sich nicht innerer Immobilismus verbirgt. Ob bestimmende Mehrheiten zugleich auch qualifizierte sind, ob wir soziale Konflikte nicht verdrängen, anstatt sie zu regeln. Wie verhält sich im übrigen jener besagte Konsensus zur politischen Teilnahme? Trifft es zu, daß, je breiter der Konsensus, desto höher die Teilnahme am politischen Geschehen ist? Wäre dem so, wie könnte man die außerordentlich geringe Wahlbeteiligung etwa in der Schweiz begründen? Sind 11, 20, wenn es hoch kommt 35% Beteiligung etwa ein Indiz für funktionierende demokratische Institutionen? Sind Plebiszite dieser Art lediglich Aufforderungen an die Politiker, die Schulaufgaben noch einmal zu machen? Sind Abstimmungen als Ritual eigentlich unwichtig, möglicherweise zu ersetzen durch Meinungsumfragen?

Wäre eine niedrige Beteiligung ein Indiz für den allgemeinen Konsensus, würde daraus folgen müssen, daß dieser allgemeine Konsensus für die Demokratie schädlich ist, denn Demokratie lebt von der Auseinandersetzung und der nachfolgenden Regelung von Konflikten – ja, setzt diese geradezu voraus. Sind mithin die Grünen und andere Gruppen von Intellektuellen, sind die Vertreter von Gegenmodernitäten doch etwas mehr als die Flöhe in unserem wohlfahrtsstaatlichen Pelz?

Die Frage ist zu stellen, wie »sicher« denn die oberflächliche Stabilität tatsächlich ist. Der sogenannte sozialdemokratische Konsensus hat sich während der Wachstumsphase entwickelt. Er war sicher von der Hoffnung getragen, daß Verteilungskämpfe zwar vorkommen, ohne allzu große Schwierigkeiten aber geregelt werden können. Ist andererseits die außerordentlich starke bürokratische Vernetzung und Umklammerung Garant der Stabilität? Wird nicht der Zuteilungscharakter beim Gewähren knapper Güter an möglicherweise unerwarteten Stellen zu Aufbegehren führen? Ist nicht gerade ein Merkmal der Moderne darin zu erblicken, daß anscheinend höchst stabile Strukturen über Nacht zerbrechen?

Ein anderes Merkmal der Moderne ist nämlich, daß immer mehr Menschen immer häufiger vor widersprüchlichen Entscheidungsmöglichkeiten stehen. Will ein Familienvater mehr Zeit für seine Kinder aufwenden, kann er nicht gleichzeitig berufliche Mobilität anstreben. Will eine Frau und Mutter ihre berufliche Karriere nicht unterbrechen, kann sie nicht gleichzeitig den fordernden Beruf der Hausfrau ausüben. Will jemand autonomer über seine Zeit entscheiden, kann er nicht zugleich mehr Entscheidungsgewalt in bürokratischen Organisationen übernehmen.

Möglicherweise ist auch das Verhältnis zwischen Freiheit und Sicherheit widersprüchlich: Staatlich verordnete und »verrechtlichte« Sicherheit schränkt zumindest individuelle Freiheitsräume ein. Wenn zu Beginn gesagt wurde, daß Vollkommenheit undenkbar sei, so sehen wir jetzt, daß die Annahme einer allgemeinen Selbstbefreiung als Ziel der Entwicklung notwendigerweise zu einem gesellschaftlichen Determinismus führen wird, in dem Freiheit allenfalls in unbedeutenden Nischen notdürftig überlebt. So selbstverständlich früher Freiheit als normative Idee Ersatz für das entschwundene Ordnungsdenken war – wohlgemerkt Ersatz und nicht Entgegensetzung –, so wichtig ist es, überkommene Freiheitsbegriffe nicht ungeprüft und nicht unbesehen auf die heutige wie auch auf zu erwartende gesellschaftliche Situationen zu übertragen.

Rousseau und später auch Kant haben ihre Vorstellungen von Freiheit auf eine kollektive und gesellschaftliche Verwendung des Begriffs bezogen. Werner Becker stellt dazu fest: »Ohne Zweifel haben gerade die philosophisch-historischen Anthropologien es den jeweiligen Richtungen ermöglicht, Freiheit zu einer normativen Idee zu machen, die bis in die gegenwärtigen Menschenrechtsdebatten hinein theoretisch und propagandistisch für die verschiedenen und entgegengesetzten Vorstellungen über Staat, Gesellschaft und Wirtschaft eingesetzt werden können. Diese ›Normativierung‹ des Freiheitsbegriffes, die man mehr oder minder kritiklos von den großen Philosophen der Neuzeit übernommen hat, ist aber von Anfang an mit Mängeln behaftet, die man des besseren Verständnisses der Freiheit wegen – und erst recht, wenn man für die Erhaltung und Verbesserung einer freiheitssichernden Staats- und Lebensform ist – nicht länger übersehen und aus dem Bewußtsein verdrängen sollte.«[4]

Das Freiheitsverständnis der neueren Zeit, so Becker, sei aus dem Zerbrechen jahrhundertealter Bindungen entstanden und insofern gänzlich verschieden von Freiheitsbegriffen, wie sie im klassischen Altertum und im Mittelalter vorhanden gewesen seien.

Freiheit der Neuzeit ist politische Freiheit. Freiheit ist zum Fundament des modernen Staates geworden, der keine andere Begründung mehr kennt. Es gibt keine transzendenten Verpflichtungen durch Normbegriffe mehr: Freiheit kennt keine absolut gesetzten Werte. Sie hat keinen Sinn – dies in Analogie zu der Auffassung Karl R. Poppers, daß Geschichte selbst keinen Sinn habe –, da sie sich selbst zu erfüllen niemals imstande ist. Wie es nach Popper keine Theorie der Geschichte geben kann, so wage ich als weitere These, sollte es auch keine endgültige Theorie der Freiheit geben, mithin auch keinen Dogmatismus im Namen der Freiheit. Die allgemeine Übereinstimmung darin, daß der Staat für ein höchstmögliches Ausmaß an individueller Freiheit sorgen müsse, konkurriert mit dem Konsensus darüber, daß eben dieser Staat jeden Einzelnen vor übertriebener Freiheit der anderen zu schützen habe. Becker fragt zu Recht: »Ist es überhaupt vorstellbar, daß Menschen in der überwältigenden Zahl bereit sind, aus zugestandener individueller Freiheit staatliche Normen zu akzeptieren, von denen ex definitione bekannt ist, daß sie ›selbst fabriziert‹, d.h. von diesen oder anderen Menschen erdacht, erfunden sind bzw. lediglich die Interessen der einen oder anderen widerspiegeln?«[5]

Wenn sich der moderne Staat in seiner Begründung auf die Wahrung von Freiheit beruft, so wird nunmehr deutlich, daß es sich dabei im Inhalt niemals um einen absoluten und abstrakten Freiheitsbegriff handeln kann, sondern immer nur um zahlreiche und historisch konkrete, beschreibbare, erlebbare Freiheiten. Der Staat hat zur Aufgabe, spezifische Freiheiten des Handelns, des Denkens, des Verwirklichens zu gewährleisten. Er vermag nur Grundsätze aufzustellen, nicht aber sollte er unendliche bürokratisierte »Teilfreiheiten« dekretieren, die er mit andererseits zugeteilten Sicherheiten zu entgelten scheint. Eine staatliche Ordnung ohne Konflikte ist keine Demokratie mehr – die doch geradezu eine Regelung von notwendigerweise vorhandenen Konflikten voraussetzt.

Ebenso wie der Einzelne vor widersprüchlichen Entscheidungen steht, sieht sich der moderne Staat konkurrierenden Freiheiten gegenüber. Es besteht kein Zweifel darüber, daß wir in pluralistischen Gesellschaftsformen leben, daß dieser Pluralismus auf einer Wertevielfalt gründet und daß mithin gleichzeitig und oft gegeneinander Vorstellungen von Freiheit wirksam werden. Damit ist nicht die Frage nach dem modernen Staat an sich, wohl aber nach dem Funktionieren gesellschaftlicher Einrichtungen gestellt: Grundgesetze und Verfassungen werden durch Bürokratismus womöglich stärker gefährdet als durch Usurpatoren. Zu verhindern ist der Zuteilungsstaat, ist konfliktunterdrückender Etatismus.

Im heutigen Wertepluralismus sind die Wurzeln für die immer beschwerlichere soziale Orientierung einzelner Menschen zu suchen. In der pluralistischen Struktur schließlich liegt der Umstand begründet, daß materielle Sicherung zuweilen mit ideeller Verunsicherung einhergeht. Materieller Wohlstand vermag allein keine Sicherheit zu geben. Psychische Unsicherheit ist ein Charakteristikum der Moderne, da die fortschreitende Trennung zwischen Arbeitswelt und Privatsphäre beinahe zwangsläufig in ein gespaltenes Bewußtsein gesellschaftlicher Vorgänge mündet. Was in der Arbeitswelt Regel und Norm ist, nämlich Rationalität, Leistung, Kontrolle, soll nicht gelten im Privaten. Dieser Zustand, so etwa Peter Berger, führt zu einer steigenden »Selbstanonymisierung«.[6]

Welcher Grad dieser Selbstanonymisierung ist zulässig, ohne daß Menschen und gesellschaftliche Einrichtungen zerbrechen? Die Pluralisierung der sozialen Lebenswelten nimmt zu. Damit wird eine neue Fähigkeit gefordert, die Berger mit »multi-relationaler Synchronisation« beschrieben hat: »Das bedeutet, daß der Einzelne in seinem Bewußtsein nicht nur eine Vielzahl sozialer Beziehungen organisiert halten muß, sondern auch eine Mehrzahl von Laufbahnen, die für sein eigenes Leben relevant sind. Diese Laufbahnen berühren verschiedene institutionelle Bereiche und haben verschiedene ›Fahrpläne‹. Bei dem Beispiel einer Familie, die einen Umzug plant, gibt es mehrere solcher Fahrpläne, die fast immer in die Überlegungen einbezogen werden müssen. Da gibt es die allgemeine finanzielle Laufbahn der Familie: Wie wird sich z.B. der in Frage stehende Umzug auf die Absichten des Mannes auswirken, mit 60 in den Ruhestand zu treten? Da ist zumindest eine, möglicherweise sind auch mehrere Berufskarrieren zu bedenken. Wird beispielsweise dieser Umzug, ungeachtet der finanziellen Vorteile, ein Schritt nach oben in der beruflichen Karriere des Mannes sein? Und wenn ja, wie wird er sich auf die Karriere der Frau auswirken (angenommen: auch sie ist berufstätig)?«[7] Ob bestimmt oder unbestimmt – für die Bewältigung des Alltags sind grundlegende Vorstellungen von Lebensplänen vorhanden. »Der Lebensplan«, so Berger, »wird zu einer primären Quelle der Identität.«[8]

Die individuellen Lebenspläne sind vom Wandel der Umwelt abhängig, und sie verlaufen deshalb in den seltensten Fällen geradlinig. Dabei erhebt sich die Frage: Was ist vorhersehbar, was muß unbedingt antizipiert werden können? Und nicht zuletzt, in welchem direkten Zusammenhang steht Sicherung des Wohlstands mit eigener Leistung?

Ein weiteres wesentliches Merkmal moderner Gesellschaften besteht darin, daß nichts Gleichwertiges an die Stelle überlieferter Sozialbindungen getreten ist: Soziale Kontrolle, die in Familie, Sippe und Nachbarschaft im Verlauf der Industrialisierung zwar zusehends als Last und Zwang empfunden wurde, barg jedoch jene verpflichtende Solidarität gegen den Nächsten in sich, die heute samt und sonders an bürokratische Institutionen delegiert wurde. Die damalige Sorge um den Mitmenschen wurde zur heutigen *Ver*sorgung des Mitmenschen. Wenn seinerzeit Émile Dürkheim noch annahm, daß sich beim Fortschreiten der Arbeitsteilung zwangsläufig und sozusagen mechanisch eine Solidarität ergeben werde, sehen wir heute, wenn überhaupt, nur eine bürokratische, abstrakte Solidarität. Die Fiktion des allgemeinen Ausgleichs entfernt die Menschen, die es betrifft, in Wahrheit weiter voneinander – anstatt sie das Mitmenschliche in der Solidarität erleben zu lassen.

Materielle Sicherheit wurde als zugeteilter Wohlstand an die Stelle einer Hoffnung gesetzt. Was wir indessen brauchen, ist – wie Popper vor langer Zeit schrieb – Hoffnung, nicht Gewißheit.[9] Was wir brauchen, so meine ich heute, ist materielle Sicherheit *und* erlebbare Solidarität, ist Wohlstand, der über die Subsistenzgrenze hinaus durch eigene Leistung erwerbbar wird. Jede gesellschaftliche Macht muß sich, um zu überdauern, einer bürokratischen Organisation bedienen. Nun scheint es indessen, daß die »maßlose Vernunft« in Form eines ausufernden Bürokratismus die Idee des Staates selbst zu verdrängen droht und damit unterhalb jener Ebene funktioniert, in der gesellschaftliche Freiheit verbürgt sein sollte. Die Grundrechte verblassen vor der verrechtlichten Wohlfahrtpraxis des Alltags. Sicherheit scheint, wie gesagt, sich an die Stelle des Freiheitsgedankens zu setzen.

Der Anspruch auf Befriedigung sozialer Bedürfnisse ist in der Praxis oft verschleiert, denn Verteilung erfolgt stets nach dem Gefälle der Macht, somit nach Verteilungsmechanismen, welche die Bedürftigen in unserer Gesellschaft, wie Alte, Kinder, Wehrlose, kaum direkt zu beeinflussen vermögen. Die Hebung des jeweils speziellen Wohlstands zu einer bestimmten Zeit an einem bestimmten Ort mit einer angebbaren Dauer der Wirkung macht die eigentlichen staatlichen Planungsziele aus. Solche spezifischen Ziele treten in jeder Gesellschaft aber mit anderen staatlichen Planungen in Konflikt, weil Bedürfnisse von Individuen und Gruppen etwas anderes sind als der Bedarf einer Gesellschaft. So ist etwa Ordnung Bedarf des Staates, nicht unbedingt der Bürger. Der Einzelne mag sich in der Gesellschaft Sicherheit wünschen, indessen darf dieses Bedürfnis nicht zum Bedarf werden: Sicherheit als Dogma zerstört die Demokratie.

»Wir müssen ins Unbekannte, ins Ungewisse, ins Unsichere weiterschreiten«, sagt nicht etwa Ernst Bloch, sondern Karl Popper »und die Vernunft, die uns gegeben ist, verwenden, um, so gut wie wir es eben können, für beides zu planen: Nicht nur die Sicherheit, sondern zugleich auch für Freiheit.«[10] Nicht *die* Freiheit ist zu planen, sondern für ihre Ermöglichung ist zu planen. So ist bestimmt ein erheblicher Bedarf für Planung *in der* Gesellschaft, jedoch nicht *der einen* Gesellschaft vorhanden. Es wäre übrigens eine Illusion, anzunehmen, daß Planung Bedürfnisse, möglicherweise sogar »wahre« Bedürfnisse voll zu befriedigen vermöchte. Der Mensch ist zwar ein Mängelwesen, aber menschliche Bedürfnisse sind ein Prozeß und nicht nur ein Zustand: Planung hat schließlich auch zum Ziele, ja gerade zum Ziele, Bedürfnisse zu wecken.[11] Was zur Utopie und zur gesellschaftlichen Freiheit gesagt wurde, gilt auch für Planung: Sie verträgt sich mit keiner Art von Dogmatismus, weder technischem noch wirtschaftlichem und politischem.

Die Illusion, daß es möglich sei, etwa mit Hilfe der Wissenschaften eine durch und durch rationale Planbarkeit der Zukunft zu erreichen, ist längst verblaßt. Die Wissenschaft ist allenfalls fähig, einen Beitrag zur Steuerung zukünftiger Entwicklungen zu leisten. Auch bei der Begrenzung von Freiheit und Sicherheit wird die Wissenschaft ihren Beitrag zu entrichten haben, freilich nicht unter den Erschwernissen von Überschätzung einerseits und Mißachtung andererseits – wie wir dargestellt haben. Paul A. Weiss hat der letzten Sammlung der *Frenshan-Papers* den Titel gegeben: »Knowledge in Search of Understanding« (Wissen auf der Suche nach dem Verstehen).[12] Damit, so meine ich, hat er den Zustand der heutigen Intellektuellen gut gekennzeichnet. Wir wissen recht viel über das Funktionieren unserer Gesellschaft, aber wir sind auf der Suche nach dem Verstehen.

Auch Sozialwissenschaftler mögen so etwas wie ein gespaltenes Bewußtsein haben, indem sie ihre Erkenntnisse und ihre Methoden der Arbeitswelt und der Politik zur Verfügung stellen, sich sozusagen verwerten lassen, um nur im privaten Bereich sich den Luxus des Nachdenkens und Philosophierens zu erlauben. Die dringend benötigte Erkenntnis gesellschaftlicher Zusammenhänge setzt Muße voraus, nicht nur Freizeit. Freizeit ist als Gewährung weitgehend von äußeren Zwängen abhängig und komplementär zur Arbeitszeit, Muße dagegen eine Gabe. Freizeit, so empfinde ich wenigstens, ist ein Zustand, Muße dagegen eine Haltung. Wenn früher Müßiggang mit Reichtum einherging, wird Muße und nicht Freizeit ein Attribut zukünftigen Wohlstands sein.

Muße ist gekennzeichnet durch Absichtslosigkeit, die nicht unbedingt Interesselosigkeit bedeutet. Mir kommt es darauf an, daß wir Erkenntnis nicht als Folge von Leistungszwängen in den Systemen der »maßlosen Vernunft« erfahren, sondern vielmehr im Umgang mit modernen Möglichkeiten der Informationsverarbeitung eine Haltung einnehmen, die wir mit dem Ausdruck »Playful Attitude« bezeichnen könnten: Wenn wir in der durch die Elektronik entstehenden unvorstellbaren Masse gespeicherter Daten nicht sozusagen ertrinken wollen, ist die *spielerische Einstellung* mindestens eine Haltung, in der sich ein Forscher den Daten nicht als Tatsachen unterwirft und den von Popper beschworenen Dualismus von Tatsachen und Entscheidungen sozusagen im und durch das Spiel ernst nimmt.

Damit beschwöre ich keineswegs eine Verspieltheit in der Erforschung unserer Gesellschaft – dazu wären die Aufgaben viel zu ernst –, sondern zumindest eine im Spiel allein liegende Freiheit und weitgehende Abwesenheit offensichtlicher und verborgener Intentionen, die den Weg zur Erkenntnis versperren mögen. Diese Haltung ist des weiteren nicht Unterordnung unter den Zufall – und hat mit der mathematischen Spieltheorie recht wenig zu tun –, sondern ist Auswertung, wenn nicht gar Ausschöpfung aller verfügbaren Möglichkeiten.

Natürlich bin ich nicht so naiv anzunehmen, daß die spielerische Haltung voraussetzungslos sei. Indessen schränkt sie Sachzwänge ein und erweitert zumindest den Forschungsdesign. Mein Gedanke ist eine Erweiterung eines Vorschlages von Hans Albert, der Skeptizismus als eine durchaus rationale Reaktion auf den Dogmatismus auffaßt, daß er fordert, daß man der Problematik der »Selbstbegründung« dadurch entgehen könne, daß man stets die Problemsituation revidiere.[13] Eine solche stete Veränderung der gesellschaftlichen Problemsituationen scheint mir Voraussetzung für umfassendere Erkenntnis.

Die Absage an das unkontrollierte Wirken der maßlosen Vernunft, die Entlarvung der Vollkommenheit als technologische Ideologie führen schließlich zu einem Plädoyer für die Unvollkommenheit in unserer Gesellschaft; denn die Unvollkommenheit ist zunächst und vor allem Absage an Determinismus. Gerade in diesem Sinne ist die Unvollkommenheit Chance und Aufgabe zugleich: Das Absolutsetzen von Zielen verhindert jegliche Entfaltung von Freiheiten, die sowohl für die gesellschaftliche Entwicklung wie für die individuelle Selbstverwirklichung unabdingbar sind.

Auch wäre es abwegig, ein solches Ziel im Laufe der Geschichte selbst zu suchen, wie dies Popper deutlich machte: »Wenn wir glauben, daß die Geschichte fortschreitet, oder daß wir selbst fortschreiten müssen, dann begehen wir denselben Fehler wie ein Mensch, der die Geschichte für sinnvoll hält und der glaubt, daß sich dieser Sinn in ihr entdecken läßt und ihr nicht verliehen zu werden braucht. Denn Fortschreiten heißt, sich auf ein bestimmtes Ziel zubewegen, auf ein Ziel, das für uns als menschliche Wesen besteht. ›Die Geschichte‹

kann dies nicht tun; nur wir, die menschlichen Individuen, können es tun; wir können es tun, indem wir jene demokratischen Institutionen verteidigen und stärken, von denen die Freiheit und mit ihr der Fortschritt abhängt. Wir werden es viel besser tun, sobald wir einmal die Tatsache besser erkannt haben, daß der Fortschritt bei uns liegt, daß er abhängt von unserer Wachsamkeit, von unseren Anstrengungen, von der Klarheit, mit der wir unsere Ziele vorstellen, sowie auch vom Realismus unserer Wahl. Statt als Propheten zu posieren, müssen wir zu den Schöpfern unseres Geschickes werden.«[14]

Die unvollkommene Gesellschaft muß die Eigenschaften einer »offenen Gesellschaft« haben. In ihrer Unvollkommenheit liegt die Chance der Entwicklung, mithin der gesellschaftlichen Freiheit. Sie ist zugleich Absage an Dogmatismus und Determinismus. »Der Geist, der nur *einen* Denkansatz zum Verständnis der Wirklichkeit ertragen kann, ist gleicher Art wie der Geist, der *eine* allumfassende Machtstruktur aufzwingen muß, wenn er je in die Lage kommt, das tun zu können«, schreibt Peter Berger.[15] Die unvollkommene Gesellschaft ist Absage an jegliche spirituelle und materielle Diktatur. Nicht einer illusorischen, ja gefährlichen Vollkommenheit soll unsere Vorstellungskraft nacheifern, als vielmehr den zweifellos vorhandenen erreichbaren Alternativen, die uns die zwar oft schmerzliche Unvollkommenheit offenhält.

Es dürfte deutlich geworden sein, daß ein Streben nach vollkommener Wohlfahrt nicht einmal die Merkmale einer Utopie besitzt. Als weitere immaterielle Grenze des Wohlstands ist ein übersteigertes Streben nach Sicherheit erkannt.

8. Kapitel

Staat ohne Bürger: Die Illusion der Mündigkeit

Sicherheit scheint stets besser als Unsicherheit. Aus diesem Grunde wird alles, was mehr Sicherheit verspricht, selbstredend bevorzugt. Jeder Ausbau der Sozialpolitik eines Staates scheint der allgemeinen Sicherheit zu dienen und wird in der Regel sogleich positiv bewertet. Wer dagegen einen weiteren Ausbau staatlicher Wohlfahrt in Frage stellt, wird heutzutage zuweilen schon denunziert, bevor er in der Lage ist, seine Argumente zu erläutern. Mehr materieller Aufwand aber verbürgt keineswegs automatisch mehr Wohlstand. Solange ein Wohlfahrtsstaat lediglich an dem Verhältnis von Sozialleistungen und Bruttosozialprodukt gemessen wird, kommen qualitative Aspekte zu kurz. Und nicht nur das: Wenn ein Staat als Wohlfahrtsstaat nur gilt, wenn er mindestens ein Viertel des Bruttosozialproduktes für soziale Sicherung aufwendet, so fehlen in dieser Rechnung mindestens zwei Größen – die der Effizienz der Verteilung und die der Wirkung auf den einzelnen Menschen.

Wieder einmal scheint die Wachstumsideologie den Blick für mögliche Folgen zu trüben; denn es werden nur die Kosten, selten aber der Nutzen von Wohlfahrtssystemen in die nationalen Buchhaltungen eingetragen. Warum? »Wachstum und Gedeihen der bekannten sozialpolitischen Einrichtungen und Rechtsverhältnisse erscheinen von vornherein begrüßenswert«, schreibt Peter Gross, »und eine in Jahresberichten ausweisbare wachsende ›Geschäftstätigkeit‹ wird selbstverständlich als Erfolg bewertet. Umgekehrt wird jede Forderung nach einer Sozialreform, die nicht in dieses simple Ausbauschema hineinpaßt, als konservativ, als rückschrittlich, als Demontage des Sozialstaates gebrandmarkt.«[1]

Die Frage nach dem zukünftig möglichen Wohlstand ist für mich vor allem eine Frage nach der Effizienz der Sozialpolitik. Wie kann Sozialpolitik in ihrer Wirkung qualitativ verbessert werden? Nicht das Ziel der heutigen Sozialpolitik wird also in Frage gestellt, sondern ihre ineffizienten Formen und Verfahren.

Kürzlich schrieb Ralf Dahrendorf in einem Artikel unter der Überschrift »Ein Klassenkampf ohne Klassen? – Viele wollen die Wohltaten der Modernität erhalten, aber deren Preis nicht zahlen«: »Der Weg in die Zukunft führt nicht über Gesetzgebung. Sicherlich gibt es wichtige Unterschiede zwischen Ländern, in denen die Verrechtlichung von Problemen an der Tagesordnung ist, und anderen, die Streitfragen lieber in der direkten Auseinandersetzung klären. In allen aber gilt, daß die Auseinandersetzung mit den übermächtigen Organisationen und Bürokraten direkt geführt werden muß. Gesetze und Gerichte können das nicht.

Die ›neue soziale Frage‹ nimmt in dem hier angedeuteten Prozeß eine Schlüsselstellung ein. Klassische Sozialpolitik stößt ja überall an finanzielle Grenzen; zugleich kann sie vor bürokratischem Apparat sich kaum bewegen. Zwar wird das Netz sozialer Sicherheit immer enger geknüpft; aber auf eigentümliche Weise scheinen dabei immer mehr Menschen durch seine Maschen zu fallen. Eine Sozialpolitik der Teilnahme und der Selbstbestimmung – übrigens auch der ›compassion‹, um ein Wort aufzunehmen, das Willy Brandt vergebens in das deutsche Denken einzuführen versucht hat – ist ein zentraler Bestandteil einer Gesellschaft, in der die neuen Klasseninteressen derer obsiegen, aus denen die Proteste der Gegenwart vielfach ihre Kraft ziehen.«[2]

Die vielen Alternativbewegungen gegen den bürokratischen Etatismus werden durchaus von der elementaren Erfahrung vieler getragen, »daß die großorganisatorischen Systeme sozialer Sicherung die Nöte und Probleme der privaten Existenz nicht mehr zu erreichen vermögen« (Peter Gross).[3] Um jedoch wirkungsvoll zu werden, müßten die Gegenbewegungen in Front zu den Großorganisationen selbst groß organisiert werden. Die Annahme, daß bestehende Finanzknappheit automatisch und sozusagen nach freien Marktgesetzen für eine höhere Effizienz sorgen werde, ist entweder Ausdruck eines unangebrachten Zynismus oder zeugt von geringer Kenntnis des Funktionierens von Sozialstaaten. Wie Peter Gross zu Recht anmerkt, liegen allerlei mit reichlichem Aufwand erarbeitete Notpläne für die Bewirtschaftung knapper werdender Güter in den Schubladen der Ministerien. Benzinkarten können von heute auf morgen zugeteilt werden: »Wo verläuft aber die Linie zwischen jener Verantwortung, welche der Staat und professionelle Großorganisationen zu übernehmen und jener, welche die private Existenz, die kleinen Gemeinschaften zu tragen haben?«[4]

Nicht nur der Wohlstand ist, wie bereits früher dargelegt, vom Wachstum abzukoppeln, sondern auch und vornehmlich das Kernstück der modernen Sozialpolitik: Die Sozialpolitik kann sich in Zukunft nicht mehr nur vornehmlich im Dienst einer Sicherung des Einkommens sehen, sondern muß stärker den individuellen Wohlstand ermöglichen. Dieser wird, wie noch zu zeigen bleibt, wesentlich immaterielle Züge aufweisen. Wenn es um den weiteren Ausbau der Sozialpolitik geht, dann heißt die Forderung, ähnlich wie in der Wirtschaftspolitik insgesamt: qualitativer Ausbau.

Es wird in letzter Zeit oft von der Entmündigung des Bürgers durch staatliche Sozialpolitik gesprochen. So auch und vor allem von Helmut Schelsky: »Der Sozialstaat produziert anstelle von Selbstbestimmung und Selbstverantwortung den passiven, den nur von der ›Gesellschaft‹ fordernden und daher sich ihr maximal anpassenden Menschen.«[5] Nach Schelsky ist die leitende Idee eines jeden Sozialstaates die der zuteilenden Gerechtigkeit: Es müsse dabei immer eine Instanz vorhanden sein, die zuteilt, wodurch sich die zentrale Macht und Verwaltung des Staates aufblähe. Der liberale oder personenfreiheitliche Grundgedanke sei »der einer Gerechtigkeit aufgrund gegenseitiger Leistung, also einer ›Vertrags‹-Gerechtigkeit, die von den Partnern der Gegenseitigkeitsleistung als freie Verpflichtung eingegangen wird.« Nach Schelsky verhindert der moderne Sozialstaat eine personale Gerechtigkeit zugunsten der austeilenden Gerechtigkeit: »Je mehr die zuteilende Gerechtigkeit des Sozialstaates überhandnimmt, um so deutlicher bilden sich soziale Mechanismen heraus, die den Menschen seiner personalen Selbständigkeit berauben und ihn, scheinbar zu seinem Wohle, entmündigen. Sozialpolitik wird dialektisch zum Gegenteil dessen, was sie ursprünglich war: Statt Hilfe für die Selbstbehauptung und Selbstbestimmung des Menschen wird sie zur eigentümlich modernen Form der sozialen Herrschaft.«[6]

Die Analyse Schelskys ist von bestechender Klarheit. Ich stimme ihr im wesentlichen zu, insbesondere wenn er vier Aspekte eines sozialen Mechanismus definiert, nämlich 1. das Umweg-Syndrom der zuteilenden Gerechtigkeit, 2. die Perfektionierung der Gerechtigkeit durch steuerliche Enteignung, 3. die Aufkündigung des Generationenvertrages und schließlich 4. die Professionalisierung der Humanität. Gefährlich dagegen sind seine Schlußfolgerungen: Wenn er glaubt, daß im Sozialstaat die Demokratie nicht mehr effizient funktioniere, mag er noch recht haben. Allein wenn Sand im Getriebe ist, heißt das noch lange nicht, daß das Getriebe insgesamt nichts tauge: Schelsky fordert nämlich: »Wer mehr zur sozialen Sicherung der Zukunft beiträgt, sollte auch darüber mehr mitzubestimmen haben.« Es ist zwar durchaus zutreffend, wenn auch wenig erforscht, daß Sozialstaaten in der Regel zuwenig Produktivkräfte produzieren und damit die Kette der Generationenleistung nur unter größten Mühen, wenn überhaupt, stabil erhalten. Und es ist auch richtig, daß sich in modernen Industriestaaten nicht jede Familie in und für sich selbst sozial sichern kann; daß also ganz allgemein eine Sozialpolitik erforderlich ist, die darauf zielt, die Lebensbewältigung des Einzelnen im Schoß der Familie zu stützen, kann ebenfalls völlig akzeptiert werden. Daraus aber die Forderung abzuleiten, Familien mit Kindern doppeltes und dreifaches Wahlrecht zuzuteilen, wie Schelsky dies vorschlägt, scheint auf ein gründliches Mißverständnis der Demokratie überhaupt zu weisen.

Der Sozialstaat produziert nach Schelsky den passiven, nur von der Gesellschaft fordernden Menschen. Keiner zweifelt, daß wachsende Bürokratisierung die Menschen abhängiger und passiver macht. »Entmündigung« und »Entfremdung« aber sind Schlagworte, die einen komplizierten Befund der heutigen gesellschaftlichen Wirklichkeit zunächst mit einem Etikett versehen, sie aber nicht zu erklären vermögen. Ich verwende keinen dieser Begriffe besonders gern, da sie geistesgeschichtlich und politisch erheblich belastet sind.

Selbstverständlich hat die industrielle Produktion die menschliche Arbeit zerstückelt; die Logik der maßlosen Vernunft erschwert es den erwerbstätigen Menschen, Zusammenhänge zwischen Leistung und Produkt zu erkennen. Dies ist freilich nur eine Seite der »Entfremdung«. Sozialstaaten sind durch eine steigende Nivellierung des Einkommens sowie durch eine Verringerung sozialer Unterschiede charakterisiert. Gleichzeitig hat sich – wie wir sahen – Verwaltung immer stärker aufgeplustert. Ist diese Entwicklung eine ausschließliche Folge des Kapitalismus? Müßte Kapitalismus nicht eher zu Differenzierungen führen – und was entfremdet nun mehr, kapitalistische Produktion oder das, was wir mit Etatismus umschrieben haben?

Ähnliches Unbehagen empfinde ich beim Begriff der »Entmündigung«. Was gilt nun: Entmündigt sich der Bürger im modernen Sozialstaat sozusagen selbst, indem er laufend mehr Sicherheit verlangt und dafür die um sich greifende Bürokratisierung zuläßt? Oder wird er im Namen der zuteilenden Gerechtigkeit vom Staat selbst entmündigt? Dies wohl kaum. Auch die Demokratien der nachindustriellen Gesellschaften setzen den mündigen Bürger voraus. Zumindest appellieren die Politiker immer dann an die Mündigkeit des Bürgers, wenn sie gewahr werden, daß auch bei einer noch so großen Flut von Gesetzes- und Verwaltungsbestimmungen Sozialkonflikte ungeregelt bleiben. Mündigkeit der Bürger ist im übrigen auch eine Voraussetzung für jene, die eine freie, vom Staat nicht gestörte, Marktwirtschaft postulieren. Sie glauben, der Markt regle am kostensparendsten, weil im Grunde genommen die Fiktion einer freien Entscheidung mündiger Bürger vorausgesetzt wird. Soll staatliches Fernsehen beispielsweise kommerzielle Konkurrenz erhalten, sollen Satelliten mit Dutzenden von Programmen ins Weltall geschossen werden, dann werden sowohl Freiheit wie Mündigkeit hemmungslos in Anspruch genommen, um diese totale Konkurrenz zu verteidigen. Dabei scheint man anzunehmen, daß »mehr Programme« gleichbedeutend mit »mehr Auswahl« seien. Der Bürger, selbstverständlich als mündiger Fernsehkonsument, sei ohne weiteres in der Lage, sinnvoll auszuwählen – so daß automatisch Programmvielfalt auch Programmqualität verbürge. Es sei an dieser Stelle nur angemerkt, daß hier wieder einmal in die technische und ökonomische Seite eines

Problems unendlich viel mehr investiert wurde als in die Abklärung der Wirkungen. Wie aber steht es um den Fernsehkonsumenten? Welche Art von weiser Entscheidung und welche Art von Erfahrung wird bei Kindern und jugendlichen Fernsehern vorausgesetzt?

Der »homo sui potens«, der sich selbstbestimmende Mensch, ist ebenso eine Abstraktion wie der »homo oeconomicus«. Die erwachsenen und handlungsfähigen Menschen sind nämlich beides zugleich, mündig und entmündigt. Die Frage ist es, in welchem Grad und in welchen Bereichen. Viele Zeitgenossen sind sehr wohl in der Lage, dort zu entscheiden, wo sie Übersicht, Erfahrung und Kenntnisse besitzen. Ich selber zum Beispiel bin dagegen weitgehend ratlos und lasse für mich entscheiden, wo ich entweder von den Folgen meines Tuns keine Ahnung habe oder wo es mir in der Tat viel bequemer scheint, mich versorgen zu lassen. Zumindest für mich persönlich halte ich die Frage für wesentlicher, inwiefern ich eine Umwelt direkt erleben kann – oder in welchem Maße ich sowohl Informationen als auch Auswirkungen nurmehr vermittelt erfahre. Vermittelt durch die Massenmedien, vermittelt durch die Bürokratien. Je nach dem Ausmaß dieser Vermitteltheit verliere ich nämlich auch die Kontrolle über Vorgänge in meiner Umwelt. Ich vermag sie weder einzuschätzen noch sie wesentlich zu beeinflussen. Nicht nur die Distanz zu anderen Menschen und ganzen Gruppen wächst, sondern es wächst auch die Distanziertheit gegenüber Dingen: soziale Distanz also zu Menschen, Dingen und Einrichtungen. Die zunehmende Vermitteltheit der Wahrnehmung ist ein ungelöstes Problem, ein Gradmesser auch der Erscheinungen, die nur schemenhaft mit Entfremdung bezeichnet werden können.

Ohne Zweifel sind die wachsenden Bürokratien, ist der verstärkte *Etatismus,* die verstärkte Präsenz des Staates, ein wesentlicher Grund auch für diese wachsende Distanzierung und die damit einhergehenden gesellschaftlichen Folgen. Von Bürokratie wurde bislang nur pauschal gesprochen. Es ist an der Zeit, daß neben dem Hinweis auf das ihr zugrunde liegende, immer weiter sich verbreitende Sicherheitsstreben und die damit verbundene zunehmende Delegation von Verantwortung an staatliche Einrichtungen eine andere Grundursache beleuchtet wird: das Streben nach Gleichheit, der moderne *Egali-*

tarismus. Zunächst jedoch einige, wie ich hoffe, nicht über Gebühr polemische Bemerkungen über das Ausmaß des modernen Etatismus.

Die Bürokratien, ob in westlichen oder östlichen, kapitalistischen oder sozialistischen, in entwickelten oder sich in Entwicklung befindlichen Staaten, können im Grunde mit drei Begriffen charakterisiert werden: Zuständigkeit, Anonymität und Willkür. Die schlichte Frage etwa, welche Amtsstelle oder welches Ministerium denn für das Leben des einzelnen Menschen zuständig sei, würde unweigerlich Kopfschütteln hervorrufen. Sicher käme die Gegenfrage, welche Aspekte des Lebens des Einzelnen denn wohl gemeint seien... Einfacher erscheint zunächst die Frage, wenn jemand ein Haus bauen will. Immerhin hat ein Pedant oder Spaßvogel festgestellt, daß in einem Bundesland für das Erstellen eines Einfamilienhauses über 1000 Gesetzes- und Verwaltungsbestimmungen zu beachten seien und daß je nachdem bis zu 32 verschiedene Amtsstellen mit der Angelegenheit »befaßt« sein könnten. Wenn jemand in seinem Hinterhof ein Gebilde errichten möchte, das in der Höhe 1,50 m übersteigt, braucht er bereits eine Baugenehmigung.

Oder: Ein Bagatellunfall, der zufällig durch einen zuständigen Beamten bezeugt wurde, hatte einen Verwaltungsaufwand verschiedener Stellen zur Folge, der das 150fache des effektiven Schadens ausmachte...

Ich will es mir versagen, weitere Beispiele zu zitieren. Wichtig ist für mich an dieser Stelle der Umstand, daß die Zuständigkeit nicht durch das Problem, um das es geht, definiert wird, sondern daß das Leben von der Bürokratie selbst und von oben her fein säuberlich zerstückelt wird. Das Amt bestimmt die Zuständigkeit, isoliert und klassifiziert jedes Stück Leben, für das es eingerichtet ist. Diese Stücke aber strebt die Bürokratie so erschöpfend wie möglich zu erfassen. Da Bürokratien indessen doch dafür da sind, den Bürgern Dienste zu leisten, kann sich nur derjenige mit Erfolg wehren, der alle Zuständigkeiten und Grenzen überschaut – ein Wissen, das ebenfalls darüber entscheidet, in welchem Ausmaß der Einzelne überhaupt die bürokratischen Dienstleistungen auch genießen kann. Je komplizierter die Bürokratien, desto schwieriger ist der Umgang mit ihnen und desto weniger Menschen kommen in den vollen Genuß der bestehenden Anrechte.

Der einzelne Mensch ist für die Bürokratie ein Fall: Seine Sache wird verwaltet, die Person jedoch ist dabei unerheblich. Die Dienste werden um der Gerechtigkeit willen geleistet, Anonymität ist dabei ein Grundelement sozialer Verwaltung. Da in modernen Demokratien alle Individuen vor den Gesetzen gleich sind, muß die staatliche Bürokratie ohne Ansehen der Person, also anonym, handeln. Diese Gleichheit wird freilich nicht nur durch die Unterschiede des Wissensstandes durchbrochen, sondern die durchaus angebrachte Verschwiegenheit in der Behandlung einzelner Fälle addiert zur sozialen Distanzierung noch die Anonymisierung.

Obwohl im Grunde jede staatliche Bürokratie der Gerechtigkeit verpflichtet ist, führt die Hypertrophie der Zuständigkeiten und die steigende Anonymisierung auch zu vermehrter Willkür: Von niemandem gewollt, nirgendwo vorgesehen, ist das ursprüngliche Ziel gerechter Verteilung oft ins Gegenteil umgeschlagen. Da Bürokratien ein bestimmter Perfektionismus eigen ist, entfallen die Dienstleistungen schließlich willkürlich und in vielen Fällen entgegen der eigentlichen Notwendigkeit. Als – geläufiges – Beispiel etwa der Hinweis, daß ein Drittel der Bewohner von Sozialbauwohnungen längst kein Anrecht auf diese Vergünstigung mehr besitzen.

Ein naher Verwandter der Gerechtigkeit ist die Gleichheit. Soziale Dienstleistungen neigen zum Nivellieren. Der Wohlhabende, besonders auch der Beamte, erhält in einem hohen Maße Krankenunterstützung, die er so reichlich nicht braucht, während der »arme« Leidende, der anteilmäßig durchaus mehr benötigte, entschieden zu wenig erhält. Mit diesem Hinweis sei klargestellt, daß bei dem »Zufallen« von Leistungen nicht einmal an die zuweilen auch vorkommende Behördenwillkür gedacht war, bei der Amtsanmaßung zu unnötiger Einmischung ausufert. Es war gleichsam nur die Rede von der durchaus unbeabsichtigten, weitgehend unkontrollierten und unkontrollierbaren Willkür, die heute fast naturgesetzlich mit bürokratischen Systemen verbunden ist.

Viele Bürokratien, die doch zur Mehrung und Verteilung von Wohlstand geschaffen sind, wirken insgesamt *wohlstandsmindernd,* weil sie den Gesamthaushalt weit über Gebühr belasten. Wer sich die Mühe macht, das Wachsen von Bürokratien zu untersuchen, kann auf ein interessiertes Publikum zählen. So auch Renate Merklein, die feststellte, daß etwa im Bundesministerium für Ernährung, Landwirtschaft und Forsten 1960 noch 2507 Bedienstete 1,13 Millionen Bauern »betreuten«. Bis heute nun hat sich die Zahl der selbständigen Landwirte praktisch halbiert, die der allein vom Bund her zuständigen Betreuer aber praktisch verdoppelt! Dabei kümmern sich wenigstens zeitweilig noch ein Teil der 23414 Bediensteten der Bundesländer und mehrere Tausend EG-Bürokraten in Brüssel um die Bauern und ihre Produkte.[7]

Diese Erscheinungen sind keineswegs vereinzelt oder auch nur typisch für die Bundesrepublik. Dabei muß nicht einmal das Anwachsen der Bürokratien und die Kosten, die sie verursachen – sowohl durch Personal wie Ineffizienz –, als das Hauptübel gelten, sondern vielmehr die teilweise Lähmung politischer Entscheidungen durch sogenannte verwaltungsmäßige Sachzwänge. Ihre Maßnahmen beginnen zuweilen so verspätet zu wirken, daß das Problem, für das sie entworfen wurden, längst nicht mehr existiert.

So schreibt Alvin Toffler über Amerika: »Die Krise des Entscheidungsprozesses ist indessen nicht das Monopol einer bestimmten Partei oder eines bestimmten US-Präsidenten. Sie hat sich vielmehr seit den frühen 60er Jahren immer mehr verstärkt und spiegelt lediglich tiefer liegende Strukturprobleme wider, die kein Präsident – sei er nun Demokrat oder Republikaner – im Rahmen der bestehenden Ordnung lösen kann. Auch auf andere gesellschaftliche Institutionen wie die Familie, die Schule und die Wirtschaftsunternehmen wirkt sich diese politische Situation destabilisierend aus.

Dutzende von Gesetzen, die unmittelbar ins Familienleben eingreifen und sich gegenseitig aufheben bzw. widersprechen, verschlimmern die Krise der Familie. Im Bildungswesen wurden in dem Augenblick Gelder für den Neubau von Schulen bewilligt, als die Schülerzahl zu sinken begann. Die Folge war eine Bauorgie – und nutzlose neue Schulgebäude... Da verlangt beispielsweise der Kongreß, daß General Motors und andere Automobilhersteller aus Umweltgründen in allen neuen Wagen katalytische Konverter installieren sollen. Kaum hat GM 300 Mio Dollar für die Konverter ausgegeben und einen 500 Mio Dollar schweren 10-Jahres-Vertrag für die Lieferung der zu ihrer Herstellung nötigen wertvollen Metalle unterzeichnet, verkündet die Regierung, daß die Auspuffgase von Autos mit katalytischen Konvertern 35mal soviel Schwefelsäure enthalten, wie die von Wagen ohne Konverter...«, berichtet Toffler.

»Gleichzeitig produziert eine außer Kontrolle geratene Verordnungsmaschinerie ein immer undurchdringlicheres Netz von Vorschriften, 45000 Seiten pro Jahr! 27 verschiedene Behörden wachen allein auf dem Sektor der Stahlherstellung über die Einhaltung von 5600 Bundesgesetzen (dazu kommen Tausende von zusätzlichen Verordnungen, die sich auf die Rohstofförderung, den Verkauf der Produkte und auf Transportfragen beziehen). Eli Lilly, ein führendes pharmazeutisches Großunternehmen, verwendet mehr Zeit auf die Ausfüllung amtlicher Formulare, als auf die Erforschung von Krebs und Herzkrankheiten. Ein einziger Rechenschaftsbericht des Ölkonzerns Exxon an die staatliche Energiebehörde umfaßt 450000 Seiten – das entspricht ungefähr 1000 Bänden!«[8]

All dies tönt nach organisiertem Unfug, nach Unvernunft und mangelndem Verstand. In wessen Namen nur konnte dies alles geschehen? Sollte diesem Wildwuchs Einhalt geboten werden, so wäre dafür wahrscheinlich eine weitere Bürokratie nötig. So löblich etwa der Vorsatz des bayerischen Ministerpräsidenten war, eine Kommission zur Vereinfachung der Verwaltung einzusetzen, so spärlich sind bis heute deren Erfolge. Zumindest ist Kunde davon noch nicht bis zu meinem Schreibtisch vorgedrungen. Da ich selbst zu einem nicht unerheblichen Teil gezwungenermaßen bürokratisch tätig bin, erstaunt mich dies nicht, ja ich frage mich ernstlich, wie die notwendige Abhilfe in der Praxis tatsächlich geschaffen werden kann.

Dabei vergesse ich nie jene weit zurückliegende Erfahrung, die ich als frisch gewählter Abgeordneter eines Stadtparlaments machte: Als – theoretischer – Planungsfachmann habe ich damals vorgeschlagen, fällige Straßenbauarbeiten verstärkt zu koordinieren. Vielleicht wurde ich sogar deshalb gewählt, weil ich versprochen hatte, etwas gegen den Unsinn des ewigen Straßenaufreißens und Zupflasterns, Straßenaufreißens und Zupflasterns – und dies alles auf Kosten der

Allgemeinheit – zu unternehmen... Als ich dann in mühevoller Kleinarbeit und aufwendigen Gesprächen alle Zuständigkeiten und alle Planungsabläufe sowie alle Örtlichkeiten zu überblicken begann, mußte ich feststellen, daß etwas mehr Koordination schon möglich gewesen wäre. Doch wenn Gas, Elektrizität, Telefon, Wasser und Kanalisation (um nur einige zu nennen) im Spiele waren, hätten allenfalls unter glücklichen Umständen die Aus- und Eingrabungsarbeiten an einem einzigen Straßenzug gleichzeitig vorgenommen werden können. Zum Nachteil aber der angrenzenden Straßen und Plätze; denn die Bauerei verlief nicht nach einem einzigen Zeitplan, sondern nach Plänen einzelner Systeme. Jeder war nur für seine Kostenstelle, sein eigenes System zuständig. Eine Zuständigkeit für Koordination war absolut nicht vorgesehen und wäre vom einzelnen Auftraggeber eher störend als hilfreich empfunden worden.

Was auf der Straße geschieht, ist jedem einsichtig und damit durchaus auch Grund für Empörung, Kopfschütteln und möglicherweise sogar für Beschwerden bei den Behörden. Daß etwas Ähnliches in viel größerem Ausmaß, aber unsichtbar, möglicherweise sogar schleichend, im Bereich der Sozialpolitik, der Sozialgesetzgebung und der Wohlfahrt geschieht, ist nur wenigen bewußt. Da es sich dabei gewiß um noch viel kompliziertere Systemzusammenhänge handelt, scheint auch hier eine Koordination unter heutigen politischen Verhältnissen beinahe unmöglich. Trotzdem sollte sie in Angriff genommen werden. Dieses Buch versteht sich schließlich als ein – sehr bescheidenes – Plädoyer dafür, indem es wenigstens zum Nachdenken anregen will. Leider hat mein Kollege Northcote Parkinson das Spektakulärste schon vorweggenommen, als er ein sehr simples Gesetz aufstellte: die Regel, daß sich die Zahl der Bürokraten selbst dann ständig erhöhe, wenn ihre Aufgaben schrumpfen. Klassischer Beweis für seine Theorie war die Zuwachskurve des britischen Kolonialministeriums, die umgekehrt proportional zur Abnahme der Kolonien und damit der eigentlichen Aufgaben verlief...

Doch solche hübschen Theorien taugen leider wenig. Auch andere allzu einfache Erklärungsschemata erfassen nicht die ganze Wahrheit. So, wenn etwa Renate Merklein schreibt: »Die Unzahl neuer Sozialleistungen für Bürger, die darum gar nicht gebeten hatten und häufig genug durch neue, angeblich zu ihrem Besten erdachte Sozialvorschriften nur belästigt und zu Behördengängen genötigt werden, nährt unterdes den Verdacht, daß da ganz sachfremde Interessen im Spiel sind. Die ›Interessen‹, so vermutet der Kieler Finanzwissenschaftler Willi Albers, ›der Verwaltung‹.«[9] Natürlich profitiert jede Verwaltung durch eine Ausdehnung ihrer Aufgaben, weil durch eine Stellenvermehrung auch eine Verbesserung des Stellenkegels eintritt und damit für einzelne Behördenmitglieder die Aufstiegsmöglichkeiten verbessert werden. Dies gilt natürlich in besonderem Maße für Behördenleiter. Aber so ohnmächtig sind unsere Parlamente und so unwirksam schließlich sind unsere – wenn auch schwer ramponierten – demokratischen Kontrollmöglichkeiten nun auch wieder nicht, daß allein durch dieses »Interesse« das unaufhörliche Wachstum der Bürokratie erklärt werden könnte.

Zunächst scheint das unaufhörliche Anwachsen von Bürokratien ähnlichen Gesetzmäßigkeiten zu unterliegen, wie sie am Beispiel der maßlosen Vernunft industrieller Produktion beschrieben wurde. Zwar setzt das Wachstum der Bürokratie ein Wachstum der Produktion voraus, doch gehorcht die Bürokratie grundsätzlich einer anderen Logik: »Die fundamentale Logik der technologischen Produktion, auf der Ebene der Praxis wie auf der des Bewußtseins, ist die Logik der Produktivität. Das ist bei der Bürokratie nicht notwendigerweise der Fall. Bürokratische Prozesse werden durch andere Bestimmungsfaktoren als die der Produktivität geformt«, schreibt Peter Berger. »Während die Produktion industrieller Güter zwischen Mitteln und Zwecken kaum unterscheidet und durch den organisierten Ablauf der Produktion gleichsam die Umwelt organisiert, setzt Bürokratie Organisierbarkeit bereits voraus. Im wahrsten Sinne geht industrielle Produktion von dauernder Veränderung aus und bewirkt sie selbst. Im Gegensatz dazu ist die Geregeltheit tragendes Element des bürokratischen Verhaltens und eng damit verbunden die Voraussehbarkeit von Abläufen. Ihr Ziel ist nicht Produktion, sondern weitgehend Erfüllung einer allgemeinen Erwartung von Gerechtigkeit. In der personenneutralen Zuteilung von Diensten ist scheinbar diesem Anspruch Genüge getan. So nur ist die von der Bürokratie postulierte Untrennbarkeit von Mitteln und Zielen zu verstehen.«[10]

Ein Bürokrat, der sich nicht stillschweigend auf den allgemeinen Auftrag, Gerechtigkeit zu üben, beriefe, der als seine Funktion nicht durch Vorschriften geregelte Zuteilung von Dienstleistung verstünde, wäre der Korruption hilflos ausgeliefert. Daß er die unbeabsichtigte Willkürlichkeit seines Tuns kaum einsieht, kann ihm dabei nicht angelastet werden, da es hier doch nicht um persönliche Handlungsweisen geht, sondern um Folgen komplizierter Systemabläufe, für die der einzelne Beamte wenig kann. Sein Handlungsspielraum ist ohnehin begrenzt und wird immer begrenzter. Damit ist er aber auch in seinem menschlichen Ermessen beeinträchtigt: Er selbst regelt und wird geregelt.

Staatliche Bürokratien können vor allem deshalb wachsen, weil sie im Prinzip Mehrung von Wohlstand versprechen. Da der Einzelne glaubt, daß ihm die immer stärker ausgebauten Sozialdienste auch immer höhere Sicherheit garantieren, stößt er sich wohl an gelegentlichen Auswüchsen, nicht aber am Prinzip und Ziel der Bürokratie. Wenn wir unseren Blick einmal von der äußeren Organisation der Bürokratien abwenden und auf das lenken, was wir institutionalisiertes Verhalten nennen – also immer wiederkehrendes soziales Verhalten, das auf nicht mehr überprüften Einsichten, Annahmen und Gefühlen beruht –, sehen wir, daß wir selbst durch unser »institutionalisiertes« Anspruchsdenken die Bürokratien im heutigen Ausmaß erst eigentlich ermöglichen. Dieser allgemeine, oft unausgesprochene Konsensus, ist m. E. Hauptursache für die fortschreitende Bürokratisierung unseres Lebens. Natürlich sind Bürokratien auch Herrschaftsinstrumente des Staates, selbstverständlich fühlen sich nur zeitweilig verantwortliche Politiker gegenüber der Verwaltung im Hintertreffen; dies nicht nur in der Bundesrepublik. Seitdem nämlich Verwaltungen auch immer mehr Informationen verarbeiten, wächst in ihnen so etwas wie ein Wissensmonopol. So hat beispielsweise der US-Kongreß versucht, dem Einfluß der Regierungsbürokratie entgegenzuwirken. Alvin Toffler berichtet, daß sich das Parlament daher eine eigene Bürokratie geschaffen habe, u. a. ein Amt für Budgetfragen und ein Amt für Technologie: »So ist das Kongreßpersonal im vergangenen Jahrzehnt von 10700 auf 18400 Personen angewachsen. Doch dadurch wurde das Problem lediglich von außen nach innen verlagert. Unsere gewählten Volksvertreter wissen immer weniger über die zahllosen Maßnahmen, die sie beschließen müssen, und sind dazu gezwungen, sich immer mehr auf das Urteil anderer zu verlassen. Sie vertreten nicht einmal mehr sich selbst.«[11]

Dieses Spiel kann weitergehen, denn wenn das Parlament schon eine Verwaltung gegen die Verwaltung aufbaut, müßten sich schließlich auch die einzelnen Parteien »Wissensbürokratien« schaffen. »Eine Spitzenstellung unter den westlichen Demokratien hat die Bundesrepublik auch mit ihrem Parteiensystem erreicht. Wahrscheinlich gibt es gegenwärtig im Westen keine modernere Partei als die CDU. In der Mitgliederzahl mag sie mit Parteien anderer Länder noch vergleichbar sein. In der finanziellen Ausstattung und in der Organisation (die einem Staate im Staate nahekommt, mit kabinettsähnlicher Ausdifferenzierung des Staates, einem politischen Dienstleistungsbetrieb und einem Netz auswärtiger Beziehungen) ist sie in anderen Ländern ohne Beispiel. Was für die CDU gilt, trifft, wenn auch etwas abgeschwächt, ebenso für die anderen Parteien der Bundesrepublik zu: Sie sind voll ausgebildete »Staatsorgane«, urteilt Rolf Zundel.[12]

Und wenn schon etablierte und vom Staat unterstützte Parteien Bürokratien aufbauen, so müßten sich am Ende wohl auch Bürgerinitiativen, kleinere parteienähnliche Vereinigungen, ihre Verwaltungen schaffen, die ihnen längerfristige Wirkungen erst ermöglichen.

Trotz der unaufhörlich wachsenden Zahl von Faktensammlungen, Untersuchungen, Expertenberichten wird immer häufiger von der Ratlosigkeit der Politiker bei unerwarteten oder tiefgreifenden Ereignissen gesprochen. Sind denn moderne Staatsgebilde noch regierbar? Es scheint mir, daß insbesondere in noch funktionierenden Demokratien eine Verschiebung stattfindet: Politische Auseinandersetzungen, die eigentlich den *Zielen* gelten sollten, beschränken sich vermehrt auf Mittel und Verfahren. Gerade wenn unerwartete Ereignisse Politiker und Bürokraten unvorbereitet treffen, wenn sie dafür keine »Bewußtseinsstrukturen« mobilisieren können, greifen sie zum Ritual der Maßnahmen. Dies nach dem Motto: Irgend etwas tun ist besser, als nichts tun. Geschäftigkeit übertüncht Ratlosigkeit, und das Anordnen und Verfügen läßt wenigstens die Illusion zu, daß man wohl schon wissen werde, wozu das alles gut sei. In der Not verspricht Bürokratie Sicherheit. Daß diese Sicherheit allerdings auf tönernen Füßen steht, merkt man möglicherweise zu spät. Dafür ist der Preis, daß sich wenigstens die Bürokraten kurzfristig in einer Sicherheit ihres Sozialverhaltens sonnen können, entschieden zu hoch. Was also dringend nottut, ist eine Zieldiskussion der Sozialpolitik.

C.F. v. Weizsäcker hat in anderem Zusammenhang die Politik mit einem Fahrrad verglichen, das nur stabil ist, wenn es weiterfährt. Jeder, der in seiner Jugend einmal erheblich auf die Nase gepurzelt ist, weiß, daß die Stabilität des Kurses mit der Geschwindigkeit zunimmt. Je schneller das Rad, desto schwieriger werden Richtungsänderungen, denn das Vorderrad entwickelt eine hartnäckige Resistenz. Ich wage es, die sozialstaatliche Bürokratie mit diesem Fahrrad zu vergleichen. Stabilität und Sicherheit sind löbliche Ziele, können aber nicht die einzige Richtung in einem Sozialstaat sein. Wenn sich die einzelne Bürokratie nur ihrem eigenen Zweck verpflichtet fühlt, ergeben sich möglicherweise irreparable und auch irreversible gesellschaftliche Strukturveränderungen.

Nur durch derartige Verselbständigungen in einzelnen Bereichen der Gesellschaft ist das zwiespältige Verhalten vieler Menschen sozialstaatlichen Einrichtungen gegenüber zu erklären: Es wächst beides, sowohl Anspruch wie Widerstand. Vor allem aber wächst der mögliche Anteil der Fremdbeeinflussung des Einzelnen, nicht sosehr der Fremd*bestimmung*. Dies ist eine Erscheinung, die in allen Sozialstaaten mehr oder minder zu beobachten ist.

Wir besitzen heute eine große, wachsende Zahl von komplizierten wissenschaftlichen Untersuchungen, die diese Erscheinungen analysieren. Die Aussicht aber, daß ihre Ergebnisse und Einsichten ins Bewußtsein der Bürger und ins Handeln der Politiker einfließen, ist gering. Vielleicht sind einige Publizisten erfolgreicher. So wünschte ich mir eine breitere Auseinandersetzung mit einem brillanten Essay von Carl Amery unter dem Titel: »Die Einsicht in unsere Grenzen«. Er stellt zunächst fest, daß die uns bekannten Lebensprozesse in einem Netz vielfältigster Beziehungen und einem System von Kreisläufen stattfinde. Schon in kleinen Netzen und in kleinen Kreisläufen sei die Vielfalt der Beziehungen sehr groß, so daß die mittelbaren und unmittelbaren Folgen von Eingriffen und Veränderungen nur für den Fachmann abzuschätzen seien. Amery weist aber darauf hin, daß es tröstlicherweise Kulturen gegeben hat, in denen solche Abschätzungen durchaus möglich waren. Nur sind sie kaum Vorbild für uns, denn: »Diese alten Kulturen waren nicht gezwungen, Sachverstand an so winzige Eliten und in so winzige Sektoren aufgesplittert zu delegieren, daß dadurch eine Zusammenschau von vornherein unmöglich wird – die bescheidende und bescheidene Zusammenschau der überlebensnotwendigen Netze.

Freilich, was diese Kulturen nur ungenügend herstellten, war Macht; und zwar Macht in jedem Sinne. Macht, die sich in Profiten ausdrückt; Macht, die Riesenheere erstellen kann; Macht, die alle Transportwege kontrolliert; Macht, die alle wichtigen Informationen an sich zieht. Und dies, zweifellos, wird der schwerste Übergang von allen notwendigen Übergängen werden: Der Weg in die relative Machtlosigkeit der bisher Mächtigen.«[13]

Trotz Bürokratien steigt die Ratlosigkeit von Regierungen, *dank* Bürokratien aber steigt auch ihre Macht. Eine bedenkliche, ja gefährliche Konstellation. Dieser Zusammenhang scheint mir deshalb gefährlich, weil Macht nur schwer kontrolliert werden kann, weil die Zunahme der Stabilität auch die Steuerung erschwert. Abgabe und Verteilung von Macht aber, so verstehe ich Amery, sollte mit dem Wiedererlangen der Überschaubarkeit einhergehen. Dies ist nach seinen Worten nur möglich, wenn folgende Bedingungen erfüllt werden: 1. Absolute Abnahme des Geld- und Warenverkehrs; 2. ein positiver *feed-back* muß stattfinden; 3. es sollte zu einer lebendigen Entwicklung kommen, in der die Kompetenz »ständig und ständig schneller anwächst«; und 4. schließlich ist eine Schrumpfung der Macht nötig, »die sich bisher aus der Oligopolisierung von Produktions- und Dienstleistungen oberhalb des Überschaubaren ergeben hat oder ergibt«. Stimmt, was Amery behauptet, daß nämlich das Bruttosozialprodukt im wesentlichen als Verrechnung von Leistungen bestehe, die eigentlich gar nicht verrechnet werden dürften? »Die ganze unsinnige Fülle der Transaktionen« – schreibt Amery – »erhellt schon daraus, daß sowohl das Auto wie der Auto-Unfall und der Unfallchirurg als ›Wohlstand‹ in dieses Bruttosozialprodukt eingehen; daß etwa das Geschenk plötzlicher und völliger Gesundheit für unsere kranken Zeitgenossen (und wir gehören alle dazu) nichts anderes bewirken könnte, als den katastrophalen Zusammenbruch dieses Bruttosozialproduktes und damit der Volkswirtschaft; daß Hausfrauenarbeit erst dann in das Sozialprodukt eingeht, wenn sie – etwa in Form von Haushaltsgerät – mit Geld verrechnet und ausgedrückt werden kann – und was der Unsinnigkeiten mehr sind. Dieser Unsinn hat sich als zweites, als total künstliches Netz über das Netz der natürlichen Lebenszusammenhänge gestülpt, von denen wir sprachen. Dieses Netz der Künstlichkeit, scheinbar so dicht und sicher in den Zentren unserer hominisierten, unserer vom Menschen für Zwecke des Menschen zugerichteten Welt, hängt aber an ganz wenigen Seilen der ökologischen Stabilität. Niemand vermag vorauszusagen, wann und wo sie zuerst reißen werden. Es gibt Pessimisten (sie sind Optimisten im ökologischen Sinne), die den Kollaps des Netzes vor dem Kollaps des Ökosystems prophezeien: Das künstliche System stirbt an der eigenen Über-Kompliziertheit. Es gibt andere, welche als ersten Zusammenbruch den sozialpsychischen sehen: Das Anwachsen von Schutthalden, an Alkoholismus, Drogenabhängigkeit, Neurosen, Psychosen jeder Art, die schließlich – bei unvermindert wachsendem Bruttosozialprodukt – zur Unfähigkeit der Gesellschaft führen könnten, auch nur die einfachsten Überlebensaufgaben wahrzunehmen. (Man halte vor eine solche Aussicht etwa die unheimliche Präzision, das Zusammenspiel von Auftrag, Intelligenz und Nüchternheit, das unsere Großtechnik, und zwar nicht nur die atomare, erfordert!) Aber wo immer die Stricke zuerst reißen: Das künstliche Netz hat Zeit gehabt, sich als Macht-Struktur aufzubauen, und es ist gerade seine Eigenschaft als Macht-Struktur, die seinen Abbau so schwierig macht. Alles, vom wachsenden Steueraufkommen bis zu den militärischen Systemen, bezieht seine Daseinsberechtigung, seine künstlichen Lebenssäfte aus der Existenz dieses künstlichen Netzes.«[14]

Wir haben uns allzu langfristig an die einschmeichelnde und klare Logik des Wachstums gewöhnt. Deshalb ängstigen uns seine Grenzen. Vielleicht hat Amery recht, wenn er behauptet, daß uns gerade die Einsicht in die Grenzen freimache, nämlich freier und unvoreingenommener, um nüchtern eine Bestandsaufnahme auch unserer

Möglichkeiten vorzunehmen. Ich bin aus verschiedenen Gründen ein Gegner von Katastrophenszenarios, und ich lehne auch keineswegs das Wachstum ab, im Gegenteil, wohl aber eine unbegründbare Wachstumsideologie. Nichts wäre wünschbarer als weiteres Wachstum, vorausgesetzt, daß die Bürokratien ein *qualitatives* Wachstum ermöglichen und nicht behindern. Die Mißachtung der positiven Möglichkeiten des Wachstums führt uns nämlich ebenfalls zu nichts. Und wenn Amory B. Lowitz einmal pointiert gesagt hat, daß das Wachstumssystem nichts anderes mehr zu leisten vermöge, als die Umstellung der Deckstühle auf der sinkenden *Titanic*, so würde ich dieses Bild allenfalls als didaktische Übertreibung gelten lassen. (Das ändert nichts daran, daß es auf der untergehenden *Titanic* tatsächlich Kellner gegeben haben soll, die noch die Tische abräumten, und Zahlmeister, die ihre statistischen Tabellen abschlossen...)[15]

Würde übrigens die These der fortschreitenden Entfremdung und Entmündigung im Sozialstaat zutreffen, müßte auch der Widerstand gegen staatliche Maßnahmen abnehmen. Das Gegenteil ist aber festzustellen: Der Widerstand wächst an allen Ecken und Enden. So wächst der Widerstand gegen höhere Steuern, werden große und kleine Planungsmaßnahmen durch Bürgerinitiativen, Einsprachen und gelegentliche Straßenaufstände erheblichen Ausmaßes gestört und nicht selten verhindert. Und neben der offiziellen Wirtschaft wächst eine andere, inoffizielle: Es wächst nicht nur die Arbeitslosenzahl, noch stärker steigt die Schwarzarbeit. Wo erscheint *sie* im Bruttosozialprodukt? Über diese eigentliche Dualwirtschaft später noch einiges mehr.

In der Bundesrepublik Deutschland verschlingt das System der sozialen Sicherung jede dritte verdiente Mark. Richtiger müßte es heißen, jede dritte *offiziell* verdiente Mark. In anderen Ländern, so etwa in Holland, verschlingt der sogenannte »kollektive« Sektor bereits zwei Drittel des Nationaleinkommens.

Nach Helmut Schelsky ist ein Staat, der aus dem Bruttoeinkommen seiner Bürger mehr als ein Drittel durch Steuern und gesetzlich zwingende Sozialabgaben an sich zieht, jenseits der Grenze eines liberalen, auf materielle Freiheit und Selbstverfügung seiner Bürger bedachten Gemeinwesens angelangt. Um einen, wie er sagt, sozialistischen Betreuungs- und Verteilungsstaat zu verhindern, schlägt er vor, es solle verfassungsrechtlich festgelegt werden, daß die Bürger als Gesamtheit über rund zwei Drittel des Bruttosozialproduktes in individueller Wahl und Festlegung verfügen könnten.[16]

Wieso allerdings die Grenze bei einem Drittel liegen soll, und nicht beispielsweise bei 40% oder bei 20%, vermag Schelsky nicht anzugeben. So scheint mir zwar seine Grenze willkürlich, die Problematik aber realistisch gesehen. Wieder einmal sind quantitative Annahmen lediglich als Hinweise für Größenordnungen zu werten, für im Grunde immaterielle Einflüsse.

9. Kapitel

Abschied vom Gleichheitstraum

Die Wohlfahrtsstaaten kommen nicht nur in die Krise, weil das Wachstum stagniert, weil Mittel knapp werden, sondern weil Abschied zu nehmen ist von einem Gleichheitstraum.

Das der sozialstaatlichen Bürokratie zugrunde liegende Prinzip der Gerechtigkeit basiert auf der Annahme, daß Gleichheit nicht nur möglich, sondern auch vernünftig sei. Ein entsprechendes Beispiel aber dafür, daß die fortschreitende Egalisierung die Arbeitslust der Bürger dämpft, bietet der in manchen Bereichen als vorbildlich geltende Sozialstaat Holland. So schrieb kürzlich Günter C. Vieten, von dem ich die Überschrift zu diesem Kapitel borge: »Die Niederländer mögen es flach. Nicht nur, daß sie verliebt sind in die von keiner Erhebung gestörte Oberfläche ihres Vaterlandes. Unter dem politischen Stichwort ›Nivellering‹ streben sie seit nun drei Jahrzehnten auch danach, sämtliche sozialen Höhenunterschiede im Lande einzudämmen: Einkommen, Wissen und Macht sollen im Volk möglichst gleichmäßig verteilt werden...

Doch das System funktioniert plötzlich nicht mehr wie früher. Die öffentliche Hand wird durch die gesetzliche Koppelung von Lebenshaltungskosten, Ecklöhnen, Beamtenbezügen und Sozialrenten zu Ausgaben gezwungen, die durch das Volumen der Steuereinnahmen und Abgaben nicht mehr gedeckt sind. Durch zusätzlichen Steuerdruck auf die höheren Einkommensschichten läßt sich das egalitäre Ideal kaum retten. Bei Steuersätzen bis zu 72% ist die Belastungsgrenze erreicht. Der Steuerbetrug grassiert in Holland, zwei von drei Steuerzahlern betrügen den Fiskus.«[1]

Das »Gerechtigkeitsprojekt« ist auf Hindernisse gestoßen. Die Leistungsverweigerung einer wachsenden Zahl von Bürgern führt nicht nur zu weiteren Mindereinnahmen, zur Verringerung der Produktivität, sondern soziale Unrast steigert auch die Intoleranz gegenüber echten oder angeblichen Profiteuren des Sozialsystems und mindert die Bereitschaft zur Solidarität.

Es ist zu erwarten, daß die niederländische Regierung Maßnahmen ergreift: Es muß gespart werden – aber wo, bei wem und wieviel und bei wem zuerst? Die Spitzengehälter von Regierungsbeamten wurden bereits gekürzt, nicht ohne Schadenfreude der Kleinverdiener. Sie währte allerdings nur kurz, denn alle Lohnforderungen für untere Einkommensschichten wirken sich mittelbar auf die Arbeitslosenquote aus.

Die Probleme in den modernen Sozialstaaten ähneln einander, ebenso die Maßnahmen, die man erwägt. Erstaunlich aber ist, daß in der Politk aller westlichen Industrienationen vornehmlich Verfahrensweisen zur Diskussion stehen, nicht aber die Frage, ob das Prinzip der Nivellierung und ob das Streben nach Gleichheit tatsächlich die einzigen Möglichkeiten für sozialstaatliche Gerechtigkeit bieten; ob das geltende politische und wirtschaftliche System Gleichheit überhaupt zuläßt.

Das erklärte Ziel von Wohlfahrtsstaaten ist tatsächlich eine höchstmögliche materielle und soziale Gleichheit, obwohl die Mittel zu deren Verwirklichung einem Wirtschaftssystem entstammen, das auf völlig entgegengesetzten Prämissen beruht, nämlich auf Wettbewerb und Ungleichheit. Vor fünf Jahren hat der britische Ökonom Fred Hirsch ein Buch mit dem Titel »Die sozialen Grenzen des Wachstums«,[2] geschrieben. Es ist in den USA und in Großbritannien zu einem Standardwerk geworden und wird seit kurzem auch im deutschen Sprachbereich diskutiert. Hirsch erklärt darin, daß unter bestimmten Bedingungen und nach einer bestimmten Zeit jeder individuelle Fortschritt notwendigerweise in gesellschaftlichen Mangel umschlägt. Die Priorität und das Versprechen des wirtschaftlichen Wachstums sieht Hirsch in seiner Hauptaussage – zusammenfassend – durch drei ursprünglich zusammenhängende Probleme »sozial begrenzt«.

Erstens – das Überflußparadox – bringt anhaltendes und generalisiertes materielles Wachstum in fortgeschrittenen Gesellschaften vorprogrammierte Enttäuschungen mit sich; es mündet in gesellschaftliche Knappheit. Zweitens – der Verteilungszwang – führt Wachstum nicht zu höherer Verteilungsgerechtigkeit; ein höherer Lebensstandard der Mehrzahl der Bevölkerung wird nur durch das »Backen eines größeren Kuchen« erreicht. Drittens – der unfreiwillige Kollektivismus – beruht die Fortdauer des Wachstumsprozesses selbst auf bestimmten moralischen Vorbedingungen, die durch seinen eigenen Erfolg gefährdet sind, und zwar durch sein individuelles Ethos. Das wirtschaftliche Wachstum unterminiert so seine gesellschaftlichen Fundamente.

Vielleicht wird an zwei der plastischen Bilder Hirschs deutlich, was er unter *Positionsgütern* versteht, die plötzlich knapp werden: Wenn einige Zuschauer, so Hirsch, sich in einer großen Menschenmenge auf die Zehenspitzen stellen, um besser sehen zu können, so erreichen sie damit ihr Ziel. Sobald das aber alle anderen auch machen, sehen fast alle gleich schlecht... Wenn die Menschen in einer großen Schlange – vorn die Privilegierten, hinten die Benachteiligten – vorwärts marschieren, in Richtung »Fortschritt«, dann werden zwar auch die Letzten in absehbarer Zeit einmal vorn ankommen. Bis dahin aber sind die Vorderen längst in eine andere Richtung eingeschwenkt. Vor allem: Der Stellenwert des Erreichten hat sich bis dahin bereits verändert. Und im übrigen werden die Letzten stets die Letzten bleiben.

Nach Hirsch wird für den Einzelnen die Frage immer wichtiger, wie er selbst im Vergleich zu anderen steht. Wissenschaftler haben daraus eine Theorie des Neides gebastelt.[3] Angemessener wohl wären Untersuchungen über Bewußtseinsstrukturen, über die Bedeutung des Vergleichs als Hilfe eigener sozialer Orientierung. Bei der Sättigung mit materiellen Gütern wächst die Bedeutung immaterieller Gratifikation. Wie wichtig es ist, daß sich der Einzelne über seine Bedeutung für andere einigermaßen im klaren ist – das wird im allgemeinen viel zuwenig beachtet. Überfluß, so stellt auch Hirsch fest, macht eine Gesellschaft nicht zufriedener.

Daß die Menschen nicht gleich geboren sind, daß Unterschiede im Aussehen, in den Fähigkeiten bestehen, ist offenkundig. Daß der Traum der Gleichheit nie ganz zu realisieren sein würde, war schon jenen bewußt, die ihn zum Programm ihrer Politik machten, den Vätern der Französischen Revolution. Dennoch wird soziale Gleichwertigkeit geradezu als die Forderung unserer Zeit vertreten, wie Rudolf Dreikurs schon im Titel seines Buches »Soziale Gleichwertigkeit« zum Ausdruck bringt.[4]

In den Vereinigten Staaten wurde aus der Gleichwertigkeit die Gleichberechtigung. Es entstand die Forderung nach »equal rights«. Jede Demokratie hat die Aufgabe, Minderheiten zu schützen. Rassendiskriminierung, offene oder versteckte, verletzt in der Tat grundlegende Menschenrechte. Nun hat sich insbesondere in den Vereinigten Staaten, aber selbstverständlich nicht nur dort, in den letzten Jahrhunderten gezeigt, daß Gesetze allein keine Diskriminierung zum Verschwinden bringen können. Soziale Vorurteile gehören zu den hartnäckigsten Begleitern menschlichen Fühlens und Denkens.

Bei alledem ist jeder Versuch und jede Anstrengung, menschliche Gleichwertigkeit im Alltag durchzusetzen, ideell begrüßenswert. Was aber eine Verwaltung, was das bürokratische System zur Realisierung eines wichtigen und lobenswerten Zieles auszurichten vermag, zeigt die heutige Diskussion in Amerika: Die Gruppen der Schwarzen, der Puertoricaner und Mexikaner wurden zu bürokratischen Zähleinheiten. Wenn bestimmte Betriebe bestimmte Quoten von Minderheiten nicht aufweisen können, werden sie bestraft. Sei es, daß die Verwaltung ihnen Mittel entzieht, so etwa den Universitäten, sei es, daß die Regierung Aufträge an Betriebe storniert. So werden plötzlich Quoten wichtiger als individuelle Verdienste und Fähigkeiten. So wird plötzlich die Hautfarbe zum Grund für Einstellung oder Entlassung – unabhängig davon, ob jemand für die Arbeit geeignet ist und ob ihn die Arbeit auch befriedigt.

Die wichtige Aussage, daß Rassendiskriminierung unmoralisch und verfassungswidrig, daß sie grundsätzlich falsch und undemokratisch sei, kehrt sich mittlerweile nicht selten um und diskriminiert die Mehrheit: Ein williger und fähiger Weißer z.B. kann nicht berücksichtigt werden, weil die Quote der Schwarzen noch nicht erreicht ist... Die ethnischen Bezeichnungen können durchaus wechseln.

Durch die Aufstellung von Quoten, durch Zahlen und Gruppendefinitionen hat sich bereits eine Struktur zementiert, wo dem ursprünglichen Ziel gemäß ein dynamisches Verfahren notwendig gewesen wäre. Wahrscheinlich entstammt diese ungewollte Folge wieder einmal einer unkorrekten Definition des sogenannten öffentlichen Interesses: Das eigentliche Ziel in liberalen Gesellschaften und Wohlfahrtsstaaten kann nämlich nicht darin bestehen, daß irgendwelche Gruppen in irgendwelchen Positionen und genau angegebenen Proportionen vertreten sein sollen, sondern vielmehr darin, daß diese Positionen durch angemessene und vor allem durch nichtdiskriminatorische Regeln verteilt werden und allen gleichmäßig offenstehen, sofern die Anwärter geeignet sind.[5]

Offensichtlich kann Gleichwertigkeit weder mit Hilfe von Gesetzen noch über bürokratische Verfahren durchgesetzt werden. Zumindest aber blieb in den sechziger und teilweise noch in den siebziger Jahren die Hoffnung, daß zum Erreichen eines Wohlstands für alle wenigstens Chancengleichheit herstellbar sei; jede Politik, die Chancengleichheit verspricht, kann mit einer breiten Zustimmung rechnen. Da nun in nachindustriellen Gesellschaften sozialer Aufstieg vor allem mit dem Erwerb von Kenntnissen und Fähigkeiten verbunden war und ist, wurde folgerichtig ein Schwerpunkt zur Erreichung der Chancengleichheit im Bildungswesen angesetzt. Die Studentenzahlen wurden verdoppelt und verdreifacht, die Universitäten überflutet. In der Praxis wurden – durch Universität und Schule – mehr jungen Menschen mehr Chancen für einen im Durchschnitt weniger guten Unterricht und gesunkene Aufstiegsmöglichkeiten geboten. Wir erinnern uns an das, was Hirsch an anderer Stelle geschrieben hat: daß dieses System notwendigerweise Enttäuschungen produzieren müsse. Augenblicklich leben wir mit ihnen, übermorgen drohen sie uns zu ersticken. Das Angebot an Chancengleichheit allein jedenfalls verbürgt noch keinen Wohlstand.

Wer markante Formen des Zuteilungsstaates beobachten will, kann dies durchaus bei den Bildungsinstitutionen tun: Wir haben Bürokratien, die Studienplätze zuteilen; wir haben Bürokratien, die Unterstützung all den vielen zuteilen, die nach Abschluß ihrer Ausbildung keine Arbeit finden. Die hohe Jugendarbeitslosigkeit insgesamt ist ein Indiz dafür, daß bislang offensichtlich viele Maßnahmen des Wohlfahrtsstaates am Ziel vorbei verwalten, daß die Chancengleichheit Illusion bleiben muß, wenn sie nicht tatsächliche Chancen gewähren kann. Selbstverständlich bleibt das Ziel: mehr Chancen für mehr Menschen. Aber Chancengleichheit als Ziel hat nur einen Wert, wenn Ungleiches erstrebenswert bleibt. Wie Ralf Dahrendorf richtig feststellt, wäre Chancengleichheit zum Erreichen einer Unterschiedslosigkeit widersinnig.[6] Nachdem offensichtlich der Mechanismus der Chancengleichheit nicht in der vorgestellten Weise zu funktionieren vermag, bastelt man bereits an sozialpolitischen Maßnahmen zur Herstellung einer Gleichheit von Lebensbedingungen. Es ist unschwer vorauszusagen, daß auch diese Maßnahmen das Weiterbestehen benachteiligter Gruppen in der Gesellschaft nicht werden verhindern können. Die Benachteiligung nimmt lediglich andere Formen an. Bei der Verringerung materieller und physischer Not scheinen psychische Nöte zu wachsen. Selbst wenn wir annehmen würden, es gäbe irgendwann und irgendwo eine vollkommen gerechte Zuteilung von Gütern, Diensten und Chancen an alle, so bliebe doch die Nutzung dieser Möglichkeiten durch den Einzelnen verschieden: Durch die unterschiedlichen Fähigkeiten der Menschen, Möglichkeiten wahrzunehmen, bleiben Unterschiede, ja bleibt Ungleichheit ein Grundelement jeder Gesellschaft. Die Aufgabe heißt nach wie vor Reduzierung »ungerechter« Unterschiede. Eine Nivellierung um ihrer selbst willen aber ist weder Grundprinzip der Demokratie noch ihr Ziel. Im Gegenteil: Ohne Unterschiede gibt es nicht nur keine sozialen Konflikte, sondern auch keine Pluralität, gibt es im Grunde keinen erstrebenswerten Wohlstand mehr.

Der Mensch ist und bleibt grundsätzlich ein Mängelwesen. Er wird immer Wünsche haben, die über seine Bedürfnisse hinausgehen. So produziert er gleichsam gesellschaftlich immer neue Knappheiten. Auch ein weit getriebener Egalitarismus könnte Knappheit nicht beseitigen. Knappheit wird auch in Zukunft eine Folge von Werthaltungen von Menschen sein und von Struktureigenschaften ihrer Institutionen abhängen. Was knapp wird, ist demnach einem fortwährenden dynamischen Prozeß verhaftet. Darin mag dem einen als Überfluß erscheinen, was der andere als Mangel fühlt. Es wird deshalb nie ein Ende der Knappheit geben, wie dies Daniel Bell in seinem Buch »Die nachindustrielle Gesellschaft« als denkbar darstellt.[7]

Die sozialen Grenzen des Wachstums, wie sie von Fred Hirsch dargestellt wurden, sind im großen und ganzen mit den Grenzen des Wohlstands identisch. Wohlstand bedeutet, daß nicht eine gänzliche, sondern nur eine relative Abwesenheit von Dingen besteht, die als wünschbar empfunden werden. Wohlstand ist gleichzeitig auch in Zukunft nur dann erstrebenswert und kann als solcher genossen und im eigentlichen Sinn erlebt werden, wenn in der Gesellschaft ein bestimmter Grad an Knappheit herrscht. So wie sich Vorstellungen von Mangel und Knappheit ändern, ändern sich auch Inhalt und Bedeutung dessen, was als Wohlstand gelten kann. Wird ein bestimmter Grad der Nivellierung, den ich allerdings nicht zu bezeichnen in der Lage bin, überschritten, wird das, was gestern noch als Wohlstand erlebt werden konnte, plötzlich obsolet. In der Wettbewerbsgesellschaft, so haben wir gesehen, waren Leistung und der Wert von Wohlstand nicht ohne Nebenfolge: Leistung hat andere diskriminiert. Werden aber die »equal rights« bürokratisiert, wird die Gleichheit von Menschen unter der Hand der Verwaltung zum Programm statistischer Gleichheit, so werden nunmehr Leistung und Leistungsbereitschaft selbst diskriminiert. Die Versuche, statistische Gleichheit durchzusetzen, sind ein Widerspruch in sich selbst.

Auch in Zukunft wird der Mensch im Grunde unerfüllbare Bedürfnisse haben nach Zuwendung und Anerkennung. Er wird das Bedürfnis hegen, sich ohne große Schwierigkeiten in seinen sozialen Bezügen orientieren zu können. Er möchte wissen, wo er steht, und schließlich hat er auch fürderhin das Bedürfnis nach Belohnung. Was er tut, muß für ihn nicht nur sinnvoll sein, sondern ihm auch Befriedigung gewähren. Anstelle der beinahe automatisch sich vollziehenden Nivellierung müssen gesellschaftliche Einrichtungen etwas entwikkeln, was Amitai Etzioni mit dem Begriff »Bedürfnissensibilität« bezeichnete.[8] Zum zukünftigen Wohlstand gehört die Rückgewinnung der Selbstkontrolle, gehört die Reduktion der sozialen Distanzen und der »Vermitteltheit« der Umwelterfahrung.

Wer auf die Staatsbürokratien schimpft, erhält zweifellos Beifall. Wer dagegen das Funktionieren von Chancengleichheit in Frage stellt, gerät leicht ins Zwielicht. Der vielfältige Erfolg etwa von Büchern, die Bürokratismen satirisch beschreiben, ist wohl vor allem darauf zurückzuführen, daß sich der Lachende selbst nicht betroffen fühlt: Bürokraten sind immer die anderen. Bürokratie – das sind Organisationen, die Absurdes produzieren und deshalb lächerlich wirken. Dabei wird vergessen, wie sehr die eigene Geisteshaltung, wie sehr vor allem das Anspruchsdenken und wie sehr die individuelle Bequemlichkeit in den Industriestaaten das Wuchern der Bürokratien erst ermöglicht. Ein Abbau der Bürokratien jedoch wäre erst möglich, wenn sich vor den Institutionen der Wohlfahrt das institutionalisierte Wohlfahrtsdenken der Menschen ändern würde.

Wenn wir auch in Zukunft Wohlstand erleben wollen, der sich – wie wir ja gesehen haben – in dynamischen Prozessen ergibt, brauchen wir im Grunde auch dynamisches Denken, wir brauchen dynamische Normen. Wir tun so, als ob Wohlstand praktisch in mechanischen Abläufen erreicht werden kann. Die Realität aber ist, wie Frederic Vester zu Recht sagt, als offenes System nicht mechanisch. Vester verweist einerseits auf die ungeheure Beschleunigung und Verdichtung von Kenntnissen, Informationen und Abläufen und andererseits auf das Verharren in Gewohnheiten, Traditionen und Tabus: »Bei der derzeitigen Vermehrungs- und Verdichtungsrate ist jedoch jener Zeithorizont so kurz geworden, daß das beharrliche Festhalten an Traditionen in gewissen Fällen Gift, ja tödlich sein kann. Wo die Festlegung auf eine starre Regel auch beginnt, sie mag zunächst noch so zeitnah sein, im nächsten Moment stimmt sie mit der neuen Wirklichkeit einer inzwischen schon wieder veränderten Umwelt nicht mehr überein... Ein tradiertes Verhalten, das bei dem früheren, relativ stationären Zustand über ein ganzes Jahrtausend seine Gültigkeit bewahrte, solange die Veränderungen in den Lebensbedingungen über einen bestimmten Spielraum nicht hinaussprangen, hätte zur Zeit, wo die gleichen Veränderungen tausendmal ablaufen, eine Gültigkeit von vielleicht nur einem Jahr; eine Tradition, die früher nach hundert Jahren ungültig wurde, mag heute ihre Gültigkeit schon einen Monat nach ihrer Einführung wieder verlieren.

Viele statische Normen sind also in unserer Zeit schon im Moment ihrer Aufstellung wieder falsch und daher als Norm nicht zu gebrauchen.«[9]

Voraussetzung von dynamischen Normen ist aber ein völlig neuartiges Lernen und Verarbeiten von Information. Dies ist nur möglich, wenn wir einen Teil des Sicherheitsstrebens aufgeben, wenn wir versuchen – und uns darin auch trainieren –, »vernetzt« zu denken; d.h. wenn wir nicht wie gewohnt in fachmännischer Manier nur in die Tiefe forschen, sondern Bedingungen und Folgen, Vor- und Nachteile einer Vielzahl von Möglichkeiten überdenken. Selbst wenn Zusammenhänge nur annähernd erfaßt werden können, ist dies bereits ein Fortschritt gegenüber einer völligen Unkenntnis möglicher Nebenwirkungen, gegenüber mangelndem Vorstellungsvermögen von Zusammenhängen. Die technischen Möglichkeiten zur »Vernetzung« von Informationen wären durchaus vorhanden. Die Vorstellungen allerdings von einem Zusammenwirken stellen nach wie vor eine Aufgabe menschlicher Phantasie und Neugier dar, sind in vermehrtem Maße aber auch Ausdruck von Verantwortungsbewußtsein.

Die verlangten dynamischen Normen sind maßgeblich soziale Normen. Soziale Normen erkennt man im allgemeinen nur an ihrer Wirkung: Was in einer Gruppe allgemein als angemessen gilt, ist in der Regel nicht sichtbar. Erst wenn einer dagegen verstößt, läßt die Reaktion der anderen auf den Inhalt der Norm schließen. Anders dagegen technische und gesetzliche Normen. Ihr Charakter der Festlegung muß sich nach Vester in Zukunft vermehrt zugunsten einer Tendenzangabe verändern. Die Folge einer solchen Öffnung ist erstaunlicherweise gar nicht mehr Unsicherheit: Wenn dynamische Normen anstelle fester Größen »Tendenzen, also Tempo und Richtung einer Entwicklung« anzugeben vermögen, würden sie nicht nur »viel länger ihre Gültigkeit bewahren«, sondern auch »mehr Sicherheit und Halt geben als eine statische Norm...«, schreibt Vester. »Die ersten Vorläufer dynamischer Normen sind bereits aufgetaucht. Etwa im Umweltbereich bei den stufenweise in Kraft tretenden Abwasserbestimmungen oder bei dem über mehrere Jahre gestaffelten Benzin-Bleigesetz. Obwohl sich hier die einzuhaltenden Werte von Jahr zu Jahr ändern, bleibt eines konstant: die Art der Änderung selbst. Vertrautheit und Sicherheit stellen sich ein wie früher bei der statischen Norm.«[10]

Es wäre meines Erachtens der Mühe wert, sich einmal solche dynamischen Normen in der Sozialgesetzgebung vorzustellen und in Verordnungen der Wohlfahrtsbürokratie zu erproben. So müßte z.B. ein Arzt nicht mehr einzelne, teilweise unnötige, wenn nicht gar fiktive Leistungen abrechnen, vielmehr wäre plötzlich der Verlauf einer Krankheit die Bezugsgröße. Und wie wäre es, wenn etwa die Eigenverantwortlichkeit des Patienten im Einhalten bestimmter Diäten belohnt werden könnte, da ja bekanntlich Belohnung menschliches Verhalten stärker anreizt und verändert als Bestrafung? Ich denke da, um noch im Bereich der Medizin zu bleiben, an Gewichtstabellen, die darüber entscheiden, ob jemand Kurbeiträge erhält oder nicht. Ich werde nie vergessen, wie mir einmal solche Kurbeiträge gestrichen wurden, weil ich bereits drei Wochen vor Eintritt ins Sanatorium brav auf Diät geachtet hatte und so leider ein Pfund zuwenig auf die Waage brachte! Ein Beispiel dafür, wie willkürlich bürokratische Regeln wirken können: Das Ziel, Kosten zu sparen und durch Eigenverantwortung Gesundheit zu fördern, wurde als Verhalten bestraft. Die zumindest in der Schweiz noch gebräuchliche sogenannte Geigy-Tabelle (bei der nicht einmal sicher angegeben ist, ob die Körpergröße, mit der das Gewicht in Verbindung gebracht wird, »mit oder ohne Schuhe« zu messen sei) führte hier schlicht zu der Aufforderung: Friß dich krank, bevor wir zahlen. Ähnliche Beispiele ließen sich ohne Not finden, so etwa im Rahmen des BAFÖG, des »Bundesausbildungsförderungsgesetzes«. In nicht wenigen Fällen heißt es hier für den Vater: Streng dich ein bißchen weniger an, du verdienst ein paar Mark zuviel. Hundert Mark weniger in der Lohntüte, und dein Kind erhält die Förderung...

Frederic Vesters Vorschlag bietet, wie ich finde, den bestechenden Vorteil, daß seine dynamischen Normen den übertriebenen bürokratischen Perfektionismus beschränken könnten. Das Denken in Systemzusammenhängen setzt vermehrtes Denken in qualitativen Bezügen voraus. Vielleicht führen sie dazu, das heute noch vorherrschende Denken in Zahlenverhältnissen zugunsten von Beziehungen zwischen besser und schlechter, angenehmer und unangenehmer, erwünscht und unerwünscht fortzuentwickeln.

Ein weiterer Aspekt bedarf der kurzen Erläuterung: Wohlstand scheint mir bei einer zunehmenden »Ökonomisierung« sozialstaatlicher Maßnahmen gefährdet. Was ist damit gemeint? Einerseits ist das Übergewicht der Einkommensstrategien in der Sozialpolitik zu mindern; Wohlstand wird in Zukunft immer weniger allein durch einkommenspolitische Sicherung gewährleistet werden können. Das Ziel der Sozialpolitik kann nicht durch das Auf und Ab von Konjunkturlagen bestimmt werden: sozusagen einmal mehr, einmal weniger, oder einmal dieses und einmal jenes. Vielmehr wäre zu unterscheiden zwischen durchgreifenden ökonomischen Notwendigkeiten und flexiblen Wünschbarkeiten. Nicht nur die Höhe von finanziellen Entlastungen oder Belohnungen wäre zu diskutieren und in Maßnahmen umzusetzen, sondern auch die Möglichkeiten realer Belohnungen von Eigeninitiative und Leistung.

In jedem Fall ist jegliche Sozialpolitik stark volkswirtschaftlich verknüpft. Unter dem Stichwort »Ökonomisierung« möchte ich an dieser Stelle einen politischen Aspekt behandeln: In jüngster Zeit mehren sich die Stimmen jener Ökonomen, die im Grunde auf den Staat beinahe gänzlich verzichten wollen; die nicht nur die Bürokratie, sondern den Sozialstaat insgesamt als Hemmnis für die freie Entfaltung nicht nur der Wirtschaft, sondern auch jedes Einzelnen betrachten. Es handelt sich um eine Gruppe von Monetaristen, salopp auch »Chicago-Boys« genannt, die sich alle auf den heute einflußreichsten und bekanntesten Kritiker des Sozialstaates berufen, auf den Nobelpreisträger Milton Friedman. Selbst wenn er sich laufend von den einen oder anderen distanziert, scheint sich eine eigentümliche Allianz mit den Anhängern der »Ruhe und Ordnung« anzubahnen, all jenen, die immer noch glauben, daß ausschließlich »jeder seines eigenen Glückes Schmied« sei. Der maßlosen Vernunft, die in der industriellen Produktion so überaus erfolgreich war, scheint ein System der *politischen* maßlosen Vernunft zu erwachsen, indem Prinzipien aus der Wirtschaft reichlich unbesehen in die Politik übertragen werden. Nur durch die absolute Freigabe aller Marktkräfte, so glauben sie, wäre der Übermacht der maßlosen Vernunft sozialstaatlicher Bürokratie beizukommen. Seit über 20 Jahren plädieren Friedman und seine Jünger dafür, daß die Aktivitäten des Staates grundsätzlich und raschestens vermindert werden müßten. Sie halten gesetzliche Vorschriften für meist ganz überflüssig, sogar in Bereichen wie dem

Umweltschutz. Die Einkommensteuer-Progression wollen sie radikal streichen und den höchsten Steuersatz in den Vereinigten Staaten von derzeit 70 auf 25% senken. Es sei auch unnötig, daß die Regierung in irgendeiner Weise die Konjunktur beeinflusse. Was der Staat allenfalls tun könne, sei, seinen Haushalt auszugleichen und die Geldmenge jährlich um höchstens 4% wachsen zu lassen.[11]

Würden diese einfachen Regeln befolgt, so schrieb Friedman kürzlich, wäre der Weg zu einer Wiedergeburt von Freiheit und Wohlstand freigeschlagen. Ich maße mir nicht an, Friedman aus fachlichen Gründen zu kritisieren, stelle allerdings fest, daß in den Ländern – etwa in Chile und Großbritannien – in denen seine Rezepte teils befolgt werden, zweierlei sichtbar wird: Die Steuerungsmöglichkeiten in jenen Staaten sind geringer als erwartet, dagegen sind die Wechselwirkungen stärker, als möglicherweise erwünscht. Bestehen einmal bürokratische Wohlfahrtseinrichtungen, so sind sie durch monetäre Maßnahmen allein in ihrer Wirkung kaum zu beeinflussen. Polemisch hielt denn John K. Galbraith seinem sozialpolitischen und theoretischen Widersacher Friedman entgegen: »Und überhaupt ist ja nach Friedmans Lehre für ein Wirtschaftssystem nichts so gut wie Leiden. Schwache Manager werden entlassen, schwache Firmen gehen pleite; Arbeitslosigkeit lehrt die Leute den Wert der Arbeit. Je schlimmer die Dinge stehen und je länger das anhält, desto besser.«[12]

Was mich mit bestimmten Befürchtungen erfüllt, sind indessen jene Vorstellungen von den Reaktionen der Menschen, wie sie von Friedmans Theorie nahestehenden Wissenschaftlern im sogenannten REMM-Modell formuliert wurden (REMM = *R*esourceful, *E*valuative, *M*aximizing *M*an). Sie gehen davon aus, daß sich der Mensch in allen Lebenslagen schöpferisch, bewertend und im Grunde maximierend verhält: Er ist keineswegs indifferent, sondern bewertet laufend seine Umwelt und reduziert sie in meßbare Dimensionen. Dinge, die er positiv bewertet, zieht er vor. Der maximierende Mensch ist sich bewußt, daß alle Ressourcen begrenzt sind, natürlich auch seine eigene Zeit. »Was immer seine Ressourcen, wird der Mensch versuchen, die beste Position zu erreichen, die er nach Überwindung der Hindernisse tatsächlich erstreben kann. Schließlich ist der Mensch schöpferisch insbesondere dann, wenn er mit neuen und ihm unbekannten Möglichkeiten konfrontiert wird oder wenn er seine Hindernisse zu beseitigen sucht und seine Möglichkeiten zu verbessern trachtet.«[13]

Das Menschenbild dieser Ökonomen ist im Grunde das eines durch und durch rationalen Wesens: eine neue Form des »Homo oeconomicus«. Allerlei kognitive und emotionale Dimensionen werden zwar als verhaltensbeeinflussende Faktoren anerkannt, aber im Grunde doch seiner immerdar wirkenden bewertenden Fähigkeit untergeordnet. Man rechnet mit einem Menschen, der imstande ist, in allen Lebenslagen das Allerbeste für sich herauszuholen, eben sich selbst unablässig zu maximieren. Schön wär's.

Verbinden Ökonomen und politische Machthaber dieses Modell mit dem Modell des freien Marktes, so scheint in der Tat, wenigstens theoretisch, der Weg für Freiheit und Wohlstand geöffnet. Freilich besteht nicht nur in Sozialstaaten längst keine völlig freie Marktwirtschaft mehr. Nationale Strukturen sind überall in vielfältiger Weise mit internationalen verknüpft. Die freie Marktwirtschaft entpuppt sich als Illusion, das REMM-Modell als Gedankenspiel oder gar als zynische Hilfskonstruktion für eine Zementierung von Macht und Reichtum der Mächtigen und Reichen.

Noch vor einigen Jahren glaubten Soziologen ihrerseits, durch den »Homo sociologicus« die besten Erklärungen für gesellschaftliche Mißstände sowie Vorschläge für eine bessere Zukunft in den Händen zu halten. So schrieb vor über dreißig Jahren H. D. Laswell: »Die Ursache des Mißlingens des demokratischen Dialoges ist eine tieferliegende Malaise, der demokratische Mensch. Der Einzelne ist ein schlechter Richter seiner eigenen Interessen. Wenn man eine Auseinandersetzung zwischen den verschiedenen Interessengruppen in Gang bringt, werden soziale Schwierigkeiten meist noch kompliziert, denn die Diskussion der verschiedensten, weite Gebiete umfassenden Interessen schafft ein psychisches Konfliktgefüge, das seinerseits hemmende, fiktive und irrelevante Werke hervorbringt. Unser Denken wurde schon zu lange durch unsere fadenscheinige Terminologie von Demokratie versus Diktatur, Demokratie versus Aristokratie irregeführt. Wir sollten uns von denen beraten lassen, die am besten dazu befähigt sind, die Wahrheit zu finden und harmonische Beziehungen herzustellen, nämlich den *social administrators* und den Soziologen.«[14] Und Daniel Bell schrieb immerhin noch ein Vierteljahrhundert später: »Die Frage, vor die sich die Menschheit heute gestellt sieht, heißt nicht mehr Erhaltung, sondern Lebensstandard; nicht mehr Biologie, sondern Soziologie.«[15]

Gewiß sollten sich Politiker von Wissenschaftlern beraten lassen. Wissenschaftler ihrerseits aber täten gut daran, gesellschaftliche Krisen auch einmal aus der Sicht der direkt Betroffenen zu betrachten: Der Wissenschaftler braucht sowohl Distanz zu den Dingen, als auch emotionale Bindung an die Fragestellungen. Es ist leicht, vom Schreibtisch aus und möglicherweise gegen satte Honorare Askese für andere zu postulieren und Hunger sowie seelische Not als unabdingbare Notwendigkeit für ein theoretisch gesichertes Gedankengebäude hinzunehmen. Weder Soziologen noch Ökonomen können auf eine so abgesicherte Theorie pochen, daß von ihnen vorgeschlagene gesellschaftliche Experimente in größerem Rahmen zu rechtfertigen wären.

Um es ganz deutlich zu sagen: Weder Soziologen noch neuerdings Ökonomen besitzen fertige Rezepte der Wohlstandssicherung und -mehrung. Beide Fachrichtungen sind selbstverständlich nützlich, ja ihre Analysen sollten durchaus stärker gefördert werden. Aber ihre Aussagen sind nie absolut zu setzen. Beide sind mit Bedacht und in ihren jeweiligen Kontexten zu genießen. Für wesentliche Entscheidungen brauchen wir eigentlich nicht mehr, sondern möglicherweise *andere* Wissenschaft: Vernetzte, übergreifende und umfassende Forschung und Lehre.

Die Forderung einer bestimmten Gruppe von Ökonomen nach weniger Staat bedeutet im Grunde nämlich eine Forderung nach weniger Politik. Wenn es nun allerdings richtig ist, daß eigentlich nicht der Staat, sondern staatliche Bürokratien der Grund einer wachsenden Ineffizienz sind, so müßte im Gegenteil die Forderung lauten: weniger Bürokratie und mehr Politik.

Bei steigender Ratlosigkeit der Regierungen, wachsenden Bürokratien und verarmten Parlamenten (Rolf Zundel) kann es auf die Dauer gar keine starken Staaten geben. Gestärkt werden höchstens jene Bereiche, die der wirklichen und vermeintlichen äußeren und inneren Sicherheit dienen. Es werden die Verteidigungsministerien wachsen, die »Disziplinierungs«-Ministerien und ihre vielen Orwellschen Abteilungen einer umfassenden Bürgerbetreuung. Dabei aber schwinden die Möglichkeiten für eine Teilnahme des einzelnen Menschen. Demokratische Kontrollmechanismen erstarren zu Ritualen einer Formaldemokratie.

Die steigende Ökonomisierung der Sozialpolitik hat nämlich nicht nur eine allgemeine Nivellierung von Gütern und Chancen mit sich gebracht, sondern auch viele notwendige Unterschiede verwischt und eingeebnet. In diesem Falle zumindest scheint die ökonomische Analyse plausibel, wenn sie sagt, daß beim Ähnlicherwerden der Parteienpolitik, daß bei praktisch identischen Parolen sich für den Bürger die Bemühungen um politische Informationen gar nicht mehr lohnen. Anthony Downs beschreibt die daraus folgende absurde Situation: »Für den Einzelnen ist es vernünftig, seine Investitionen (an Zeit und Geld) für politische Informationen zu minimieren, obwohl die meisten Bürger erheblich davon profitieren könnten, wenn die gesamte Wählerschaft gut informiert wäre.«[16] Würde man das skizzierte REMM-Modell auf diesen Tatbestand anwenden, würde klar, daß individuelle Optimierung, daß das, was für den Einzelnen vernünftig wäre, für die Gesellschaft insgesamt schädlich ist. Der schlecht oder wenig informierte Bürger eignet sich nicht für Partizipation und Teilhabe, ist auch kaum motiviert, viel zu leisten. Bei übertriebener Sozialstaatlichkeit allerdings könnte Leistungsverweigerung geradezu auf guter Information beruhen! Wo freilich die Linie zu ziehen wäre, bleibt offen.

10. Kapitel

Wohlstand – Demokratie – Soziale Miliz

Die Bürokratie – so wurde dargelegt – gefährdet zukünftigen Wohlstand. Dabei haben wir den Versuch, ein politisches Gleichheitsprinzip mit administrativen Mitteln durchzudrücken, als eine der Ursachen für die Ineffizienz erkannt. Ineffizienz selbst wird aber bekanntlich bis heute beinahe ausschließlich durch ökonomische Größen definiert. Sogar Staat und Politik unterliegen einem *Ökonomismus,* der mit der analytischen und wissenschaftlichen Ökonomie nicht verwechselt werden darf. Unter Ökonomismus verstehe ich die politische Wirkung einzelner, oft völlig aus dem Kontext gerissener Begriffe und Hypothesen der wissenschaftlichen Ökonomie.

Es ist durchaus verständlich, daß im Gefolge der technologischen Entwicklung und bei immer komplizierter werdenden gesellschaftlichen Zusammenhängen alles das vordringlich erfaßt wird, was quantifizierbar ist und in irgendeiner Form in Geld berechnet werden kann. Daß sehr erhebliche andere gesellschaftliche Leistungen durch monetäre Größen weder erfaßt werden noch erfaßt werden können, wurde bereits erläutert.

Es wäre naiv, daran zu zweifeln, daß auch der zukünftige Wohlstand in erheblichem Maße materiell begründet sein wird. Darüber hinaus aber werden immaterielle Aspekte an Bedeutung gewinnen. So wird es in diesem letzten Kapitel vornehmlich darum gehen, auf Einstellungen einzelner Menschen, auf sich verändernde Wertstrukturen hinzuweisen, die in den gebräuchlichen Wohlstandsstatistiken nicht erscheinen, wohl aber in Zukunft mit einigen ihrer Folgen quantitativ auch monetär zu Buche schlagen.

Wenn das System der maßlosen Vernunft zum einen »industrielle Produktion«, das weitere System maßlose Vernunft »Bürokratie«

zum anderen ermöglicht, ist im Grunde kein Platz mehr für ein drittes System der maßlosen Vernunft, das man als »technotronische Politik« bezeichnen könnte: Das unaufhörliche Wachsen beider Systeme, ihre vielfache Vernetzung, höhlt die Substanz demokratischer Staatsgebilde aus. Das dritte System maßloser Vernunft wäre ein Staatsgebilde, in dem demokratische Regeln nicht mehr funktionieren, wäre ein Zuteilungsstaat Orwellscher Prägung. Konsequenterweise müßte nämlich ein solcher Staat ein Gleichheitsstaat sein, in dem Macht durch Nivellierung entsteht, die von einer immensen Bürokratie verwaltet wird. Liberalität und Egalität ergänzen einander nicht, sondern stellen einen unauflöslichen Widerspruch dar. Walter Leisner weist in seinem Buch »Der Gleichheitsstaat« darauf hin, daß es kein Entrinnen aus der Egalität gibt, »wenn sie zugleich in Staat und Gesellschaft wirkt, beide Bereiche zusammenschließt...«[1]

Wenn aber, wie wir zu verdeutlichen suchten, Wohlstand auch in Zukunft wesentlich der Freiheit bedarf, so wird Wohlstand nur in Demokratien möglich bleiben. Eine weitere Grenze des Wohlstands wird also überall dort gezogen, wo demokratische Spielregeln verletzt und demokratische Verhaltensweisen erschwert werden, ja wo der Wille zur Demokratie erlahmt.

Natürlich tragen unsere Gesellschaften Züge einer »Wegwerfgesellschaft«; es wird auf Verschleiß produziert, und größer angelegte Versuche, von der Überproduktion wegzukommen, sind noch nicht erfolgreich durchgeführt worden. Die absolute Ablehnung unserer heutigen Wirtschaftsordnung, so unvollkommen sie ist, wird freilich nicht weiterhelfen. Schon aus dem Grunde nicht, weil den Fundamentalkritikern selbst eine Wegwerfmentalität nicht nur gegenüber Gütern und »Kapitalismus« allgemein eigen ist, sondern auch gegenüber gesellschaftlichen Institutionen aller Art. Als Wegwerfideologie darf man wohl eine Haltung bezeichnen, die die Ersetzung der gegenwärtigen Ordnung durch eine total andere verlangt.

Durch eine Veränderung gesellschaftlicher Institutionen kann indessen das Grundverhalten von Menschen keineswegs direkt verwandelt werden. Jenen Fundamentalkritikern kann deshalb der Vorwurf sowohl der Geschichtsblindheit als auch einer Gegenwartskurzsicht nicht erspart werden. Andererseits aber beweisen auch viele unserer Politiker eine Art Wegwerfmentalität, wenn sie es versäumen, tatsächlich vorhandenes Wissen und Kenntnisse in ihre Entscheidungen einfließen zu lassen. Der zukünftige Wohlstand wird entscheidend davon abhängen, ob demokratische Verfahrensweisen in modernen Staaten noch funktionsfähig gehalten werden können.

Ähnlich wie das Streben nach Sicherheit steril und hinderlich werden kann, ist auch die Überbetonung politischer Stabilität bedenklich. Wenn schon Verfassungen nicht aussehen sollen wie das »Werk einer politischen Versicherungsgesellschaft, die alle Möglichkeiten von Schadensfällen ausschließen möchte...«, schreibt Rolf Zundel, »so ist eine verhinderte Zirkulation parlamentarischer Eliten, mit der Notwendigkeit der Stabilität begründet, gefährlich.«[2] Schon gar, wenn diese Tendenz durch die Praxis des Verfassungsgerichtes noch verstärkt wird.

Ähnliche Probleme bestehen offensichtlich in den meisten industriellen Demokratien, so vor allem in den USA, über die Alvin Toffler schreibt: »In einer Massengesellschaft wurden die wohlbekannten Schwächen der Mehrheitsherrschaft u.a. auch deshalb toleriert, weil es den meisten Minderheiten an strategischer Macht zur Lahmlegung des Systems fehlte. In der hochempfindlichen Gesellschaft von heute, in der wir alle Minderheiten angehören, gilt dies nicht länger. Für die zukünftige individualisierte Gesellschaft sind die Rückkoppelungssysteme der industriellen Vergangenheit viel zu grob. Wir werden daher Wahlen und Wahlergebnisse unter ganz anderen Gesichtspunkten als bisher sehen müssen.«[3] Da Repräsentativität nicht mehr möglich ist, könnten Entscheidungen durch politische Gremien getroffen werden, die durch Stichprobenauswahl und nicht in offener Wahl erkoren wurden. »Die neuen Kommunikationstechnologien« – so weiter Toffler – »bieten unzählige Variationsmöglichkeiten. Kaum haben wir erkannt, daß unsere gegenwärtigen Institutionen und Verfassungen veraltet sind, und uns auf die Suche nach Alternativen gemacht, da eröffnet sich uns schon eine Vielzahl faszinierender politischer Optionen, die früher undenkbar gewesen wären. Wenn wir Gesellschaften des 21. Jahrhunderts regieren wollen, dann sollten wir den Einsatz der Technologien und die intellektuellen Hilfsmittel des 20. Jahrhunderts zumindest erwägen.«[4]

Heute werden Parlamente durch Mehrheiten gewählt, die in sich aber keinen Konsensus mehr aufbringen: Es sind Mehrheiten als Summe vieler Minderheiten, die sich sehr oft eher gegen etwas zusammenfinden, als, wie gesagt, für etwas einstehen. Dies ist bei zunehmender Versachlichung der Politik, bei zunehmender Verbürokratisierung des Staatsapparates unausweichlich. Großparteien sind in wesentlichen sozialpolitischen Belangen praktisch austauschbar. Differenzen ergeben sich oberhalb und unterhalb der Norm. Dies führt schließlich auch dazu, daß Kontroversen um relativ unbedeutende Aspekte überwiegen und daß sozialpolitisch zentrale Fragen, auch zwischen Parteien, die in Opposition zueinander stehen, in wesentlichen Belangen nicht kontrovers sind.

So gesehen ist die Forderung nach mehr Politik und weniger Staat zu Recht aufgestellt worden. Kontrovers bleibt, wo der Staat, d.h. die Bürokratie, zurückzuschneiden sei und wo zuerst. Das heute bestehende Netz der Verträge und der säkularisierten Ansprüche ist so stark, daß äußerlich wohl eine erhebliche Stabilität zu vermerken ist – die bei näherem Hinsehen aber ebensogut als Immobilität bezeichnet werden kann. Wenn sich nur die Kosten bewegen, wenn soziale staatliche Einrichtungen lediglich wachsen, bewegt sich im Grunde noch nichts. Das kann recht deutlich am Gesundheitswesen illustriert werden: Es wird zwar von einer Explosion der Kosten gesprochen, das System selbst aber hat eine solche Explosion in keiner Weise vermerkt. Es hat sich im Grunde nichts verändert; wenn überhaupt, verändert sich höchstens (aber kaum merkbar) die Einstellung der Menschen zum Staat und wächst der Widerstand. Die eigentliche Gefahr für moderne Demokratien besteht m.E. nicht in Angriffen von links und rechts, sondern in der schleichenden Überorganisation. Die wohlfahrtsstaatlichen Bürokratien sind dafür ein Indiz. Diese Überorganisation aber ist eine unausweichliche Folge der dauernden und steigenden Überforderung staatlicher Einrichtungen, die sich auf ihre Weise zu entlasten suchen. Indiz für eine Gefährdung der Demokratie sind aber auch der steigende Widerstand gegen höhere Steuern und die um sich greifende Schwarzarbeit. Bei Überorganisiertheit entstehen graue und schwarze Märkte, ob es sich nun um Planwirtschaften oder soziale Marktwirtschaften handelt. Die Erscheinung der *informellen* Sozialorganisation ist durchaus bekannt und vor allem in Betriebsorganisationen längst erforscht: Wo die formale, die bürokratische Sozialorganisation der Wirklichkeit nicht mehr entsprach, entstand eine »graue«, die informale: Es wird ausgebügelt und überbrückt, wo Plan und Bürokratie versagen. In dieser informalen sozialen Organisation kommen alle jene Aspekte ins Spiel, die in der Gesellschaft insgesamt verhaltensbestimmend sind: Prestige, gegenseitige Hilfe, Wettbewerb, Anerkennung für Leistung oder Bestrafung für abweichendes Verhalten.

Der zukünftige Wohlstand hängt nicht zuletzt davon ab, in welcher Art und Weise die »informale Organisation« im Staate wirken kann. Die offiziellen Zahlenreihen und Verordnungen haben uns tatsächlich den Blick in jenen großen Bereich informaler Organisation verstellt, der heute schon Realität ist und einen noch nie gemessenen, aber erheblichen Teil des tatsächlichen von uns auch erlebten Wohlstands ausmacht: Darunter fällt all das, was wir selbst für uns tun. Stellen wir uns vor, was alles nach der Devise »Do it yourself« schon geschieht! Lediglich die Zulieferungsindustrie und ihre Zahlen lassen ermessen, welchen Aufwand und welche Leistung wir heute im und ums Haus, für und durch die Selbstversorgung bereits leisten. Dafür bestehen keine Bürokratien und Reglementierungen, und im allgemeinen macht die Arbeit zudem noch Spaß. Hier delegieren wir nicht an den Staat, sondern, wenn es uns gelingt, an Mitglieder der eigenen Familie und Freunde. Der private »Markt« ist überschaubar, die soziale Kontrolle funktioniert. Selbst Macht und Führung wechseln: Es kommt der Tag, da der Sohn besser bastelt als der Vater... Es gibt Bereiche, in denen die Frau besser wirtschaftet als der Mann.

Daß diese private Sphäre nicht frei sein kann von Konflikten, ist selbstverständlich. Konflikte verbürgen im Grunde mehr Effizienz, als man annehmen möchte. In Zukunft wird von Bürokratien sehr viel mehr wieder in diesen Bereich privater Aktivitäten zurückdelegiert werden müssen. Dies bietet zugleich den Vorteil der Entprofessionalisierung und Entbürokratisierung in weiten Bereichen sozialer Wohlfahrt.

Interessant dabei ist, daß keineswegs völlig neue Einrichtungen erfunden werden müssen. Das System einer, sagen wir: sozialen Miliz existiert bereits: Vereine, freiwillige Gruppen aller Art sind da und warten nur auf neue Aufgaben, die dem Einzelnen wieder mehr Sinn und Gratifikation gewähren. Unter sozialer Miliz sei hier verstanden, was in verschiedenen demokratischen Staaten – so vornehmlich in der Schweiz, aber auch in den USA – an weitgehend freiwilliger, nicht bezahlter Arbeit und Zeitaufwand für Gemeinwesen aller Art aufgebracht wird. Was etwa in der schweizerischen Milizarmee gilt, daß, gemäß allgemeiner Pflicht, jeder Bürger eine gewisse Zeit zur Verfügung stehen muß, aus seinen privaten und beruflichen Bezügen aber nicht über Gebühr herausgerissen wird – sie werden nur für eine kurze Zeit unterbrochen –, das sollte auf ein weites Gebiet sozialpolitischer Einrichtungen übertragen werden. Dieses soziale Milizsystem kann selbstverständlich nicht gänzlich an die Stelle heute bestehender Einrichtungen treten. Es wird sie vielmehr ergänzen und Aufgaben erfüllen, die im Milizsystem besser und von der Staatsbürokratie in Zukunft wohl überhaupt nicht mehr erfüllt werden können.

Diese Zeilen mögen, verglichen mit den vorhergehenden Partien, wie ein Stilbruch erscheinen. Soll eine, wie ich glaube, realistische, wenn nicht gar scharfe Kritik an bestehenden und absehbaren Zuständen nun gleichsam versöhnlich in einen wohlfeilen Appell an Bürgersinn einmünden? Dem ist keinesfalls so, denn die Forderung nach einem milizähnlichen System ist höchste realpolitische Notwendigkeit. Es gibt im Grunde keine tragfähigen Alternativen, es gibt keinen anderen Weg, um die wesentlichsten Aspekte des heutigen Wohlstandes in die Zukunft hinüberzuretten.

Peter Gross hat beschrieben, wie dies alles ohne großen Aufwand und relativ rasch funktionieren könnte: »Das finanzielle Sicherungsgesetz wird auf diese Art in einem immateriellen Bedarfsausgleichssystem verankert. Die sozialen Dienstleistungen, die der Eigenproduktion fähig sind, werden als einfache, d. h. auf Gegenseitigkeit beruhende Bedarfsausgleichssysteme organisiert und institutionalisiert, wobei bei den einfachsten Leistungen angefangen wird (wie beispielsweise stellvertretende Geschäftsbesorgung für Hilflose und Alte, Besuchs-, Abhol- und Hauspflegedienste für Kranke, Immobile, Kinderhüte- und Haushaltshilfedienste und allgemein: präventive und rehabilitive Leistungen), aber sukzessive auch andere, ›schwerer‹

zu entprofessionalisierende und in Krankenhäusern und anderen geschlossenen Einrichtungen ›veranstaltete‹ Leistungen hereingezogen werden...«[5] Die von Gross beschriebene »Sozialgemeinde« bedeutet, daß die heutige Gemeinde den organisatorischen Rahmen abgibt, in dem Kooperations- und Solidaritätsgemeinschaften in einem Netzwerk koordiniert und verzahnt sind. Das staatliche und professionelle wird plötzlich durch das private, das öffentliche System durch das halböffentliche Milizsystem ergänzt. Der Leistungsabbau ist Rückschritt, sagt Gross, wenn nichts an seine Stelle gesetzt wird. »Er ist *Fortschritt,* wenn die Erzeugung von sozialer Sicherheit organisatorisch verlagert und in eine verstärkte Eigenproduktion übergeführt wird. Und er ist *Sozialreform,* wenn die institutionellen Systeme der sozialen Sicherung mit den nicht institutionellen, vorpolitischen und vormarktlichen Sozialgemeinschaften in einer Weise verbunden werden, daß das soziale Netz nicht nur wachstumsunabhängiger und reißfester, sondern auch menschlicher wird.«[6]

Dazu bedarf es keiner neuen Regierungen, keiner neuen Staatsform, keiner neuen Gesetze. Wir können Wohlstand nicht einfach »verlieren«. Es bedarf, um zukünftigen Wohlstand zu sichern, im Grunde auch keiner nennenswerten Opfer: »Verzicht, Askese sind nicht Kategorien, die man verwenden sollte, um das Erforderliche zu beschreiben«, sagt Carl Amery.[7] In einem weiteren Gedanken möchte ich Amery folgen – wenn er nämlich davon spricht, daß die Einsicht in die Grenzen des Wohlstands zugleich die große Chance für die Gewährleistung zukünftigen Wohlstands darstellt.

Die Kritik am Sozialstaat und die Analysen bürokratischer Ineffizienz bedeuten in keiner Weise, daß ich einen Leistungsabbau voraussehe, ihn gar für notwendig halte: Unabwendbar aber ist eine Verlagerung der Leistung, und zwar vom Staat zurück in primäre Sozialgebilde wie Familie, Nachbarschaft, Vereine, Gemeinden.

Wenn wir den heute schon bestehenden Bereich freiwilliger Leistungsbereitschaft betrachten, sehen wir, daß zukünftiger Wohlstand weder durch eine weitere Ökonomisierung der Politik noch durch eine Politisierung der Ökonomie zu erreichen ist, sondern maßgeblich durch unsere eigene Einstellung. Wohlstand wird auch nicht von mehr staatlicher Gesellschaftspolitik, sondern von individueller und präventiver Gesellschaftspolitik abhängen. So plädiere ich keineswegs für eine Demontage des sozialen Staates, wohl aber für eine Dezentralisierung seiner Aufgaben.

Interessanterweise ist in einem kürzlich publizierten Bericht des *Club of Rome* von der Entwicklung neuer »föderalistischer Strukturen« die Rede, weil viele soziale Probleme regionaler und nicht nationaler Natur seien. Beim Föderalismus wird allerdings viel zu oft an gewachsene Strukturen gedacht; statt dessen sollte man sich an das Wesentliche, nämlich an den dynamischen Aspekt des Föderalismus halten: an das Delegieren. Dieser Prozeß stellt aber nicht, wie man heute anzunehmen geneigt ist, eine Einbahnstraße dar. Nachdem nun seit Jahrzehnten Verantwortung von unten nach oben delegiert wurde, Aufgaben schlechthin immer an die höheren Instanzen abgegeben wurden, stehen wir vor dem Problem, daß die an der Spitze sich sammelnden Aufgaben weder finanziell noch zeitgerecht erledigt werden können.

Gerade in der Schweiz, die so oft als Beispiel erwähnt wird, hat sich gezeigt, daß der Bundesstaat durch die Delegation von unten nach oben völlig überlastet wurde. Die Gemeinden haben an die Kantone abgegeben, was immer sie meinten nicht erledigen zu können, die Kantone schließlich an den Bund in gleicher Weise. Die Tendenz, die angenehmen oder auch billigeren Aufgaben wahrzunehmen, die schwierigeren und teureren dagegen zu delegieren, hat dazu geführt, daß dem Bund auch Aufgaben aufgebürdet wurden wie etwa Hochschulförderung, Wirtschaftsförderung, Wohlfahrt, für die gar keine oder nur unzureichende Rechtsgrundlagen bestanden. Solange Steuern aller Art reichlich flossen, hat sich niemand daran gestoßen. Bei knapper werdenden Finanzen wird nun jedoch eine neue Verteilung der Aufgaben und Lasten unausweichlich. Das Abschieben und Wieder-Zuschieben von Pflichten wird zweifellos zu erhöhten Spannungen führen. Es werden sehr rasch Überlegungen darüber angestellt werden müssen, welche Ebene in der föderalen Struktur für welche Aufgaben besser geeignet ist. Es geht also auch hier nicht um eine Erhaltung gewachsener föderalistischer Strukturen, sondern um die Ermöglichung des föderalistischen Prinzips. Der Föderalismus seinerseits beruht weitgehend darauf, daß viele Aufgaben neben der

Verwaltung auch von Milizorganisationen auf allen Ebenen übernommen werden können. Staatlicher Föderalismus bedeutet deshalb dauerndes, aber koordiniertes Dezentralisieren. Und Dezentralisieren heißt: Entscheidungswege zu verkürzen, bedeutet wirksamere Kontrolle an Ort und Stelle und damit Verkürzung sozialer Distanzen.

Genau dies ist notwendig zur Sicherung zukünftigen Wohlstands. Zugleich aber reduziert sich damit auch die scheinbar unfaßbare Komplexität heutiger Gesellschaften. Sie werden vielleicht auch wieder regierbarer.

Vielerlei Analysen und Vorschläge für die Zukunft sind selbstverständlich notwendig. Aber grau bleibt alle Theorie, wenn sie nicht in Verhalten umgesetzt werden kann. Wir haben in diesem Buch den Versuch unternommen, zu begründen, warum verschiedene gesellschaftliche Einrichtungen nicht mehr in der Lage sind, ihre Funktionen zu erfüllen. Wohlstand haben wir als gesellschaftliche Norm erkannt, die wandelbar ist. Wohlstand setzt Demokratie, politischen und wirtschaftlichen Wettbewerb, aber auch Leistung im privaten Bereich voraus.

Nicht sosehr der Staat hat in heutigen Demokratien versagt als vielmehr die Parteien. Die Parteien deshalb, weil sie ihren politischen Bildungsauftrag sträflich vernachlässigt haben. Sie waren so sehr mit dem Erwerb und der Erhaltung von Macht beschäftigt, daß sie sich von den meisten Bürgern und vor allem von der Jugend weit entfernten, daß sie zum Staat im Staate wurden, anstatt zwischen Staat und Bürger zu vermitteln. In Verfolgung ihrer Ziele suchten sie Macht dadurch zu erhalten, daß sie Bedürfnisse aller Art über den Staat und seine Bürokratie zu befriedigen suchten, anstatt selbst darum besorgt zu sein, das Bedürfnis nach mehr Demokratie zu wecken. Das soziale Milizsystem kann nur zum Tragen kommen, wenn dieses Bedürfnis nach Demokratie wächst, wenn die Einsicht an Boden gewinnt, daß der Staat eine Einrichtung des Volkes ist und von ihm auch verändert werden kann.

Gerade und vor allem auch bei der Sicherung zukünftigen Wohlstands muß die oberste Bedeutung politischer Bildung darin bestehen, den einzelnen Menschen möglichst unmittelbar zu informieren:

Die Vermitteltheit in unseren Gesellschaften ist, wo immer möglich, abzubauen. Einrichtungen aller Art sind aufgerufen, viel mehr als bis heute die Bedeutung von kommunikativen Leistungen einzelner Menschen neu zu bewerten. Nur wer wieder in die Lage versetzt wird, zu kommunizieren, sich zu artikulieren, sich direkt mit und durch andere Menschen zu informieren, wird auch fähig sein, Konflikte auszutragen. Die Angst vor Konflikten nämlich führt zur Unfähigkeit, sie auszutragen; sie werden verdrängt und treiben nicht wenige Menschen in eine Isolation, die vermeidbar ist.

Bessere kommunikative Fähigkeiten und höhere Konfliktfähigkeit sind unabdingbare Voraussetzungen für eine dritte, demokratische Verhaltensweisen wesentlich prägende Fähigkeit: die Konsensbereitschaft. Es ist eben gerade nicht der in allen Lebenslagen maximierende »Homo oeconomicus«, der »REMM-Mensch«, der demokratische Lebensformen ermöglicht, sondern jener, der bereit ist, Übereinstimmung zu finden, der gelegentlich eigene Vorteile zugunsten des Gemeinwohls zurücksteckt. Wenn nun etwa eingewendet werden sollte, daß eben gerade dies Maximierung bedeute, so liegt ein logischer Zirkelschluß vor: Ich muß nämlich zum Konsens bereit sein, ohne schon zu wissen, ob mir nun die Übereinkunft mehr nützt oder mehr schadet.

Gelingt es, die kommunikativen Leistungen der Menschen, ihre Konfliktfähigkeit und ihre Konsensbereitschaft zu erhöhen – dies ist eine Frage der Politik, der Bildung und der zwischenmenschlichen Beziehungen im Privatbereich –, so entfaltet sich auch die Bereitschaft zu vermehrter Eigenverantwortung und zu vermehrter Eigenleistung. Erst wenn diese Hürden genommen sind, kann eine intensivierte politische Teilnahme überhaupt erwartet werden. Dies alles aber sind Grundbedingungen für den zukünftigen Wohlstand. Es wird keinen Wohlstand in einem Leben geben, dem es an Anerkennung und Freude mangelt. Diese Ziele aber können wir weder dem völlig freien Markt noch dem überorganisierten Staat überlassen, denn: Der Nachtwächterstaat ist tot und der Zuteilungsstaat für Demokratien tödlich.

Die Redimensionierung verschiedener gesellschaftlicher Aufgaben, ihre Verlagerung in Bereiche, die wieder überschaubar sind, das

Wiedereinführen eines sozialen Milizsystems, das wir in früheren Jahrhunderten als die gegenseitig verpflichtende Nachbarschaft kannten, könnte zu einer neuen Form von Subsistenzgesellschaft führen: An die Stelle der nicht mehr wiederherstellbaren materiellen Subsistenz träte eine psychosoziale Subsistenz. Soziale und psychische Probleme wären verstärkt in eben jenen Gruppen besser zu regeln, wo sie sich auch tatsächlich ergeben. Dabei kann auch hier alle Sentimentalität aus dem Spiel bleiben: Man muß wieder lernen zu kooperieren, ohne den anderen gleich lieben zu müssen (nach Theodor Geiger).

Das Verbindliche einer modernen Nachbarschaftsidee sollte durchaus einen Grad unverbindlicher Privatsphäre garantieren. Schließlich wird dabei niemand verlangen, in heutigen urbanen Wohnformen, etwa in einer 2- oder 3-Zimmer-Wohnung im Hochhaus, die Großfamilie wieder einzuführen. Vielleicht sind bestimmte Formen der Aufklärung und des Liberalismus heute untauglich – was uns aber nicht daran hindern sollte, das Prinzip zu diskutieren.

Gerade in bezug auf den so oft beschworenen und ebenso oft mißverstandenen Begriff des Liberalismus ist es vielleicht wichtiger, Übereinkunft wenigstens darüber zu erzielen, was denn der Gegensatz zum Liberalismus wäre. Ein Blick in das »vollständige politische Taschen-Wörterbuch« von 1849 sagt uns: »*Liberalismus,* Freisinnigkeit, Liebe zur Volksfreiheit, Liebe zu freien Verfassungen, Freiheit in wissenschaftlicher, religiöser und politischer Hinsicht. Diesem entgegen steht der *Servilismus,* der jeden freiern Aufschwung des menschlichen Geistes, der Denkfreiheit, Glaubensfreiheit, wie überhaupt jede politische Freiheit mit dem Namen: Frechheit, Gottlosigkeit belegt und darin ein revolutionäres Streben findet.«[8]

Die vielleicht bedrohlichste Grenze jeglichen Wohlstands ist in der Tat ein um sich greifender Servilismus, der allenfalls ein sicheres Vegetieren, aber kein erfülltes Leben verbürgt, selbst bei der Zuteilung sehr erheblicher materieller Güter.

Literaturnachweise

Einleitung (Seiten 9 bis 12)

1 Galbraith, John K.: Die Arroganz der Satten. Die Massenarmut frißt nicht nur den Süden der Welt – sie bedroht auch den reichen Norden. Bern/München 1979, S. 19
2 Ebenda: S. 10
3 Bericht der Nord-Süd-Kommission: Das Überleben sichern. Gemeinsame Interessen der Industrie- und Entwicklungsländer, S. 20f.
4 Galbraith, John K.: a.a.O., S. 22

1. Kapitel (Seiten 13 bis 32)

1 Meadows, Dennis; Meadows, Donella; Zahn, Erich; Milling, Peter: Die Grenzen des Wachstums, Bericht des Club of Rome zur Lage der Menschheit. Stuttgart 1972, S. 165f.
2 Bieri, Ernst: Die Menschlichkeit unserer technischen Zivilisation. Berlin/München 1980, S. 7f.
3 Veblen, Thorsten: Theorie der feinen Leute. Eine ökonomische Untersuchung der Institution. Köln/Berlin 1952
4 Eynern, Gert von (Hg.): Wörterbuch zur politischen Ökonomie. Opladen 1973, S. 473f.
5 Ricardo, David: On the principles of political econom and taxation. London 1817, Kapitel 20
6 Mishan, E.J.: Ein Überblick über die Wohlfahrtsökonomie 1939–1959. In: Gäfgen, Gérard (Hg.): Grundlagen der Wirtschaftspolitik. Köln 1970, S. 155
7 Galbraith, John Kenneth: The affluent society. Boston 1958; deutsch: Gesellschaft im Überfluß. München 1973
8 bild der wissenschaft, 12/1980, S. 22f.
9 Zahn, Ernest: Soziologie der Prosperität. Wirtschaft und Gesellschaft im Zeichen des Wohlstandes. München 1964, S. 17
10 Merklein, Renate: Griff in die eigene Tasche: Hintergeht der Bonner Sozialstaat seine Bürger? Hamburg 1980. Es wird auf S. 52f. zitiert das vervielfältigte Manuskript: Eike Ballerstett, Erich Wiegand: Einkommensverwendung und Versorgung. In: Wolfgang Zapf (Hg.): Lebensbedingungen in der Bundesrepublik. Sozialer Wandel und Wohlfahrtsentwicklung 1950–1975. Frankfurt/M. 1977, S. 336

11 Ebenda: S. 125
12 Wilensky, Harold L.: The New Corporatism, Centralization and the Welfarestate. London/Beverly Hills 1976, S. 9
13 Kant, Immanuel: Werke in 12 Bänden, Schriften zur Anthropologie, Geschichtsphilosophie, Politik und Pädagogik. Bd. 11. Frankfurt/M. 1964, S. 53

2. Kapitel (Seiten 33 bis 53)

1 Taylor, F. W.: Die Grundsätze wissenschaftlicher Betriebsführung. München und Berlin 1917, S. 7
2 Ebenda: S. 128
3 Atteslander, Peter: Konflikt und Kooperation im Industriebetrieb. S. 38f. (Zitat Taylor). Köln und Opladen 1959
4 Ausführlicher bei Atteslander, P.: Die letzten Tage der Gegenwart. München/Bern/Wien 1971, S. 229ff.
5 Jurk, R.: Im Büro von morgen. In: Siemens-Zeitschrift, 2/79, März 1979, S. 14ff.
6 Lutz, Christian: Qualitatives Wachstum – reale Möglichkeit oder Chimäre? In: Der Monat in Wirtschaft und Finanz, Basel, 3/1979, S. 7
7 Ebenda: S. 7

3. Kapitel (Seiten 55 bis 69)

1 Dahrendorf, Ralf: Das Ende der Arbeitsgesellschaft? In: Der Monat in Wirtschaft und Finanz, Basel, 2/1980
2 Lehmann, Klaus-Dieter: Industrieroboter: Kollege oder Konkurrent? In: bild der wissenschaft, 4/1980, S. 56ff.
3 Oppenländer, Karl-Heinrich: In: Siemens-Zeitschrift 2/79, März 1979, S. 3
4 Schelsky, Helmut: Entmündigung im Sozialstaat. In: Bilanz, Schweizer Wirtschaftsrevue, 11/1980, S. 79f.

4. Kapitel (Seiten 71 bis 92)

1 Toffler, Alvin: Der Zukunftsschock. Bern/München 1970
2 Festinger, Leon: A Theory of Cognitive Dissonance. Evanston Ill., 1957
3 Mosca, Gaetano: Die herrschende Klasse, Grundfragen der politischen Wissenschaft. Salzburg 1953
Pareto, Vilfredo: Ausgewählte Schriften. Hg. von Carlo Mongardini. Berlin 1976
4 Pareto, Vilfredo: a.a.O.
5 Bottomore, T.B.: Elite und Gesellschaft. München 1966
6 Friedrich, Carl J.: The New Image of the Common Man. Boston 1950
7 Mills, C. Wright: Die amerikanische Elite. Hamburg 1962; siehe allgemein auch: Bottomore, T.B.: a.a.O.

Jaeggi, Urs: Die gesellschaftliche Elite. Bern 1967
Dreitzel, Hans, P.: Elitebegriff und Sozialstruktur. Stuttgart 1962
Dahrendorf, Ralf: Gesellschaft und Demokratie in Deutschland. München 1965
8 Dahrendorf, Ralf: a.a.O.
9 Walter, Emil J.: Soziologie der Alten Eidgenossenschaft. Bern 1966
10 Aron, Raymond: Die Gesellschaftsstruktur und die herrschende Klasse. In: Demokratische Elitenherrschaft. Hg. von Wilfried Röhrich. Darmstadt 1975, S. 136f.
11 Prewitt, H.K., and Stone, A.: The Ruling Elite. Theory, Power, and American Democracy. New York 1973, S. 211
12 Downs, A.: An Economic Theory of Democracy. New York 1957, S. 28
13 Schattschneider, E.E.: The Semi Sovereign People. New York 1960
14 Freund, Michael: Das Elitenproblem in der modernen Politik. In: Demokratische Elitenherrschaft. Hg. von W. Röhrich. Darmstadt 1975
15 Dreitzel, Hans: a.a.O., S. 160

5. Kapitel (Seiten 93 bis 103)

1 Atteslander, Peter: Dichte und Mischung der Bevölkerung. Raumrelevante Aspekte des Sozialverhaltens. Unter Mitarbeit von K. Baumgartner, F. Hollihn, W. Zingg, G. Zipp. Berlin 1975
2 Stokols, Daniel: Ein sozialpsychologisches Modell menschlicher Engeerlebnisse. In: Atteslander, Peter und Hamm, Bernd (Hg.): Materialien zur Siedlungssoziologie. Köln 1974
3 Dubos, René: The State of our Ignorance. In: Dialogue, Vol. 3, Nr. 3, 1970
4 Tenbruck, Friedrich H.: Zu einer Theorie der Planung. In: Wissenschaft und Praxis. Köln und Opladen 1967
5 Arbeitsgemeinschaft Fluglärm (Hg.) Eidgenössisches Departement des Innern. Bern 1974

6. Kapitel (Seiten 105 bis 124)

1 Spiegel-Rösing, J. F.: Wissenschaftsentwicklung und Wissenschaftssteuerung: Einführung in die Wissenschaftsforschung. Frankfurt/M. 1974
2 Ashby, E.: Science and antiscience. In: Nature 1971, S. 283–286
3 Goldmann, J. E.: Basic research in industry. International Science and Technology 36/1972, S. 38f.
4 Krauch, Helmut: Die organisierte Forschung. Neuwied 1970
Krauch, Helmut: Priorities for research and technological development. Research Policy I/1971, S. 28–39
5 Spiegel-Rösing, J. F.: a.a.O., S. 101
6 Vester, Frederic: Das kybernetische Zeitalter. Neue Dimensionen des Denkens. Frankfurt/M. 1974, S. 332
7 Festinger, L.: a.a.O.

8 Galtung, J.: Future Research and its International Organisation. Kyoto 1970 (Manuskript)
9 Schelsky, Helmut: Die Arbeit tun die anderen. Klassenkampf und Priesterherrschaft der Intellektuellen. Opladen 1975
10 Bell, Daniel: Die nachindustrielle Gesellschaft. Frankfurt/M. 1975
11 Ogburn, William: Kultur und sozialer Wandel. Neuwied 1969

7. Kapitel (Seiten 125 bis 140)

1 Balkhausen, Dieter: Die dritte industrielle Revolution. Wie die Mikroelektronik unser Leben verändert. Düsseldorf 1978
2 Servan-Schreiber, Jean-Jacques: Die totale Herausforderung. Wien/München 1980
3 Dahrendorf, Ralf: Widersprüche der Modernität und die Zukunft der Freiheit. Aulavorträge, Hochschule St. Gallen. März 1979, S. 14f.
4 Becker, Werner: Sozialphilosophische und historische Aspekte der modernen Handlungsfreiheiten. In: Lenk, Hans (Hg.): Handlungstheorien interdisziplinär II, München 1979, S. 673
5 Ebenda: S. 679f.
6 Berger, Peter L.; Berger, Brigitte; Kellner, Hansfried: Das Unbehagen in der Modernität. Frankfurt/M./New York 1975, S. 35
7 Ebenda: S. 65f.
8 Ebenda: S. 66
9 Popper, Karl: Falsche Propheten. Hegel, Marx und die Folgen. Bern/München 1970, S. 346
10 Popper, Karl R.: Der Zauber Platons. Bern/München 1970, S. 268
11 Siehe auch: Moser, Simon; Ropohl, Günther; Zimmerli, Walther Ch. (Hg.): Die »wahren« Bedürfnisse oder wissen wir, was wir brauchen? Basel/Stuttgart 1978; und: Atteslander, Peter (Hg.): Soziologie und Raumplanung. Berlin/New York 1975
12 Weiss, Paul A. (Hg.): Knowledge in Search of Understanding: The Frenshan Papers. New York 1975
13 Albert, Hans: Einführung zu den Arbeitsgemeinschaften. In: Molden, Otto (Hg.): Wissen und Macht. Wien/München/Zürich/Innsbruck 1979, S. 232
14 Popper, Karl R.: a.a.O., S. 346f.
15 Berger, Peter L. et al.: a.a.O., S. 201

8. Kapitel (Seiten 141 bis 159)

1 Gross, Peter: Reißt das soziale Netz? Wachstumsgrenzen der Sozialpolitik und mögliche Alternativen. In: Wachstum kostet immer mehr. Die sozialen Kosten der Explosion werden spürbar. Fischer Alternativ, Frankfurt/M. 1980, S. 55f.
2 Dahrendorf, Ralf: Ein Klassenkampf ohne Klassen? – Viele wollen die Wohltaten

der Modernität erhalten, aber deren Preis nicht zahlen. In: Die Zeit, Nr. 38, 12. Sept. 1980, S. 9
3 Gross, Peter: a.a.O., S. 57
4 Ebenda: S. 58
5 Schelsky, Helmut: Entmündigung im Sozialstaat. In: Bilanz, 11/80, S. 85
6 Ebenda: S. 79
7 Merklein, Renate: a.a.O., S. 126ff.
8 Toffler, Alvin: Die Zukunftschance. Von der industriellen Gesellschaft zu einer humaneren Zivilisation. München 1980, S. 392
9 Merklein, Renate: a.a.O., S. 125
10 Berger, Peter L. et al.: a.a.O., S. 42ff.
11 Toffler, A: a.a.O., S. 425
12 Zundel, Rolf: Das verarmte Parlament. Der Preis der Stabilität, Olzog-Sonderreihe »Geschichte und Staat«, Band 7, München 1980, S. 11
13 Amery, Carl: Die Einsicht in unsere Grenzen. In: Wachstum kostet immer mehr. a.a.O., S. 28ff
14 Ebenda: S. 29
15 Lowitz, Amory B.: zit. bei Amery, Carl: a.a.O., S. 31
16 Schelsky, Helmut: a.a.O., S. 82

9. Kapitel (Seiten 161 bis 175)

1 Vieten, Günter C.: Abschied vom Gleichheitstraum. Einkommenspolitik in Holland. In: Die Zeit, Nr. 46, 7. Nov. 1980, S. 19
2 Hirsch, Fred: Die sozialen Grenzen des Wachstums. Eine ökonomische Analyse der Wachstumskrise. Hamburg 1980
3 Schoeck, Helmut: Eine Theorie der Gesellschaft. Stuttgart 1968
4 Dreikurs, Rudolf: Soziale Gleichwertigkeit. Die Forderung unserer Zeit. Stuttgart 1972
5 Siehe insbesondere die Diskussion bei James A. Nuechterlin in: Dialoge 1, 1981, S. 76f.
Sowie: Eastland, Terry and Bennett, William J.: Counting by Race: Equality from the Founding Fathers to Bakke and Weber, Basic Book 1979
Goldman, Alan H.: Justice and Reverse Discrimination. Princeton University Press 1978
6 Dahrendorf, Ralf: In: Die Zeit, Nr. 46, 7. Nov. 1980, S. 6
7 Bell, Daniel: Die Zukunft der westlichen Welt. Frankfurt/M./New York 1975, S. 347
8 Etzioni, Amitai: Die aktive Gesellschaft. Opladen 1975
9 Vester, Frederic: Neuland des Denkens. Vom technokratischen zum kybernetischen Zeitalter. Stuttgart 1980, S. 464
10 Ebenda: S. 465f.
11 Milton und Rose Friedman: Chancen, die ich meine. Berlin 1980
12 Galbraith, John K.: Friedmans Versuchskaninchen. In: Der Spiegel, Nr. 48, 24. Nov. 1980, S. 203

13 Meckling, William: Values and the Choice of the Model of the Individual in the Social Sciences. In: Schweizer. Zeitschrift für Volkswirtschaft und Statistik 1976, S. 545ff.
14 Lasswell, H. D.: The Analysis of Political Behavior. London 1948
15 Bell, Daniel: a.a.O., S. 351
16 Downs, Anthony: Economic Theory of Political Action in a Democracy. In: Earl J. Hamilton; Albert Rees; Harry G. Johnson (Hg.): Landmarks in Political Economy, Bd. 2, S. 449

10. Kapitel (Seiten 177 bis 187)

1 Leisner, Walter: Der Gleichheitsstaat. Macht durch Nivellierung. Berlin 1980, S. 7
2 Zundel, Rolf: Das verarmte Parlament – Der Preis der Stabilität. München 1980, S. 11
3 Toffler, Alvin: Die Zukunftschance, S. 421
4 Ebenda: S. 424
5 Gross, Peter: a.a.O., S. 76
6 Ebenda: S. 77f.
7 Amery, Carl: a.a.O., S. 27
8 Vollständiges politisches Taschen-Wörterbuch. Ein Handbuch zur leichten Verständigung der Politik. Hg. von E.F.L. Hoffmann. Leipzig 1849, Neuauflage: Düsseldorf 1972, S. 123

Zusätzliche Literaturhinweise

Boskin, M. (ed.): Economics and Human Welfare. Essays in honor of Tibor Scitovsky. New York 1979
Dahrendorf, Ralf: Lebenschancen. Anläufe zur sozialen und politischen Theorie. Frankfurt/M. 1979
Drewnowski, J.: On Measuring and Planning the Quality of Life. The Hague 1974
Ehrenberg, Herbert/Fuchs, Anke: Sozialstaat und Freiheit. Frankfurt/M. 1980
Ellwein, Theodor: Regieren und Verwalten. Eine kritische Einführung. Opladen 1976
Feyerabend, Paul: Erkenntnis für freie Menschen. Frankfurt/M. 1979
Gäfgen, Gerard (Hg.): Grundlagen der Wirtschaftspolitik. Köln/Berlin 1970. Darin insbesondere: Boulding, K.E.: Einführung in die Wohlfahrtsökonomik. S. 77ff.
Hawrylyshyn, Bohdan: Road Maps to the Future. Towards more effective Societies. A Report to the Club of Rome. Oxford et. al (Pergamon) 1980
Hoffmann-Nowotny, Hans-J. (Hg.): Soziale Indikatoren. Frankfurt/M. 1976
Krockow, Christian Graf: Reform als politisches Prinzip. München 1976
Derselbe: Herrschaft und Freiheit. Politische Grundpositionen der bürgerlichen Gesellschaft. Stuttgart 1977

Lampert, Heinz: Die Wirtschafts- und Sozialordnung, Geschichte und Staat, Bd. 107/108 GB. 7. überarb. Aufl., München/Wien 1981
Lederer, Katrin/Mackensen, Rainer: Gesellschaftliche Bedürfnislagen. Möglichkeiten und Grenzen ihrer wissenschaftlichen Bestimmung. Göttingen 1975
Pestel, Eduard (und Mitarbeiter): Das Deutschland-Modell. Herausforderungen auf dem Weg ins 21. Jahrhundert. Stuttgart 1978
Pfaff, Martin/Gehrmann, Friedhelm (Hg.): Informations- und Steuerungsinstrumente zur Schaffung einer höheren Lebensqualität in Städten. Göttingen 1976
Pigou, A.C.: The Economics of Welfare. London/New York 1962
Schoeck, Helmut: Das Recht auf Ungleichheit. München/Berlin 1979
Schwan, Alexander: Grundwerte der Demokratie. München 1978
Strümpel, B. (ed.): Subjective Elements of Well-Being. OECD, Paris 1974
Strümpel, B.: Economic Means for Human Needs. Social Indicators of Well-Being and Discontent. Ann Arbor 1976
Zapf, Wolfgang: Sozialberichterstattung: Möglichkeiten und Probleme. Göttingen 1976
Zingg, W./Zipp Gisela: Soziale Ungleichheit. Opladen 1979

Hinweis

In vorläufiger Form habe ich Gedanken über Rationalisierung, Bedarf und Bedürfnis in einigen Artikeln in der »Neuen Züricher Zeitung« abgehandelt. In einer Festschrift für Gion Condrau »Wandel und Tradition«, herausgegeben von Alois Hicklin (Bern 1980) habe ich mich in meinem Beitrag »Veränderung und Widerstand« mit dem Eliteproblem auseinandergesetzt. In der Standortbestimmung zum Europäischen Forum Alpbach 1979 habe ich mich unter dem Titel »Unvollkommenheit als Chance – Der Mensch in der unvollkommenen Gesellschaft« (Europäisches Forum Alpbach 1979, herausgegeben von O. Molden, Wien/München/Zürich 1980) bereits mit dem in diesem Buch ausführlicher besprochenen Sicherheitsstreben beschäftigt.

P. A.

Sachverzeichnis

Namenverzeichnis